麵の文化史

石毛直道

講談社学術文庫

目次

麺の文化史

掲載写真
無印は著者撮影。＊印は日清食品広報部撮影。他は写真説明の文末に記載

麵の文化史

はじめに

そば屋の小僧になりたい

親から聞かされたはなしである。自分の記憶にはないが、わたしが幼稚園児の頃のことらしい。

「ぼうや、おおきくなったら、なんになりたい？」

とたずねられたとき、わたしは、

「ボク、おおきくなったら、おそば屋さんの小僧になるのだ」

と答えたそうだ。軍国主義はなやかなりし頃のことである。「陸軍大将になりたい」とか、「海軍元帥になりたい」という答えを期待していた親を、いたく失望させたようだ。

東京近郊で育ったわたしは、こどものときから、そば好きであった。高校に進学したとき、叔母の家を訪ねたところ、入学祝に、なんでも好きなものを、たらふく食べさせてやるとのことである。わたしが所望したのは、もりそばを、どのくらい食べられるか、試させてくれということであった。大量の出前をとってもらって、挑戦したところ、たたみに座った背のたかさまで、食べおわったせいろを積み重ねることができた。食べるまえは、背丈のたかさまで重ねられるだろうと思っていたのだが……。友人のあいだでは、大食いで有名だった自分の胃袋の容量も、たいしたことはないと知ったのである。

大学にはいって下宿生活をするようになり、ラーメンの味を覚えた。それまで、ラーメンを食べる機会は、年に数えるくらいしかなかった。ひとりで生活するようになると、金さえあれば、自分の好きなものが食べられるようになったのである。アルバイトでかせいだ金が、まだ財布にのこっているあいだは、学生食堂の定食のほかに、屋台のラーメンを夜食に食べるという、ぜいたくが可能になったのである。昭和三〇年代初頭の貧乏学生にとって、ラーメンはスタミナ食のイメージをいだかせるものだった。あぶらけのあるラーメンのスープを飲みほすと、そばや、うどんを食べたときよりも、栄養が身体にいきわたるような気がした。

学生時代以来、学術探検にしばしば従事するようになった。わたしは現地の食べ物に興味があるので、なるべく現地食でくらすことにしている。だが、正直なところ、ニューギニアやアフリカの奥地の食べ物で、おいしいものはたいへんすくない。たまには、日本食も食べたくなる。また、チームを組んで共同調査にしたがっているときなど、現地食に適応できない者もいる。

現地の人びとの生活や文化を観察する民族学の現地調査において、土地の食べ物を知ることもたいせつではあるが、わたしたちは現地人になるための修行にでかけるわけではない。食べ物に音《ね》をあげて、かんじんの調査がうまくゆかないのではこまる。そこで、料理好きのわたしの出番となる。そんなわけで、世界の秘境といわれるさまざまな地域で料理をつくったことがある。わたしがつくる日本食のなかで、同行者たちにいちばん好評なのは、手打ちうどんだ。

わたしたち民族学者は、いわゆる未開社会で調査をおこなうことがおおい。現地の世界では、奥地とよばれるようなところでも、奥地への入り口にあたる町では、うどんの原料のコムギ粉を手にいれることができる。いまや、コムギ粉は世界のどこでも買うことができる普遍的な食材となっている。手打ちうどんつくりの材料にはこまらないが、問題は道具だ。うどんを打つためには、でこぼこのない平面と、断面が真円形をした麵棒が必要である。

わたしが探検調査をしたことがあるイリアン・ジャヤ（インドネシア領ニューギニア）の高地は、一九五〇年代まで石器を使用していたところである。そこには、板というものが存在しない。また、のちに調査したマルク（モルッカ）諸島のハルマヘラ島のジャングルのなかの村の家庭にある唯一のたいらなものといえば、手づくりの食卓である。斧《おの》で、木を割っただけの板でつくった食卓は、でこぼこだらけである。麵を打つための平面がないのである。まして、断面が真円形をした棒状のものなどありはしない。

イタリアなどでは、パスタを麵棒でのばすのに大理石の板を使用することがある。石は研ぎだして平面をつくることができ、古代ギリシアでも、まったいらな石製の板つくりの技術が発達していた。ところが、木の文化では、なめらかな平面をつくるためには、板つくりのための工具である、おおきなノコギリとカンナを必要とする。麵棒をつくるためには木工用のロクロが不可欠である。

こうしてみると、なめらかな平面と、真円の棒をつくる技術、それに麺を切るための金属性の鋭利な刃物が普及した社会であることを前提として、はじめて、手打ちうどんがつくられる条件がととのうことになる。つまり、技術文明のある水準に到達した社会でないと、麺類をつくることができないのだ、ということになる。

さて、ニューギニア高地での手打ちうどんつくりのときは、ブリキ製のフィルムいれの箱の表面を麺板とし、テントの支柱の棒を切って麺棒とした。[1]ハルマヘラ島では、大判の本の表紙にビニールをかぶせたものが麺板、酒ビンをころがして麺棒の代用とした。ちいさな平面のうえでのばすのだから、ながい麺にはならない。それでも、何十日ぶりかで、麺類を口にした仲間たちは、おおよろこびであった。

麺文化研究の現状

そば屋の小僧にはなれなかったかわりに、麺類だい好き人間の仕事として、麺の文化について調べてみることにした。

はじめは、自分で調べるつもりはなかったのである。料理をつくる人と食べる人をくらべたら、「わたし食べる人」の側にたったほうがらくだ。興味をもつ事柄でも、なまけものの自分にとっては、「わたし読む人」でいたく、調べる人や、本を書く人になるのはおっくうだ。ところが、麺類の文化について、わたしが知りたいことについて書いてある本がないのである。しかたなしに、麺を食べるだけではなくて、調べることをするようになり、この本を書くはめになった。

麺の料理法について書いたクッキングブックは日本でも外国でもたくさんある。日本語で読めるスパゲッティ料理の本だけでも相当な数が出版されている。日本の麺類については、料理法だけではなく、文化史的研究もなされている。とりわけ、そばについての本がおおい。そば、うどんについての歴史を考証したりするのは、大学などの研究機関に所属している研究者ではなく、そば屋、うどん屋の主人が調べた本がおおい。つくる人が、調べる人や書く人でもあるのだ。

江戸時代の都市で、町人学者といわれる人びとが出現する。飯のたねの職業として学問をするのではなく、家業にせいをだして生計の道を確保しながら、余暇を研究についやす人びとである。麺類にかぎらず、日本の食べ物の文化史的研究に関しては、町人学者の伝統がひきつがれている。いささかさしさわりがあることも予想されるので、氏名や書名はのべないが、これらの人びとに、わたしは敬意を表したい。

よその国では麺の文化についての研究は、それほどなされていない。プロの学者というものは、日常茶飯事を軽視して、もっと「高尚なこと」について論じたがるくせがあることは、いずこもおなじようだ。日本は町人学者ががんばったおかげで、世界のなかでも、自国

1　ニューギニア高地での手打ちうどんつくりと、それをみていた現地の人びとの反応については、左記の本の「ウドンとダニ族」という節に記録しておいた。
石毛直道　一九六九『食生活を探検する』文藝春秋（一九八〇　文春文庫版）

の麵の文化の研究に関してはもっともよくなされていると、ほこることができよう。

世界でいちばん麵食の歴史がふるく、現在でもさかんに麵が食べられている中国の麵の歴史についてさえ、それをとりあつかった著述はきわめてすくない。わたしの目にふれたものとしては、つぎの章で紹介する故青木正児《あおきまさる》博士の考証と、中国人研究者による小論文が[2]、本格的な研究としてあげられるくらいのものだ。東南アジアや中央アジアの麵類にいたっては、現地語文献でも、麵の料理法についての記事以外の情報はなさそうである。イタリアの中世の農業史と食物史の研究でヨーロッパの研究者たちの注目をあつめ、「イタリアにおけるパスタの歴史についての覚書」という論文のある、ボローニャ大学のマッシモ・モンタナリ教授は、「パスタについて本格的に研究した者はいない」と、わたしに語った。

わたしが知りたいのは、世界の麵の文化に関する情報であり、日本はその一部にすぎない。世界各地で、どのような麵が食べられているのか、それらの麵は、いつ、どこから、伝わってきたものか。麵食の文化をかんがえるうえで、もっとも基礎的な情報である麵の起源と伝播《でんぱ》についての知識がほしかったのである。ところが、そのような好奇心にこたえる書物をみつけることができなかった。しかたがない、それでは自分で調べてみるか、ということにあいなったしだいである。

一九九〇年にケンブリッジ大学のジョセフ・ニーダム研究所の主催する、第六回中国科学史国際会議がひらかれた。このとき、中国の食物に関する特別分科会がもうけられ、わたしに「麵の起源と伝播」という題目での発表をするように要請された。中国学については、まったくのしろうとの、わたしがプロの中国研究者たちの集会で発言するのは重荷であったが、ともかくも責をはたすことにした。この特別分科会には、世界から五人の研究者が発表者として招かれていた。そのなかに、旧知のフランソワーズ・サバン女史もいた。パリの国立社会科学高等研究院に所属する彼女は、ヨーロッパにおける中国食物史研究の開拓者である。

ひさしぶりに会って、おたがいの近況をはなしあっているとき、「わたしも、あなたと、おなじようなことをやっているの」といって、最近の論文の別刷りをくれた。それは彼女が書いた中国のパスタの歴史についての論文と、彼女が編集した「マルコ・ポーロ説にさからって——パスタの比較歴史学」という題名の論文集であった。その論文集のほうには、彼女の中国のパスタについての論文の要約のほかに、さきにのべたモンタナリ教授の論文、中世末のイタリアの料理書にあらわれたパスタの論文、ルネッサンス期のプロバンス地方のパスタの論文、イスラム世界のパスタについての論文が収録されていた。[3]

この論文集では、中国、地中海、イスラム圏という三つの文明圏のそれぞれにおける、近

2　邱龐同　一九八八「中国麵條源流考述」『中国烹飪』一九八八—七

Françoise SABBAN 1990, "De la Main à la pâte, Réflexion sur l'origine des pâtes alimentaires et les transformation du blé en Chine ancienne (m^{e} siecle av. J.C.–VIe siècle ap. J.C.)" *L'Homme* 113

3　Françoise SABBAN-SERVENTI (ed.) 1989, Contre Marco Poro; une histoire comparée des pâte alimentaire *Médiévales* 16-17.

代以前のパスタについて論じているが、これらの文化圏相互間での比較研究や、コムギ粉食品製造の技術の交流関係については、あまりふれられてない。結論の部分でサバン女史は、「本書におさめられた諸論文は、最終的な結論をめざしたものではなく、比較のための最初の試みのようなものである」とのべている。したがって、おたがいに脈絡のない専門的な論文が収録されているのであるが、わたしの守備領域の外側にある地中海やイスラム圏についての専門家が整理した資料がのせられているのでありがたい。

ただし、これはパスタについての論文集であり、麵類だけをあつかったものではない。[4] イタリア語でいうパスタとは、コムギ粉をこねたもの、および、それをもちいてつくった一群の食品をさすが、パンのように発酵させたものや、ケーキはパスタとはいわない。現代の食品規格では、デューラムコムギ（マカロニコムギともいう）を原料として製造したこのような食品をさして、パスタとよぶ狭義の用例もあるようだ。スパゲッティ、ヴェルミチェッリ、マカロニのような日本でいう麵の仲間もパスタであれば、ぎょうざのように練り粉の皮に詰めものをしたラヴィオリ、きしめんの一〇倍ほど幅がひろい板状のラザーニャもパスタである。のちにのべる古代中国で餅《ピン》と総称されたコムギ粉食品が、パスタの概念に比較的ちかい。

この本では、パスタや餅に相当する食品のすべてを対象とするのではなく、その一部にあたる線状に加工した食品、すなわち麵に話題を集中するつもりである。そして、中国、地中海、イスラム世界だけではなく、日本、朝鮮半島、モンゴル、中央アジア、東南アジアも考察の対象とする。そのできばえはともかくとして、これは「世界の麵の文化史」についてのべた最初の本となるだろう。

4　ここではイタリア語のパスタということばをつかっているが、前注にあるように論文集のタイトルには、フランス語の pâte alimentaire ということばが使用されている。

凡例

この本は専門書ではない。一般の読者を予想して書かれたものであり、専門的な予備知識なしでも読めるようにしたつもりだ。

それにもかかわらず、専門書のように、おおくの注や参照文献があげられている。そんなものを気にせずに、読みとばしていただきたい。出典をあきらかにしておくことによって、将来、麵について研究する人びとがあらわれたときの、資料探索の便をはかったまでのことである。

注でとりあげた文献は、①著者名、②刊行年、③「　」内に記した論文の題名、欧文の場合は " " であらわす、④編者名、⑤『　』内に記した書名、あるいは雑誌名(雑誌の場合は二重括弧のあとに巻号を数字で表記した)、欧文の場合はイタリック体であらわす、⑥出版社名、の順序で記載されている。もちろん、単著の書籍の場合は③、④は必要ないので記載されていない。

必要におうじて漢字にふりがなを付してある。このさい、日本語として読んだ場合にはひらがなで、中国語としての読みはカタカナを使用した。原則として、中華民国以前の中国の古典文献を対象とした場合は、日本語としての読みかたをすることにした。

おなじ意味をしめす漢字がいくつもある場合、なるべく当用漢字にある文字に統一して表記してある。たとえば、漢字本来の用例でいえば、「麵」という文字は俗字であり、正字は「麪」である。現代中国では、簡体字で「面」と表記される。しかし、この本のなかでは「麵」という文字に統一することにした。

一　麺のふるさと中国

粉食と粒食

穀物のおもな食べかたは、粉食と粒食にわけられる。粉食作物の代表はムギ類であり、ユーラシア大陸の西側では、粉にしてからパン類に加工して食べられる。ユーラシア大陸の東側の農耕文化を代表する作物であるコメは粒食が原則であり、粒状のまま煮たり、蒸して主食とされる。

アジアの麵は、中国でのコムギの粉食法に起源をもち、それが他の粉食をする作物の加工法に応用されたものだと、わたしはかんがえている。

となると、麵の出現について語るまえに、すこし、まわり道をして、中国古代の粉食の歴史についてのべておくことが必要となる。

黄河と淮河《わいが》の流域をむすぶ華北平野は、漢代以降の中国におけるコムギの主産地であり、コムギ粉を使用したさまざまな製麵法は、この地域で発展した。いわば、麵のふるさとにあたる場所である。しかし、紀元前四〇〇〇年以前の時代、すなわち、華北平野の早期新石器時代における主作物はアワであったとかんがえられている。この時代の遺跡、とくに淮河流域から、すりうすが発見される。

すりうすとは、英語では、サドル・カーン saddle quern といわれるものである。すりうすは、おおきな板状の下石と、下石の幅程度のながさをした上石のセットからなりたつ。少量の穀物を下石におき、両手でにぎった上石を、前後にゴリゴリ動かして、挽《ひ》きつぶすのだ。

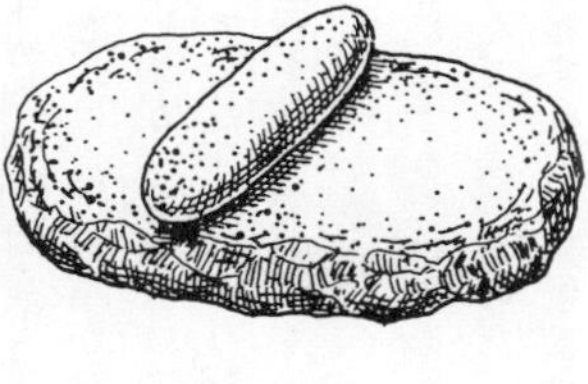

上・すりうすで製粉する古代エジプトの女。エジプト博物館
下・ダトーガ族のすりうす（注1の文献から引用）

わたしが、東アフリカのタンザニア奥地のダトーガ族の調査をしていたときのことである。知りあいになった男の家を訪ねて、入り口で声をかけた。返事がないが、家屋のなかで物音がする。のぞいてみると、身に一糸もまとわない娘が、すりうすでトウモロコシの粉挽きをしているのであった。ひきしまった黒い肌にふきでた汗がひかり、身体をバネのように弾ませて作業をしていた。まえかがみになって、上石を前後に動かすので、まるはだかの尻がリズミカルにゆれていた。

ダトーガ族の女の服装は、一枚のおおきな布を身にまとうだけである。それを、かなぐり捨てて仕事をしているところを、わたしがのぞきこんでしまったのだ。一瞬の出来事で、あわててとびだしたのであるが、すりうすに関する、わすれえぬ光景である。[1] すりうすはユーラシア大陸やアフリカの各地の新石器時代の遺跡から発見される。古代エジプトでも、すりうすで製粉し、はだかの女性がすりうすを使って作業しているさまをあらわした彫刻が、いくつも残されている。

古代エジプトのすりうすが、サハラ砂漠を越えて赤道以南のアフリカにまで伝えられたものである。その後、発明された回転式の石臼《いしうす》は黒アフリカにまでは伝わらなかったので、機械製粉の技術が導入されるまで、サハラ砂漠以南のアフリカではずっと、すりうすが利用されてきた。

はなしをもとにもどすと、華北平野の早期新石器時代遺跡から発見されるすりうすは、アワを粉食にするための道具であるとかんがえられている。ところが、つぎの段階の仰韶文《ぎょうしょう》化、大汶口《たいぶんこう》文化に代表される中期新石器時代になると、アワを主作物とすることはおなじであるにもかかわらず、すりうすが姿を消してしまうのだ。そのかわりに、穀物を煮たり、蒸したりするために使用されたとかんがえられる土器の種類がおおくなり、発見される数量も急激に増加する。食生活の変化がおこり、粉食をしないようになり、アワを粥《かゆ》や飯にして、粒食するようになったのである。[2] なぜ、粉食から粒食への転換がおこったのか、その理由はあきらかではない。

華北平野で、すりうすが消滅したあとも、内モンゴル、黒竜江流域、朝鮮半島の新石器時代遺跡からは、すりうすが発見される。これはユウマイ（莜麦）とよばれるハダカエンバクの製粉に使用されたのだという説もある。しかし、日本には、すりうすを使用する食生活は伝わらなかった。

1　ダトーガ族はウシを主要な家畜とする牧畜民である。現在では周辺の農耕民の影響で、新大陸原産のトウモロコシを栽培して、食べることもはじめている。二〇世紀後半以降になって、村に製粉所がつくられるようになるが、それまでは、東アフリカの農耕民たちは、すりうすを使用して、雑穀やトウモロコシを自家製粉していた。

二一ページにあげた図は左記の文献から引用した。

梅棹忠夫　一九九〇「ダトーガ民族誌」『梅棹忠夫著作集　第八巻　アフリカ研究』中央公論社

2　藤本強　一九八三「石皿・磨石・石臼・石杵・磨臼（1）――序説・旧石器時代・中国新石器時代――」『考古学研究室研究紀要』二　東京大学

コムギはシルクロードから

先史時代のすりうすをつかった粉食がなくなったあと、ながいあいだ、中国では穀物を粒食にすることがつづいた。粉食が復活するのは、コムギを食べるようになってからのことである。

コムギは、紀元前七〇〇〇年頃にメソポタミアで栽培化され、そこから世界各地にひろまっていった作物であるとかんがえられている。

ただし、コムギは中国原産の作物であると主張する学説もある。チベット高原で野生のコムギが発見されているし、雲南の山地民が、なかば野生の状態にある原始的なコムギを利用するなどの事例を考慮にいれると、西南および西北中国の高原部には、コムギがもともと野生していたのであろう、というのだ。

紀元前約四〇〇〇年の河南省廟底溝《びょうていこう》遺跡から炭化した普通系コムギが発見されている。ほかにも新石器時代の遺跡からコムギが出土したという報告が数例あることも、コムギの中国起源説をうらづける証拠とされる。[3]

しかし、これだけの証拠では、栽培作物学的には、中国でコムギが作物化したものであることを立証したことにはならない。また、先史時代からコムギが知られていたとしても、たいして重要な作物ではなかったであろう。のちの殷《いん》代になると、甲骨文にムギをしめす「來」や「麥」の文字があらわれる。この文字が、オオムギをあらわすものなのか、コムギなのかについては、はっきりしない。コムギとオオムギが文字で区別されるようになるのは、漢代になってからのことである。たぶん、甲骨文に書かれているのはオオムギだろうといわれるが、オオムギとコムギを区別する必要をかんじないくらい、ムギ類にたいする需要がひくかったもののようだ。

華北平野でコムギの栽培が本格的になされるようになったのは、前漢の時代からだ。そのすこしまえの時期にあたる、河北省邯鄲《かんたん》の戦国時代（紀元前四〇三―前二二一）の遺跡から回転式の石臼が発見されている。つぎの秦《しん》代から前漢へと、時代を経過するにつれて、回転式の石臼の発見例がおおくなる。回転式の石臼は、コムギの製粉に使用されたものとかんがえられている。

中国の発掘報告書にのっている、これらの石臼の実測図をみると、上臼、下臼ともに接触面に溝が刻まれており、現在の挽き臼と原理的にはまったくおなじ道具である。この型式の臼は、紀元前一〇〇〇年頃、西アジアのコムギ作地帯で発明され、古代ギリシア・ローマで発達したものとされる。

こうしてみると、コムギを栽培する技術と、それを粉にして食べる技術がセットになって、西方から中国へ伝えられたものとかんがえてよい。シルクロードを通って、コムギの粉食が戦国時代に伝えられ、漢代になって普及したのである。

3　李璠　一九八四『中国栽培植物発展史』科学出版社

麺と餅

日本人と中国人は同文同種である、などとおだてられて、いい気になっていると、とんだしくじりをおかす。中国人との筆談で、「手紙をください」、などといった意味の文句を書いたら妙な顔をされる。現代中国語で、手紙という漢字は、ちり紙をあらわす。ポストにいれる封書は、書信とか、書函と記さねばならない。

文字はおなじでも、中国と日本では、それぞれちがった意味にもちいることがあるので、用心しなければならない。これからのべる麺と餅もその例である。

中国で麺《ミエン》といったら、コムギ粉のことだ。のちには意味をひろげて、ほかの穀物の粉にも使われるようになり、小米麺はアワの粉、黄米麺はキビの粉をしめす。しかし、ただ麺と書いてあれば、原則として、コムギ粉と解釈してよい。「麺食」といえばコムギ粉でつくった食品や、それを食べることである。

日本でいう麺《めん》にあたる、コムギ粉をほそながく加工した食品は、麺条《ミエンティアオ》とか、それに接尾語をつけて麺条児《ミエンティアオル》とよんで区別する。

原則はそうであるが、やっかいなことには、現代中国語の方言では、うどんや、その仲間のことを、麺条ということばを使用せずに、たんに麺ということばであらわす地方もおおい。次ページに北京大学の語言学研究室が作成した方言語彙集から、麺条児の項をあげておいた。それをみると、河北では麺条児、南方では麺ということばが使用されている。[4]

そこで、つるつるした食品を食べることを、「麺食」という場合もありうる。現代では

「炒麺《ツアオミエン》」といえば、焼きそばをしめす場合がおおいが、『中饋録《ちゆうきろく》』という北宋の料理書にでてくる「炒麺」の記事を読んでいて、くびをひねったことがある。「白麺」を炒めてつくるというのだが、焼きそばにしては、おかしな料理法である。読みなおしてみたらば、「白麺」とはコムギ粉のことで、「炒麺」とはそれを煎ったもの、つまり、コムギ粉製のむぎこがしやはったい粉のことであった。

混乱をさけるために、この本では、原則として、麺という文字を日本流に使用することにする。誤解をされる危険がない箇所では、麺という文字で、中国でいう麺条をあらわすことにしておくのだ。

餅ということばも、まぎらわしい。日本語でモチと読んだら、モチゴメを蒸して、臼でついた食品のことである。中国語としてビンと読めば、コムギ粉である麺《ミエン》を原料としてつくっ

中国各地の方言での麺の名称

地名	名称
北京	麺条児
済南	麺条児
瀋陽	麺条児
西安	麺条児
成都	麺
昆明	麺
合肥	麺
揚州	麺
蘇州	麺
温州	麺
長沙	麺
南昌	麺
梅県	麺
広州	麺
陽江	麺
厦門	麺
潮州	麺
福州	麺

（注4文献から作成。原文は簡体字で表記し、音声記号が付されている）

4　北京大学中国語文学系語言学研究室（編）一九六四『漢語方言詞滙』文字改革出版社

た食品のことである。

現代中国の百科事典である『辞海』で、「餅《ビン》」の項をひいてみると、「古代麵食的通称」と記されている。つまり、中国の古代には、コムギ粉でつくった食品を、すべて餅とよんだのだ。つづいて、現在の用法を説明して、「いまでは、月餅《ユエビン》、焼餅《サオビン》のように扁円形《へんえんけい》をして、蒸したり、烤《や》いたりしてつくったコムギ粉食品をさす」とある。[5]

こうしてみると、中国の古代においては、「麵は餅の一種であった」ということになる、と記したら、なんのことやら、わからないので、「うどんの仲間はビンの一種であった」としておこう。

餅《ビン》の分類

前漢代にできた中国最初の方言辞典である『方言』と、おなじく前漢代の字書である『急就編《きゅうしゅうへん》』に、餅の文字があらわれる。してみると、紀元前後の時代にはコムギ粉でつくった食品がよく食べられるようになり、文字までつくられたことがわかる。後漢のおわり頃に成立した字書である『釈名《しゃくみょう》』には、餅という文字を説明して、「餅は并《へい》である。麵をこねて合并《がっぺい》させるのである」とのべている。つまり、コムギ粉に水を加えてから、練って、かたちづくったものが、餅とよばれる食品なのである。

中国古典文芸の大家であった故青木《あおき》正児《まさる》は、中国の食べ物や飲酒の研究の分野でもさまざまな業績をのこしている。麵に関係あるものとしては、『華国風味』という本に収録された

ウイグル族の饊子

餅の分類

- 麵
  - 蒸餅
  - 焼餅
  - 油餅
  - 湯餅
    - 麵片（餛飩、餃子、棋子麵など）
    - 麵・麵条

5　『辞海』（中）　一九七四年版　上海辞書出版社　一九二七ページ

「粉食小史」、「愛餅の説」、「愛餅余話」、「饂飩《うどん》の歴史」の文章がある。青木博士の論考にしたがって、餅の料理法を四種に分類して、解説しておこう。[6]

（一）蒸餅《ツエピン》
現在の食品でいえば、饅頭《マントウ》、包子《パオズ》、焼売《サオマイ》などのように、セイロで蒸してつくったものである。

饅頭と包子は、おなじようなかたちをしているが、現代中国語では、なかに餡《あん》がはいってない蒸しパンにあたるものを、饅頭といい、肉餡やあまい味つけをした餡をつめた、日本のまんじゅうにあたるものを包子という。蒸餅という名称は『釈名』にもでてくる。新石器時代の土器に、蒸し器が多数発見されていることからわかるように、中国での蒸すという料理法は、たいへんながい歴史をもっている。

（二）焼餅《サオピン》
現在の煎餅《チエンピン》、焼餅の類で、鍋で焼きつけたり、直火であぶってつくる。

中国の煎餅とは、コムギ粉をうすくのばして、油を塗ったたいらな鍋で焼いてつくる。日本の関東の煎餅《せんべい》は米の粉を原料とするが、関西ではコムギ粉を原料としてつくった、かわらせんべいの系統のものが普通で、関西式のほうがチェンピンにちかい。

焼餅はコムギ粉を練って円盤状にしたものを、炉の内壁にはりつけて、焼いたものだ。それは、西アジアでの伝統的なパン焼きに共通する料理法である。シルクロードを経由して、最初に中国に伝えられたコムギ粉食品は、焼餅の祖先のようなものだったろうと、わたしは想像するのだが、それを実証すべき証拠はない。片面に黒ゴマをまぶしてつくった焼餅の一種を、胡餅《フウビン》、あるいは芝麻焼餅《ツーマア》とよぶ。胡餅という名称は『釈名』にもでてくる。

(三) 油餅《イウビン》

油条《イウテイアオ》、饊子《サンツー》などの類。

油条とは、コムギ粉に明礬《みようばん》や梘水《かんすい》を加えて、やわらかく練った生地をねかせてから、ねじりん棒のかたちにして、油揚げにしたものである。そのままかじったり、薄切りにして中国粥にうかせたりする。

饊子は、コムギ粉を麵条のように細長くのばして、油揚げにした菓子食品である。おなじものを、新疆《しんきよう》ウイグル自治区のウイグル族はサンザという。コムギ粉をトウガラシいりの水で練って、手でひも状にのばしてから、まるく束ねて、揚げたものがサンザである。

麵類の親類にあたる食品であるが、のちにのべる『斉民要術《せいみんようじゆつ》』に「環餅《かんべい》、一名

6　青木正児　一九四九『華国風味』弘文堂（一九七〇『青木正児全集』九　春秋社　に再録されている）
以降、青木の名が参照されている箇所はこの文献にもとづいている。

寒具《かんぐ》」という名称であげられている、コムギ粉を蜜またはナツメの実を煮た汁で練ってつくる食べ物が、その起源であるともいわれる。現在の北京の露店などで、よくみかけるスナックに麻花《マアホア》というものがある。油条とほぼおなじような練り粉に砂糖をいれ、細長く切ったものを三、四本ねじりあわせて、油揚げにしたものである。これもまた饊子の系統をひく食品であるといわれる。[7]

味つけをしたコムギ粉の生地を原料とすることと、油で揚げて調理するということに注目して、饊子が環餅や麻花の親類にあたる食品とされるのだ。しかし、練り粉を手でほそいひも状にのばしていく、現在の饊子のつくりかたには、手延べラーメンの技術が関係しているとみることもできる。そこで、饊子は麵条の仲間であるともいえよう。

(四) 湯餅《タンピン》

中国の古典では水を沸騰させたものを湯とも記したが、現代中国語では漢方薬を煎じたものや、スープも、湯とよぶ。したがって、ゆでたり、スープで煮たコムギ粉食品が湯餅である。麵類や、水餃子《スウエイチヤオツー》、餛飩《ホウントン》(日本でいう、わんたん)がそのたぐいにあたる。

湯餅の名称も『釈名』にでてくる。油餅という名称は青木博士が命名したものであるが、蒸餅、焼餅、湯餅が『釈名』にあらわれることから、二世紀初頭にはコムギ粉食品のさまざまな調理法が発達していたことがわかる。

後代になると、ゆでてつくる食品である湯餅が麺類に発達する。二九ページの表にしめしたように、現代の食品加工技術から、麺の仲間を分類すれば、麺片《ミエンピエン》と麺条《ミエンティアオ》の二類に大別することができる。ぎょうざや、わんたんの皮のように、コムギ粉をたいらにのばしてつくった食品が麺片で、ひも状にのばして、ゆでて食べるものが麺、あるいは麺条とよばれるものだ、ということになる。

麺片小史

本題の麺条のはなしにはいるまえに、麺片の代表格である棊子麺《きしめん》と餛飩《こんとん》の歴史について簡単にのべておこう。

麺片は、ひらたくのばしたコムギ粉を、そのままゆでたり、煮て食べるものと、それで餡をくるんで料理するものの二つに分類される。ひも状に加工せず、ひらたくのばしたものを、そのままゆでて食べるものに棊《き》（碁）子麺《しめん》がある。棊子麺は六世紀中頃の『斉民要術』に初出する。

7　憶蓮　一九八〇「談饊子」『中国烹飪』一九八〇―四
喬成山　一九八二「読〈談饊〉」『中国烹飪』一九八二―五
憶蓮　一九八三「再談饊子――答喬成山同志」『中国烹飪』一九八三―一一
越秀　一九八三「也談饊子」『中国烹飪』

『斉民要術』には「切麵粥、一名碁子麵」とあり、コムギ粉をこねて、小指くらいのほそさにしたものに、とり粉をつけてから、ふとめの箸のようにのばして、刃物で裁断して、方形の将棋の駒のようにすると書かれている。それを甑《こしき》にいれて蒸してから、むしろのうえにならべて冷まし、乾かしてから袋にいれて保存する。これを使用するときには、ゆでてから、肉のスープをそそいで食べると記されている。

とり粉をつけてから、たぶん薄くのばしたもので、ちいさく切ってあるので、しんまで乾燥させることができ、乾麵として利用されたのである。碁子麵は棋子麵ともよび宋代に流行して、さまざまな棋子麵の料理法が記録されている。わたしの調べた範囲では、つぎの明代の『多能鄙事《たのうひじ》』という書物にでてくるのを最後に、料理書からは棋子麵という名称がきえてしまう。しかし、現在も中国の民間には、棋子麵の系譜をつぐ食べ物がのこっているという報告もある。[8]

わが国の名古屋のきしめんと、中国の棋子麵のあいだに関係があるか、どうかについては、むかしから、さまざまに論じられているが、ほんとうのところはよくわからない、というのがわたしの感想である。

麵片で肉、魚、野菜などの餡をつつんで、煮たものを、華北では餛飩《ホウントン》とよび、広東《かんとん》省では雲呑《ワンタン》という。明治時代以来、日本で中国料理店を開業した中国出身者には広東人がおおかったので、わんたんという名称が定着した。

わんたんの祖先をもとめて時代をさかのぼっていくと、漢代の湯餠にその原形がさかのぼれるかもしれないことは、さきにのべた青木正児の「饂飩の歴史」にも書かれているし、中国の研究者たちの小論もある。[9]

餛飩という名称は混沌に通じる。後漢代の文献に「大ニシテ形無キヲト曰《イ》フ」という用例があることを引用して、青木は餛飩の原形は不規則なかたちをしたもので、日本のすいとんのような食品であったと推定している。

唐代の韋《い》巨源《きょげん》の『食譜』に二十四気餛飩というものが記録されているが、これは二四種類の餡を、それぞれ、花形にくるんだもののようだ。これは当時の大臣クラスの高級官僚であった韋巨源が朝廷に献上した食べ物なので、こった料理法をしたものだろう。

すこしまえの隋代の顔之《がんし》推《すい》が、「今の餛飩は形偃月《えんげつ》の如し。天下通食す」と書いている。

こうしてみると、当時さかんに食べられていた普通の餛飩は、円形の麺片に餡をくるんで、二つ折りにして、半月形をしていたようである。別の文献で餛飩は、ゆでて食べたものであることがわかっている。かたちからいえば、ぎょうざとおなじもので、ゆでて食べるから、いまの水餃子《スウエイチヤオツー》のような食べ物だ。

8　洪光住　一九八五「〝棋子麺〟名実初探」『中国烹飪』一九八五—五
鄧庵銘　一九八六「宋代麺食考釈（之二）——棋子麺」『中国烹飪』一九八六—四

9　青木正児　注6文献。
鋭基　一九八三「雲呑話古」『中国烹飪』一九八三—一二
万陵　一九八四「説『湯餅』」『中国烹飪』一九八四—七
張徳鑫　一九八六「餶飿児為何物——就鄧庵銘先生」『中国烹飪』一九八六—一二
潘振中　一九八八「餛飩瑣談」『中国烹飪』一九八八—一二

新疆ウイグル自治区のトルファンのアスターナ古墳群から、唐代のコムギ粉食品の実物が発見されている。中央アジアの砂漠のなかの遺跡なので、極度に乾燥した気候のもとで、死者への供物にささげた食べ物がくさらずに保存されていたのだ。ナン、餃子、餛飩、花式点《てん》心《しん》が出土したと報告されている[10]。これら発見された食品の名称は、考古学者たちが命名したものであり、食べ物に名札がついていたわけではない。

ナンについては問題がない。現在の中国語でも饢《ナン》という。直径一九・五センチの扁平な円形をしたもので、ふちがあつく、まんなかがうすい形状で、歯紋《しもん》状の装飾がつけられているという。これは、西アジアから中央アジアにかけて分布するタンドールという型式のパン焼きがまでつくった、ひらべったい発酵パンであるナンそのものだ。ナンをつくるとき、ガスぬきのためにパン生地をつきさして、たくさん孔をあけるが、そのあとが歯紋と報告されているのだろう。現在トルファンに住んでいるウイグル族はナンを常食にしている。

花式点心というものは、直径五―六センチの円形をして、中央に花芯があり、その周囲に五弁の花びらを配した梅花形、針状の花びらを配した菊花形の二種がある。梅、菊といった中国の花をかたどったものであるからして、中国起源の蒸餅であろうといわれる。これに餡をいれて、ゆでて食べたら二十四気餛飩とおなじものになる。

餃子といわれるものは、長さ五センチ、中央の幅が一・五センチの半月形をした、写真でみたところ、現在の餃子とまったくおなじかたちのものである。なかにつめた餡の種類については記載されていない。煮て調理したものだろうと報告されている。

餛飩という名称で報告されている食品は、うすいコムギ粉の皮を巻いてつくったもので、長さ三センチ、幅一・九センチである。なかに餡があるのか、どうかについては報告されてない。日本でつくるわんたんは、塊状ではなく、肉餡をつつんだ皮のふちがリボン状にひらひらしているのが普通だが、現在の中国の餛飩は、皮のふちも餡に巻きつけた塊状のものがおおい。アスターナ古墳群出土の餛飩は中国式のもので、どこが、はしで、うらか、おもてかわからない、混沌としたかたちのものである。

こうしてみると、顔之推のいう、ぎょうざ形の餛飩のほかに、当時の名称はともかくとして、現在の餛飩とおなじものが、唐代からすでに存在していたことになる。それが東西文明の交差点にあたるシルクロードのトルファンで、西方起源のナンと共存していたのだ。

ぎょうざ形の食品を、その形状からして古代には水角《すいかく》、角子《かくし》とよんだ。いっぽう、肉餡をコムギ粉の皮でつつんだ食品を唐代には牢丸《ろうがん》といったことも知られている。『酉陽雑俎《ゆうようざっそ》』には「籠上《ろうじょう》牢丸」、「湯上牢丸」の名称があり、「籠上牢丸」はセイロで蒸したもので、青木正児によれば、焼売《サオマイ》、すなわち日本でいうしゅうまいの元祖にあたるという。「湯上牢丸」は、それをゆでて、あるいはスープで煮て食べるものである。明代には扁食《へんしょく》という名称もあり、屑《くず》米の粉の皮でつくって蒸したものを餃餌《こうじ》とよんだ。

発酵した生地で餡をつつんで蒸した包子《パオズ》とよばれる中国まんじゅうとちがう点は、ぎょう

10　譚旗光　一九八七「吐魯番出土的唐代　饢、餃子、餛飩及花式点心」『中国烹飪』一九八七—一一

ざや、わんたんは無発酵の生地の麺片を使用することである。

調理法や、形状のちがいはあるが、ぎょうざと、わんたんは、同系の食品である。ぎょうざは、ゆでるほかに、焼きつけたり、蒸したりして食べる料理法がおこなわれるようになったが、餛飩は湯餅本来の、ゆでたり、スープで煮る料理法をのこすものといえる。水餃子はただの湯でゆでるのにたいして、餛飩は味つけをしたスープで煮て食べるというちがいがあるが、それも中国全土に通用するものではないようだ。まえに引用した北京大学の方言語彙集でみると、餛飩のことを、江蘇省の揚州方言では餃子というと記されている。

また、漢字をめぐっての、ややこしいはなしをすると、餛飩が日本でいう、うどんの語源であるというのだ。一一世紀はじめに書かれた『江家《ごうけ》次《し》第《だい》』という宮中行事を記録した文献で、元旦の宴会についてのべている箇所に、のちにのべる索餅《さくべい》とならんで、饂飩という文字がでてくるのが、うどんらしいことばで、日本の記録にあらわれた最初である。饂とは日本人がつくった文字、すなわち国字であり、「うん」と読む。江戸時代の国学者である伊《い》勢《せ》貞《さだ》丈《たけ》の『貞丈雑記《ていじょうざつき》』に書かれているように、この当時の饂飩は、現在のうどんとおなじ食品ではなく、コムギ粉の皮のなかに餡をつめた中国の餛飩のような食品であった可能性がたかい。

のちの、室町時代になると、餛飩、饂飩という文字で「うどん」、「うんどん」、「うとん」と読ませる例があらわれるが、この頃になると、いまの麺類にあたる食品をさすことにまちがいない。

中国では餛飩のことを、餫飩とも表記した。餫という文字は、音読みで「こん」、あるいは「うん」という。そこで、餛飩を「うんどん」と日本人が読むようになり、のちには麵類の名称になったのだろう、というのが青木正児の説である。

水引餅の再現実験

『釈名』に索餅《さくべい》というものが記されており、これが中国最古の麵である可能性があるが、それについては、のちに索麵《さくめん》についてのべる箇所で解説することにしよう。いまのところ、まちがいなく中国における麵の祖先であるとかんがえてさしつかえないのは水引餅《すいいんぺい》である。『四民月令《しみんがつりよう》』という書物は後漢の崔寔《さいしよく》（一〇三前後—一七〇）があらわした中国最古の歳時記で、華北平野がその舞台になっている。その六月の項に、煮餅《しやへい》、酒溲餅《しゆそうへい》、水溲餅《すいそうへい》、の三種の餅の名称がでてくる。

煮餅は、湯餅の一種ともみられるが、古代中国では「煮」という文字で油で揚げたり、炒めることをしめすことがあるので、そのような料理法をしたものであるという説もある。[11] 酒溲餅はコムギ粉に酒をいれてこねて、発酵させたもので、蒸して調理したとかんがえられている。いずれにせよ、煮餅と酒溲餅は塊状の形態をしていたもので、麵類から除外してよい

11　王仁興　一九八五「麵食縦横談」『中国飲食談古』（所収）　軽工業出版社
12　注11文献、および左記の文献の訳注に麵条説が記されている。
崔寔（著）・渡部武（訳注）　一九八七『四民月令——漢代の歳時と農事』　東洋文庫　平凡社

ものであろう。水溲餅は麵条であり、つぎにのべる水引餅とおなじものであるという意見がある。[12] しかし、水溲餅も酒溲餅とおなじく蒸してつくるパン状の食品であり、麵条とは認めがたいという説もある。[13]

水引餅のつくりかたは『斉民要術』にでてくる。いままでに、しばしば書名が登場した『斉民要術』は、北魏《ほくぎ》末・東魏の人である賈思勰《かしきょう》が撰者となってつくった書物で、五三〇―五五〇年頃に成立したものとおもわれる。賈思勰は山東省の豪族であり、『斉民要術』はこの地方の農業技術について記述したものであるが、料理法や醸造技術についてものべられており、古代中国の食べ物についての基本文献となっている。

この本の第九巻の「餅法」という章に、さまざまなコムギ粉食品のつくりかたが記録されている。そのなかに、水引、餺飥《はくたく》法という箇所がある。餅という文字はないが、ここでいう水引とは水引餅のことにちがいない。これが麵のつくりかたについて具体的にのべている世界最古の記録なのだ。

中国古代の麵について論じるさいに、この『斉民要術』の水引餅を引用することはしばしばおこなわれるが、その再現製作を試みた例はなさそうだ。『斉民要術』に記載されているとおりに実際につくってみて、ほんとうに麵ができるか、どうかを、たしかめてみないことには、それが世界最初の製麵法についての記録であると断定するわけにはいかないだろう。奥村彪生《おくむらあやお》さんの料理スタジオ「道楽亭」で水引餅の再現実験をしてみることにした。奥村さんは二〇年以上のつきあいがある友人である。かれは料理人としての実技でも有名であるが、食物史の研究者でもあり、麺についての造詣もふかい。

「麺を細かに絹篩《きぬぶるい》して、調成した肉臛汁《かくじゅう》の冷えたので、これらを溲《こ》ねる。水引《みずもみ》は挼《ゆびもみ》して箸ほどの大きさにし、一尺ずつに断ち、盤《ひろばち》のなかに水を盛って浸す。（両）手を鐺《なべ》の上にかざし、そこで挼して韮葉ほどに薄くしながら、沸きしだい煮ると宜い」というのが、『斉民要術』の水引餅の記事を西山武一・熊代幸雄氏が訳したものだ[14]。

この文章における麺とは、もちろんコムギ粉のことだ。水引餅つくりは、絹のふるいをつかって、ふすまと粉をふるいわけることからはじまるわけだが、現代の台所では、この部分は省略し、スーパーで買ってきた中力粉を使用することにした。

現代の麺は粉を水や塩水でこねるのが普通だ。しかし、『斉民要術』によれば、肉臛汁、すなわち肉のスープでこねるとある。中国での肉の代表はブタ肉なので、奥村さんにブタの赤身肉のスープをつくってもらった。スープには塩で飲みかげんの味つけをした。

手打ちうどんをつくるときに、塩水で粉をこねるのは、コムギ粉のなかにふくまれているグルテンを溶けやすくするためだ。コムギ粉をよくこねてから、水洗いして澱粉《でんぷん》を洗い流したあとに、ねばねばした塊がのこる。これがコムギの蛋白質の主体であるグルテンである。コムギ粉は粘り気と弾力があるグルテンをふくんでいるので、麺棒でうすくのばしたり、ほ

13　邱龐同　一九八八「中国麺條源流考述」『中国烹飪』一九八八—七
14　西山武一・熊代幸雄（校訂・訳註）一九六九『校訂訳註　斉民要術』（第二版）アジア経済出版会

そい線状に切ったり、ひっぱったりしても、たやすくはちぎれない。そこで、麵の原料としてコムギが利用されるのである。グルテンの量がおおい硬質コムギを製粉すると強力粉が得られ、グルテン含有量のすくない軟質コムギからは薄力粉が得られる。麵類にこのまれる中力粉で『斉民要術』の水引餅を試作することにした。

日本の手打ちうどんつくりのさい、麵がだれやすい夏には塩の量をおおめにするなど、季節によって塩分を調節することがおこなわれる。『斉民要術』の水引餅つくりで肉のスープを使用するのは、麵そのものに味をつけるだけではなく、スープの塩分がグルテンをひきだすことに効果があることを知っていたからだろうか。

肉のスープが冷えてから、コムギ粉をこねる。『斉民要術』には書かれていないが、麵つくりの常識として、一時間ほど麵生地をねかせた。時間をおくことによってグルテンが熟成して、粘りがでるのだ。

つぎに手で箸のふとさにのばす。麵生地をちいさな塊にちぎって、とり粉をふった机のうえで、両手でローラーのように転がしたら簡単にほそいひも状になる。能率よくしようとおもったら、手で円盤状に成形した麵生地を、包丁で渦巻状に切って、それをはしから両手でもみだしたらよい。渦巻状に切るのは、わが国の手延べそうめんつくりのさいの技術である。

箸のふとさにのばしたものを、一尺のながさに切る。この当時の一尺は約二四センチである。これを二―三分水に浸してから、指もみをしながらのばしてみる。両手の親指と人差し指で、麵をもみながらひっぱる。指でおされて、ほんとうにニラの葉のようにうすくなりながら、おもしろいようにのびる。手先が不器用なわたしでも、一尺が二尺までのばせたが、料理人の奥村さんの手にかかると三尺までのびる。

水引餅というだけあって、水に浸すことがこの麵つくりのポイントだ。水中にある程度澱粉が溶けだし、また、吸水した麵生地はやわらかくなる。そこで、なめらかで、のばしやす

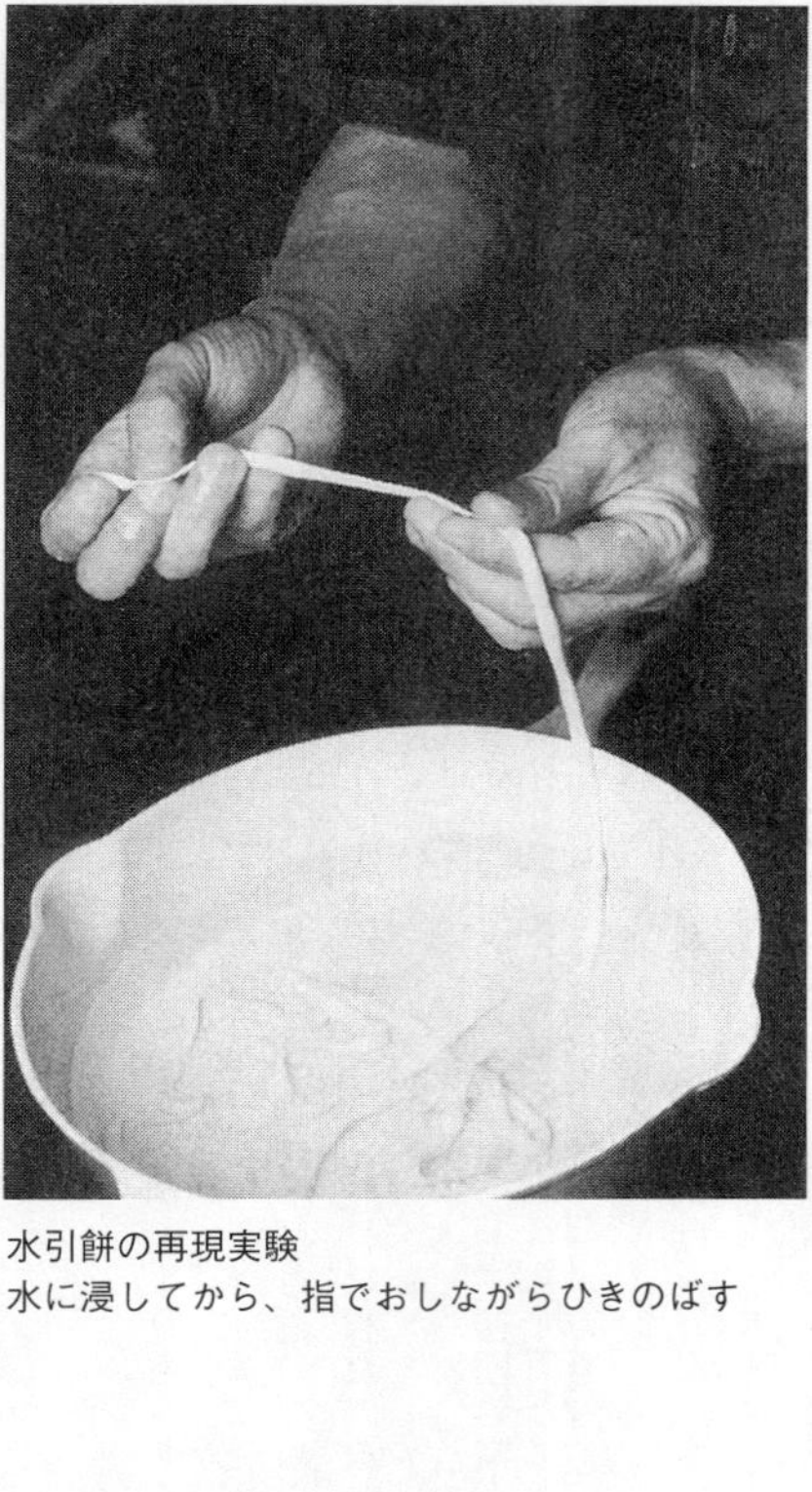

水引餅の再現実験
水に浸してから、指でおしながらひきのばす

くなり、誰にでも容易につくれるのだ。簡単なものだから、家庭でつくって、麵類の祖先の味を試してみたらいかが。

のばしたものを沸騰したスープにいれて、料理する。きしめんよりもうすく、指のあたりぐあいによって、多少でこぼこがあり、レースのフリルのようにちぢれたところがあったりして、その不均一さの舌ざわりがおもしろい。うすくても、手打ち麵のなめらかさと、こしがある。麵そのものにも、こねたときのスープの味がすこし感じられた。なかなかの代物である。

『斉民要術』以前から水引餅は存在した。西晋《せいしん》（二六五—三一七）初期の文人である伝玄が「……麵有リ、忽チ游水シテ長引シ……」と記しているが、それは水に浸してひっぱってつくる水引餅の初出であると青木はのべている。

水引餅は水引麵ともいわれ、北斉《ほくせい》（五五〇—五七七）の高帝は「好んで水引麵を食す」と記録されているという[15]。

水に浸して麵つくりをする技術は、のちの時代にまでひきつがれる。宋末か元初に成立したといわれる一種の家事百科事典である『居家必用事類全集』は食べ物のつくりかたについての記事がおおく、『斉民要術』とならんで中国の食べ物の歴史について調べるさいの重要な記録となっている。そこにでてくる水滑麵は水引餅の子孫ともいうべきものである。

上等のコムギ粉を、冬以外の季節は油と塩をいれた水でよく練り、これを指先くらいのおおきさに切って、水のなかに浸しておく。これを好きなふとさに加工して、煮て食べるというものだ。加工のしかたによっては、麺状になったり、すいとん状になったりしたであろう。

切り麺の出現

『斉民要術』の記事にもどると、水引餅につづいて餺飥《はくたく》のつくりかたが書かれている。水引餅の場合とおなじようにコムギ粉をこねて、親指ほどのふとさに成形し、これを二寸ずつに切断し、水に浸して指先でごくうすくのばしてから、煮たものが餺飥である。わんたんの皮のようなものだ。山梨県や長野県で、ほうとうとよぶ幅広の手打ちの煮込みうどんのようなものには、幅三センチ、長さ一〇センチほどの短冊形のものがある。現在のほうとうは麺棒を使用してのばすというちがいはあるが、餺飥とおなじような食べ物だ。技術的に中国との直接的な関係があるかどうかはべつとしても、ほうとうという名称は餺飥を日本でなまってよんだことに起源するものだろう。

さきにのべた棋子麺と、この餺飥つくりには刃物が使用されている。しかし、『斉民要術』の段階では麺棒の利用はみられない。手打ちうどんや、手打ちそばのように、麺棒でのばした生地を折りたたんで、刃物で線状に切ってつくる製麺法——すなわち切り麺の技術は、いつ頃成立したものか。

そのことをあきらかにする資料はみあたらない。ただし、唐代になると切り麺がつくられ

15　注11文献による。

ていたことをのべる資料がいくつかでてくる。[16]
不托《ふたく》という名で総称する一群のコムギ粉でつくった食品が、唐代の記録にあらわれる。不托は掌托に対比されることばであろう。「托」という漢字は手でものをおすという意味なので、こねたコムギ粉を手のひらでおして成形することを掌托という。青木正児によれば、餺飥の餺は薄、飥は托に通じるので、餺飥は薄托、すなわち手でうすくのばした餅であるという。不托といったら手のひらを使わないコムギ粉食品つくりの技術のことで、おそらく麵棒を使用して生地をのばす方法をさすのであろう。
九世紀中頃の料理書である『膳夫経手録』にさまざまな種類の不托があげられている。帯而長者（帯状でながいもの）、方而葉者（方形で葉のようなもの）、厚而切者（厚く切ったもの）、などといった不托の種類をのべているなかに切麵筋という名称がある。これを切麵条とおなじ意味だとして、麵棒と刃物を使用してつくった手打ちうどんと解釈することもできるが、麩《ふ》を麵筋というので、刃物で生麩を切って加工したものとも読みとれ、確定はできない。鶻突《こつとつ》不托とは、ヒツジの生肉を碗にいれ、そのうえを不托でおおい、そこにスープをかけて、調味料・香辛料らしきものを和《あ》えた料理である。全部で一〇種類の不托の名があげられているが、それらがどんなものであったのか、解釈がつかないものがおおい。冷淘《れいとう》、索餅、幹切《かんせつ》も不托つくりの法にほぼおなじであるとも記されている。この三食品は麵類をしめしているようだ。幹切の幹が麵棒のことで、切を刃物で切ることと解釈するなら、幹切とは手打ちうどんのことになるが、それはわたしの憶測とでもいうべき意見である。

『雲仙散録』という文献に切り麺とおもわれる剪刀麺という名称が引用されていること、おなじ文献のべつの引用箇所に、山西省大県の人は麺がたいへん好きで、「切ルニ呉刀ヲ以テシ、淘《あらう》ニ洛酒ヲ以テシ」という文章があることをあげて、青木正児は唐代に切り麺が存在していたことを考証している。洛陽産の酒である洛酒で麺をあらうのは、冷淘という麺は水で冷やして食べるが、ただの水のかわりに、酒を水に混ぜて風味をましたものだと、青木はのべている。

杜甫《とほ》に「槐葉《かいよう》冷淘」という詩があるが、槐とはエンジュのことである。『居家必用事類全集』に翠縷麺《すいろうめん》というものが記されている。エンジュのやわらかな葉をとって汁をしぼり、この汁でコムギ粉をこねた生地を、きわめてほそく切り、ゆでてから、水に通して、汁をかけて食べる麺のことである。この

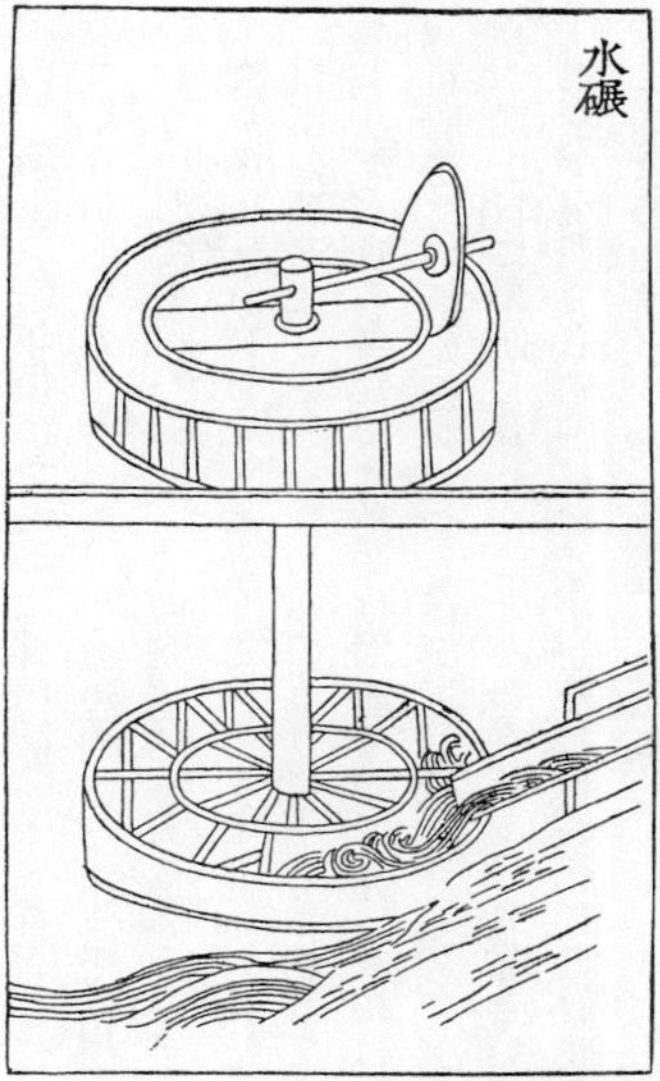

碾磑の一例　ほかにもさまざまな形式の水車製粉の方法がある（王禎『農書』から）

16　くわしくは注6文献を参照されたい。

本の二〇—三〇年後にでた『事林広記』という書物には翠縷冷淘という名称でおなじ食べ物のつくりかたをのべている。その説明は、『居家必用事類全集』とまったくおなじ料理法をひきうつしてのべたあと、この麵は「甘美な味をして、色はあざやかなみどりである」といっている。宋代には菊のわか葉をもちいる甘菊冷淘という麵があったそうだ。[17]

日本のひやむぎや、そうめんのように水で冷やして食べるので、冷淘は夏の食べ物とされたようだ。唐の宮廷では冬には湯餅をつくり、夏には冷淘を食べたという。[18]『新唐書』の后妃伝の玄宗皇后王氏の条に「麵として生日の湯餅を為《つく》る」という文句があり、誕生日に湯餅を食べたことがわかる。長寿麵といって、誕生日に麵を食べて長生きを願う風習が現在でも中国にあるが、それは唐代にはじまるもののようである。

このように唐代に麵が発達した背景として、この時代にコムギの生産量が増大したこと と、製粉技術の革新がなされたことを考慮にいれておかねばならない。この頃、華北平野で二年三毛作という農法が成立して、コムギが大量につくられるようになる。[19]いっぽう、それまでの製粉法は、人力あるいは畜力で石臼を回転させていたので、粉食はぜいたくな食品とされていた。唐代は中国と西域の交渉がさかんだった時代で、シルクロードを通って碾磑《てんがい》が伝えられた。碾磑とは、水平に回転する水車をしかけ、その回転軸の運動が流れのうえに建てた水車小屋にもうけたエッジランナーをまわす製粉道具である（前ページの図）。碾磑を使用するようになって、製粉が機械化されたわけだ。中国食物史という研究領域を開拓した故篠田《しのだ》統《おさむ》によれば、碾磑の導入によって、コムギ粉がコスト・ダウンされて、民衆が粉食をできるようになり、長安の都では揚げパンの露店までならんだそうだ。[20]

麺食店の繁栄

唐代の文献である『酉陽雑俎』に細麺と飛麺という名称がでてくるが、それが具体的にどんなものであったかはわからない。さきにあげた水引麺、剪刀麺の例もあるので、麺という文字で、コムギ粉という意味以外に、コムギ粉を原料とした料理名をしめすことも唐代や、その以前からもあったわけである。しかし、一般にはコムギ粉をこねたものをスープで食べる料理の総称は湯餅で、麺条もそのなかにふくまれていた。

宋代（九六〇―一二七九）になると、湯餅ということばがもちいられなくなり、麺条を使用した料理が、餅のカテゴリーから独立する。糸鶏麺《しけいめん》、三鮮麺《さんせんめん》、炒鱔麺《しょうぜんめん》といったように麺条を使用した料理は具材や料理法をあらわす名称のあとに麺という文字をつけて表現するようになる。明代の家事百科事典である『多能鄙事』に羊肉索餅という料理名がでてくるが、それは例外というべきものである。

宋代以後は麺条を使用した料理名は○○麺と書かれるのが普通となった。そして、餅とい

17　邱龐同　一九八二「古代麺点拾趣（続）」『中国烹飪』一九八二―四
18　注11文献による。
19　西嶋定生　一九六六「碾磑の彼方――華北農業における二年三毛作の成立」『中国経済史研究』（所収）東京大学文学部研究報告
20　篠田統　一九七九「隋・盛唐――時代の概観」『中国食物史』（所収）柴田書店

うことばは、現在における焼餅、月餅という用例のように扁円形をしたコムギ粉食品で、火であぶったり、焼きつけたり、蒸して調理したものをしめすようになってくる。

宋代に麵が料理の一カテゴリーとして独立したのは、この時代に麵が中国全土に普及し、大衆的な食べ物となり、さまざまな種類の麵料理がつくられるようになったからだと、わたしはかんがえる。

宋代は、現在の河南省開封市《かいふう》にあたる汴京《べんけい》に都があった北宋（九六〇―一一二七）と、北宋が金に敗れて南方に移動し、現在の浙江省杭州市に仮の都である臨安府《りんあん》をさだめてから、元に併合されるまでの南宋（一一二七―一二七九）との、ふたつの時代にわかれる。

北宋が敗れて、都が陥落したとき南方に逃れた孟元老《もうげんろう》は、かつての首都の繁栄ぶりをしのんで『東京夢華録《とうけいむかろく》』という本を著わした。東京とは、西の洛陽を西京といったのにたいして、汴京をよんだ名である。『東京夢華録』は難解で、漢文をまともに勉強したことのないわたしには歯がたたないが、近年に専門家の訳注が出版されて、一般の人びとにも読むことができるようになった[21]。

この本には都市の風俗がいきいきと描写されているが、それには食べ物屋の繁盛ぶりについての記事がおおい。宋代は商業が飛躍的に発展した時代だ。そのことによって都市の景観が一変した。

唐代までの都市は、政治都市・軍事都市としての性格がつよく、長安や洛陽もたかい城壁にかこまれ、その内部は坊という壁でしきられた区画に分割されていた。大通りには坊の壁がつづいており、夜間は外出禁止で、商業は市とよばれる区域にかぎられていたのだ。『東京夢華録』によると、汴京は午前四時頃から深夜まで営業する飲食店、その他の店でにぎわっていたようである。『清明上河図』は清明節の日の汴京のにぎわいを絵巻物にしたてたものだが、それには大通りや路地の両側に店がならび、買い物をしたり、飲食をしている人びとの雑踏ぶりが描かれている。この開放的な商業都市における飲食店の発達はめざましく、さかり場には、茶店、居酒屋、料理屋が軒をつらねていたようである[22]。

孟元老は「商売人の家では、食事ごとにそういう飲食店から料理を取って間に合わせ、家には惣菜を用意しないものが多い」と書いている。北方料理の店、南方料理の店、四川料理の店、油餅店や胡餅店などの餅店といったように、専門化した食べ物屋があったことも記されている。世界のなかで外食のための施設がいちばんはやく発達したのは中国であるが、中国で外食が本格的に発展したのは宋代であるといって、まちがいなかろう。家庭で麺を打つのはめんどうだが、外食が発達した都市では、金さえあれば、店で気軽に麺料理をたのしむことができる。このような外食の発達に関係をもちながら、宋代に麺料理が多様化したのだと想像するのだが。

『東京夢華録』にでてくる麺と、その仲間をあげてみよう。罨生軟羊麺《えんせい》（ヒツジ肉の刺身を具とした料理だろうか）、桐皮麺《とうひめん》（この麺はのちに述べる『夢粱録《むりょうろく》』などにもでてくるが不

21　孟元老（著）・入矢義高・梅原郁（訳注）一九八三『東京夢華録』岩波書店
22　孫世増　一九八五「北宋汴京飲食業的特色」『中国烹飪』一九八五―五

詳）、桐皮熟膾麺（桐皮麺に肉なますを煮たスープをかけたものか。南方料理屋でだすという）、冷淘棊子（水で冷やして食べる棊子麺）、細物料棊子（薬味をつかった棊子麺）、餛飩、菜麺（野菜を具材につかった麺か）、胡蝶蝱《こちょうせい》（不明、『夢粱録』では胡蝶麺と書く）、肐《ゴ》𦢈《ダ》（コムギ粉をこねたものを、手でよじって不ぞろいな麺条状にして裁断したのが、現在肐𦢈とよばれる食品である。これを肉、野菜と炒めて食べる）[23]、旋切《せんせつ》細料侃侃児《ダトル》（侃侃児は円形をしたぎょうざのような食品ではないかという説がある。旋切とは形をしめす形容、細料は薬味のこと）[24]。

これらの麺類は、椀にいれて供されたが、肉と麺の両方を椀に盛ったものを合羹《ごうかん》といい、肉か麺のいずれかだけを椀にいれて食べるのを単羹《たんかん》といった。つまり、「台ぬき」でスープ料理として食べたり、素うどんや、かけそばのように具なしで注文することもできたようだ。

注目されるのは、「旧くは只匙《たださじ》を用い、今は皆筋を用う」とのべられていることだ。筋とは箸のことである。北宋の時代に、スープ料理にいれられるコムギ粉食品が、塊状に成形した麺片類よりも、麺条をつかうことがおおくなったので、箸で食べるようになったのではなかろうか。匙だけで麺条を食べることはできない。

北宋がほろび、江南に南宋の首都がおかれるようになると、北方で発達した麺食文化が南方に進出した。

はじめにのべたように、巨視的にみた場合には、淮河の南方は稲作地帯で粒食、その北方

稍傍閤兒平窗之外花竹掩映垂簾下榻隨意命妓歌
唱雖飲宴至達旦亦不妨也
麪食店
向者汴京開南食麪店川飯分茶以備江南往來士夫
謂其不便北食故耳南渡以來幾二百餘年則水土既
慣飲食混淆無南北之分矣大凡麪食店亦謂之分茶
店若曰分茶則有四軟羹石髓羹雜彩羹軟羊焙腰子
鹽酒腰子雙脆石肚羹猪羊大骨雜辣羹諸色魚羹大
小雞羹攛肉粉羹三鮮大燠骨頭羹飯食更有麪食名
件猪羊盦生麪絲雞麪三鮮麪魚桐皮麪鹽煎麪筍潑
肉麪炒雞麪大燠麪子料澆蝦蟆麪燠汁米子諸色造
羹糊羹三鮮棊子蝦蟆棊子蝦魚棊子絲雞棊子七寶

『夢梁録』の「麵食店」のページ

はコムギとアワやキビを主作物とし、後代にはコウリャンやトウモロコシが導入されたが、粉食を基本とする地帯である。また、北方の料理にはヒツジの肉がよく利用された。南方ではコメの粒食が主食で、動物食品の主流は魚とブタ肉であった。

北方からの難民が江南に流入した南宋の初期には、コムギの価格がコメの二倍の高値になったという。そこで北方からの移住民の需要にこたえて、江南の稲作地帯でもコムギの栽培面積が急増し、麺食の習慣がひろまったという。旧都の名物として、ヒツジ料理が臨安で食べられるようになり、いっぽう北方人もブタ肉をよく食べるようになった。遷都し

23　注8文献による。
24　注9張文献による。
25　朱瑞熙　一九八五「宋代的北食和南食」『中国烹飪』一九八五—一一

てからおよそ一五〇年たった南宋末には、南方の食生活と北方の食生活が融合して、南北を区別できないような状態になったという。[25]

南宋がほろびたのち、『東京夢華録』にならって、『夢粱録《むりょうろく》』という書物がつくられた。臨安の都の風俗と繁栄ぶりについての記録である。この本は「麺食店」という一章をたてて、首都における麺食専門の店の繁盛したようすや、そこで売られる麺料理の名称をあげている(五三ページの図)。

さきにあげた、糸鶏麺、三鮮麺、炒鱔麺も、この本に記されている。糸鶏麺は現在もよく食べられる麺料理で、ニワトリ肉の糸切りを具にしたものだ。三鮮麺の三鮮とは、現在の中国料理では、ナマコ、アワビ、貝柱などの高級な材料を三種類使用していることをしめすが、この場合はどんな材料を使ったのか具体的にはわからない。炒鱔麺の鱔とはタウナギのことである。これをタウナギと麺をいっしょに炒めた料理、あるいはタウナギの魚肉のすり身をコムギ粉にいれて打った鱔麺を炒めたものと解釈したら、焼きそばのいちばん古い記録であるということになるが、タウナギを炒めたものを具にしたスープ麺である可能性もかんがえられる。ほかにも、精進料理仕立ての麺料理であるとおもわれる素麺《そめん》など、三〇種類あまりの麺類料理の名称があげられている。

のちにのべるように、コメを原料とした麺が南宋にはあったし、そうめんの製法も存在した。南宋代は中国の麺の主要なものがでそろい、麺文化がほぼ完成した時代としてとらえてよいだろう。

二　麵つくりの技術

麺の分類

麺食の文化の歴史と、その世界的なひろがりについてかんがえるのが、この本の主題である。そのためには、なんらかの基準にしたがって麺食を分類することが必要となる。

学生時代、わたしは考古学を勉強したことがある。このときに、土器や石器を分類するトレーニングをうけた。考古学の基礎は分類にある。

遺跡から発見される土器や石器などの遺物を分類してその型式をさだめる。ついで、おなじ型式の遺物がどの時代の、どこの遺跡から発見されているかをあきらかにする。このような手続きをふむことによって、その遺跡が、どの文化の系統に所属するのかがわかるのだ。ものの歴史や分布を論ずるときに、その基礎作業として、対象物を分類しておくことがたいせつなのだ。

それでは、麺食の文化の整理手段としては、なにを基準として分類したらよいだろうか。

麺の料理法を基準として、麺食の文化を分類することも可能だ。たとえば、中国の麺料理を、スープで食べる料理法である湯麺《タンミエン》、焼きそば式の料理法である炒麺《ツアオミエン》、たれを和えて味つけをする拌麺《バンミエン》……というふうに料理法におうじて分類する。この料理技術による分類も、麺食文化のひろがりを展望するさいには役にたつことがある。

アジアにおいてはブータン以外の場所では、湯麺とおなじ食べかたがみられるので、おそらく麺食はスープ料理を基本としてひろまったものとかんがえられる。また、炒麺は日本、朝鮮半島の伝統的な麺料理には存在しなかったので、麺を炒めて料理するという技術は中国に特徴的なものである。というふうに麺の料理技術を基準として、各地の麺食を比較することができる。

麺の原料を基準にして分類することもできる。世界でいちばんよく利用される麺つくりの原料はコムギだ。しかし、ソバ、コメ、リョクトウなどを主原料とする麺もある。原料のちがいは、製麺法や麺の料理法にも影響するだろう。そこで、麺の原料に注目して、麺食文化の比較論を展開することもできないわけではない。たとえば、コムギを普通コムギとデューラムコムギにわけてかんがえたとき、アジアの麺は普通コムギでつくるのにたいして、のちにのべるように、イタリアのスパゲッティはデューラムコムギを原料として発達した麺食文化の産物として位置づけられる。

このように、麺食文化を分類するための指標には、さまざまなものがかんがえられる。いろいろな可能性を検討してみたすえに、わたしがたどりついた結論は、麺そのもののつくりかた――製麺法――を基準にして、世界の伝統的な麺食文化を分類するのが、いちばん普遍性をもつ分類原理であるということになった。

麺とはなにか

製麺法の分類についてのべるまえに、ひとつやっかいな問題をかたづけておかなければならない。それは、麺とはなにか、ということである。分類の対象となる麺とよぶ食品の概念をあきらかにしておかないことには、分類のしようがない。

こまったことには、世界のどこにでも通用する麵の定義というものがないのだ。

ある国語辞典で麵ということばをひいてみると、「うどん・そうめんなどの総称」とある。これでは定義にはならない。そこで、食品専門の事典をはぐって、麵類という見出し語の説明をみると、「小麦、ソバなど穀物の粉を水でこねてのばしたものを細長く切った食品の総称」と書かれている。簡潔ながら具体的な説明ではあるが、これでじゅうぶんとはいいがたい。そうめんや、水引餅、手延ベラーメンのように刃物で切る作業を必要としない麵もあるからだ。

イタリアでは、日本語の麵にあたることばはなく、ほそながく加工したコムギ粉食品は、スパゲッティ、マカロニ、ヴェルミチェッリといったふうに個別的名称でよばれる。この本のはじめに紹介したように、パスタという総称は日本語の麵よりも、はるかにひろい範囲のコムギ粉食品をしめすことばである。

英語のヌードル noodle は、麵にちかい概念のことばだが、語源的にはドイツ語のヌーデル Nudel に由来することばだという。ところが、ヌーデルはもともとは麵状の形態をしたものではなく、だんごであったようだ。オーストリー・アルプスのチロル地方にヌーデル系のことばをのこすだんご状食品がある。白パンをちぎってミルクに浸してだんご状にまとめたものや、ソバ粉やライムギの粉でつくっただんごを canederli といい、イタリア系住民はカネーデルリ、ドイツ系住民はクヌーデルリとよぶそうだ。だんごのまま食べることもするが、スープにいれて食べることもする。[1]

英語圏でのヌードルの定義はどうなっているかと、横文字の本をあたってみた。わかったのは、アメリカの食品薬事局の食品規格によれば、ヌードルと名乗ることがゆるされる商品は、タマゴをいれたものにかぎるといったことぐらいで、ヌードル一般を定義する説明はみつからなかった。[2]

麺とはなにか、ということをうまく説明する既製品の定義がないようなので、自分なりにかんがえてみた。とりあえず、「穀物、マメなどの粉を主原料として、線状に加工した食品で、原則として、ゆでたり、煮たりして、主食、あるいは準主食的な料理の主材料として食べられるものである」としておこう。

原料についていえば、世界的に麺の原料として、いちばんよく利用されるのは、いうまでもなくコムギ粉である。ソバ粉、ビーフンの原料とされるコメ粉も、よく利用される地域が

1　チロルの事例は、友人の京都大学人文科学研究所教授の谷泰《たにゆたか》さんに教わった。左記の本に canederli のつくりかたが記されている。
Kompatscher A. 1985, *La cuisina nelle Dolomiti*, Casa Editrica Athesia.

2　合衆国食品薬事局の Noodle products の条例の主要部分を訳してあげておく。
ヌードル製品とは、セモリナ、デューラム、ファリナの粉、あるいは、それらの粉の二種類、またはそれ以上を混合したものに、液体状の卵、冷凍卵、乾燥卵、卵黄、冷凍卵黄、乾燥卵黄、あるいは、これらの二種類、またはそれ以上を混合したものと、必要なさいには（a）（1）から（4）の条項で定めた添加物とを加え、水で、あるいは水を使用せずに作製した生地を成形した乾燥食品をさす。（以下省略）
すなわち、卵をいれないことには、ヌードルという名称の商品にはならないのである。
FDA 1988, *Code of Federal Regulations 21*, The Office of the Federal Register National Archive and Records Administration.

ある。変わったものとしては、中国のオルドスからモンゴルにかけてハダカエンバクの麺がある。中国の大連市できいた話では、山東省、遼寧省の農民たちが、かつて、よく食べた雑麺《ツアミエン》というものは、トウモロコシ粉、ダイズ粉、リョクトウ（緑豆）の澱粉《でんぷん》を混ぜてつくった麺であったという。

リョクトウの澱粉を麺状に加工したものは、ハルサメである。もっとも、現在ではイモ類の澱粉でつくったハルサメもおおい。日本、中国、朝鮮半島では、ハルサメはおかずとしての料理の材料としてもちい、普通は麺料理として主食的に食べることはしない。ところが、タイでは、ハルサメを主食としても食べるのだ。

タイの麺食店には数種類の麺が用意されている。幅のひろいものや、そうめんのようにほそい麺など、コメ粉やコムギ粉製のさまざまな形状のうどん玉といっしょにウン・センwun sen というリョクトウでつくったハルサメをゆでたものが置いてある。ウン・センを注文すると、さっと湯がいて、ドンブリにいれ、ほかの麺類とおなじスープをかけ、具をのせて供してくれる。ウン・センを食べるとふとらないというので、ダイエット食として、麺食店でこれを注文するお客がふえているということだ。こうしてみると、タイではマメを原料とした線状の食品も、麺食のなかにふくまれているということになる。

結局のところ、なにをもって麺とみとめるかは、それぞれの文化によって、ことなるといわざるをえない。世界をひろくながめて論じようとするときには、個々の文化における麺の概念にしばられずに、ゆるやかな枠組を用意しておかなければならない。さきほどの定義らしきことも、そのような配慮をしているので、日本では麺とはかんがえないハルサメも、場合によっては、麺のカテゴリーにふくめてもよいようになっている。

麺の仲間はずれにした食品

麺に似たかたちをしているが、さきの定義にしたがえば、麺とはみとめられない食品もたくさんある。

福岡名物の鶏卵素麺《けいらんそうめん》は江戸時代の一七世紀中頃、長崎の中国人から伝えられたものだという。糖蜜を沸騰させたなかに、タマゴの黄身を突きだして固まらせた菓子である。名前はそうめんでも、原料が、穀類、マメ類ではないし、主食的な食べかたでもないので、麺とはいえない。

おなじような理由で、そうめんの名称はついているが、麺から除外されるものに魚《うお》そうめんがある。現在の日本の魚そうめんは機械で成形するが、バンコクでおなじような食品を手づくりにしているのをみた。直訳したら、「魚のビーフン」という意味のセン・ミー・プラsen mi plaという食品である。タチウオのすり身にタピオカ（キャッサバ、マニオクともいう）澱粉と塩を混ぜてよくこねる。これを麺棒でのばし、包丁で切って線状にして、ゆでて食べる。つくりかたは切り麺とまったくおなじだ。中国系のタイ人の料理屋でつくっていたが、おそらく中国の魚麺《ユイミエン》に起源するものだろう。

広東省の蝦子麺《シャツーミエン》はエビのタマゴを生地に練りこんでつくった麺だ。日本のそばにも、抹茶《まっちゃ》をいれた茶そば、タマゴの黄身で練ったらん切りなどがある。しかし、主原料が穀類なので、これらを麺とよんでさしつかえなかろう。

いっぽう、コムギ粉や、コメ粉を原料とした線状の食品でも、麺とはみとめがたいものがある。右の写真にしめしたのは、マレーシアでロティ・ジャラ roti jala という菓子をつくっているところだ。ろうけつ染めの道具に似た容器に、ゆるく溶いたコムギ粉をいれ、熱した鉄板（写真の場合はホットプレート）に流して、焼く。できあがったものに、甘いシロップをかけて、デザートやおやつとして食べる。ロティ・ジャラという名称は、「網の目をしたコムギ粉の菓子」という意味だ。筋が交錯するように流しこむと、網の目状になるが、交

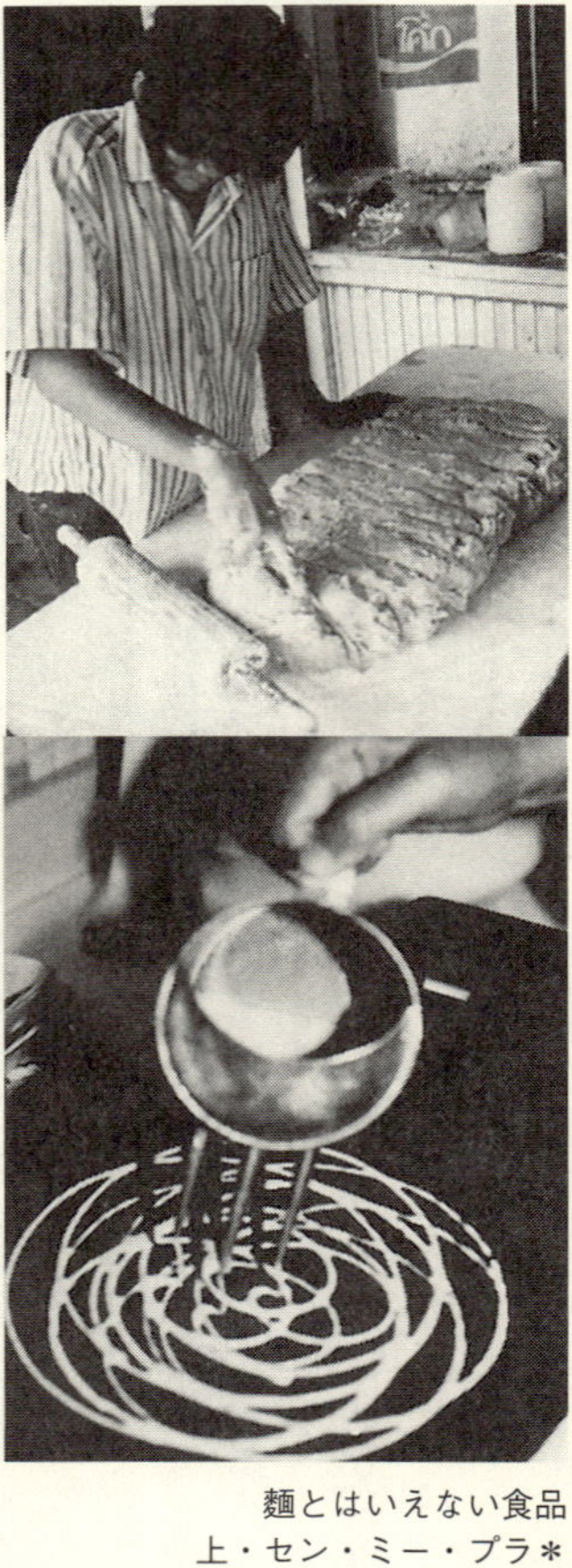

麺とはいえない食品
上・セン・ミー・プラ＊
下・ロティ・ジャラ

錯することなく、渦巻状に流して、焼いたものをとりあげると、ながい麺状になる。

おなじようなつくりかたをして麺状に加工した菓子は、北アフリカからインドを経て東南アジアに分布するので、イスラム文化とともにひろまったものかもしれない。このように、粉を焼いてつくった食品は、麺のかたちをしていても、「原則として、ゆでたり、煮たりして食べる」という定義からはずれるので、わたしは麺から除外することにする。

揚げそばの料理法で、長崎の皿うどんのように、麺をゆでずに、直接揚げ油のなかにいれて加熱する方法がある。しかし、それは原則として、湯でゆでたり、直接スープで煮て食べる麺食文化が主流の地域で、バリエーションとして成立した料理法にすぎない。汁気のない焼きそばでも、炒めるまえに麺をゆでる操作がなされるのが普通だ。

スリランカでストリング・ホッパー string hopper とよぶものがある。コメの粉に、ココナツミルク、ベーキング・パウダーかドライ・イーストを混ぜて、数時間ねかせたものを、金属でつくった小形のトコロテン突きのような道具で、一口大ずつ、ざるのうえに押しだす。これを蒸して、カレーをかけて食べる。おなじような料理はインドにもある。麺のかたちはしているが、蒸しているので、麺のようにつるつるした感触は味わえない。麺状で、主食ではあるが、普通は「ゆでる、煮る」という料理法をとらないので、これも麺から除外しておこう。

製麺法を五つに分類

ずいぶん、ただし書きがおおくなったが、製麺法の分類についてのべるまえに、もう一項だけ、ことわりをしておかねばならないことがある。それは、この本で採用した麺つくりの分類は、伝統的な製麺技術にもとづくものである、ということだ。

現在の工場でつくられる麺は、機械化された生産ラインにのった製麺技術の産物である。おおきな製麺工場は、オートメーション化されている。生産ラインの一端にコムギ粉をいれたサイロがあり、末端からは包装された麺がでてくる。その間の加工はすべて、機械が自動的におこなう。自家製の麺を食べさせるという、うどん屋やそば屋でも、とくに手打ちの実演を売りものにする店以外では、小型の製麺機を使用している。

アジアで機械製麺の方法が普及するのは、この一〇〇年間におこった出来事だ。それ以前の、手づくりの製麺法をかんがえてみよう。

かつて、わたしは世界の製麺法を三種類に大別したことがある。

①こねたコムギ粉を一本の棒状にまとめ、それを引っぱって、細くのばして線状にする。手延べラーメンや、そうめんつくりの技術である。

②麺棒でひろげた生地を、刃物で切って線状にする。手打ちそば、手打ちうどんつくりの技術である。

③こね粉を底に小孔がたくさんあけられたシリンダーにいれて、ピストンで押しだして線状にする。ビーフンつくりの技術である。[3]

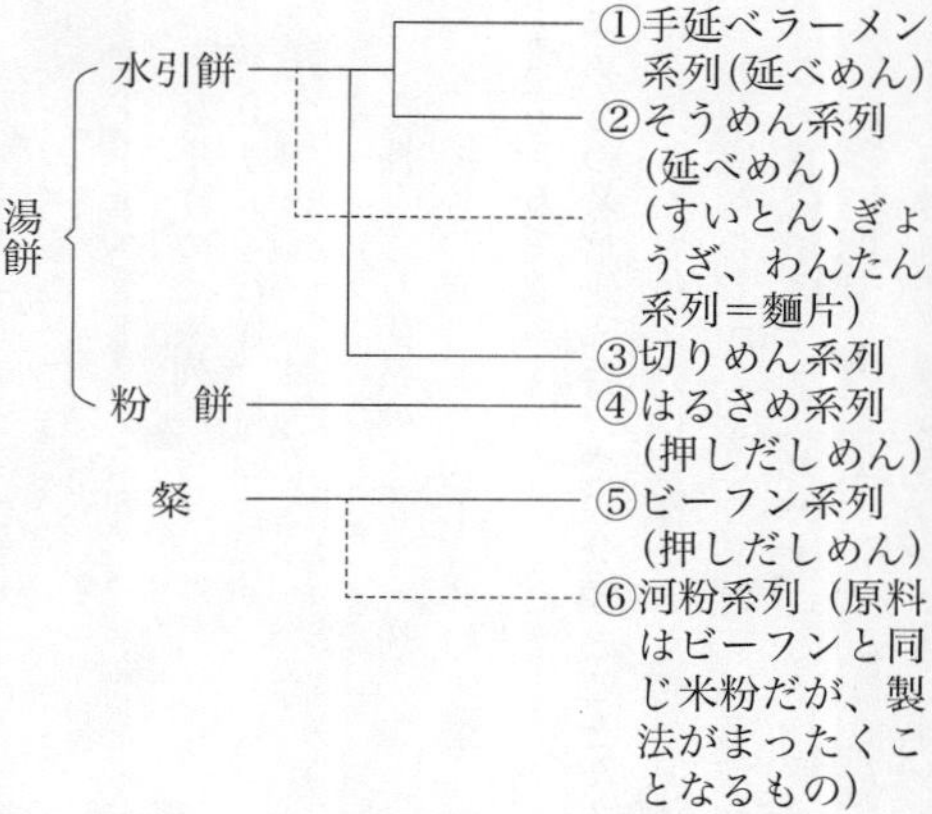

「めんの系譜研究会」の分類

その後、友人たちと「めんの系譜研究会」というものをつくり、世界の麺の系譜の検討をしたことがある。さきに名前がでてきた奥村彪生《あやお》さんが日本、鄭大聲《チョンデソン》さんが朝鮮半島、のちにこの本にも登場する野村雅一《のむらまさいち》さんがイタリアの麺の歴史について調べ、その他の地域をわたしが担当する役割分担の研究会であった。この研究会が作成した麺の系譜図のパンフレットにはうえにしめした麺の分類法を採用している。[4]

さきの、わたしの分類とことなる点は、「手延ベラーメン系列」と、「そうめん系列」を分離したこと、中国の歴史的事情にこだわって、押しだし麺を粉餅《ふんぺい》に起源する「はるさ

3　石毛直道　一九七九「メン食について」『食いしんぼうの民族学』（所収）平凡社（一九八五　中公文庫版）
4　めんの系譜研究会　一九八八『めんの系譜』日清食品株式会社

め系列」と粲《さん》に起源する「ビーフン系列」にわけたこと、中国南部から東南アジアにかけて分布する特殊なコメ粉の麺に注目して、「河粉《ホーフエン》系列」という一項をあらたにたてたことである。これらの具体的な説明は、のちにでてくるので、ここでは省略する。

この本では「めんの系譜研究会」での分類を基本としながら、つぎの五類に製麺法を分類して、のべることにした。

①手延べラーメン系列
②そうめん系列
③切り麺系列
④押しだし麺系列─┬リョクトウ粉の麺
　　　　　　　　├ソバ粉の麺
　　　　　　　　└コメ粉の麺
⑤河粉系列

「めんの系譜研究会」での分類とことなるのは、製麺法にもとづく分類基準を徹底させたので、押しだし麺系列は製麺法としては基本的にはひとつの技術とし、その下位分類として特徴的な原料のちがいをとりあげている点である。

この五分類にうまくおさまらない麺に山西省の刀削麺《タオシヤオミエン》がある。これは、左ページの写真にしめしたように、コムギ粉をこねてふとい棒状にした生地を左手にもち、右手にもった三日月形の刃物で、鍋の熱湯のなかに削《けず》りおとして、ゆであげた麺であり、みじかいけれども麵条のかたちをしている。

ほかにも、この五分類にはいらない麵があるかもしれないが、それらは地方的な特殊な技術の製麵法であるとかんがえられる。たいていの伝統的製法の麵は、この五類のいずれかにふくまれるはずだ。

以下この分類にしたがって、まず、中国の麵についてのべてみよう。

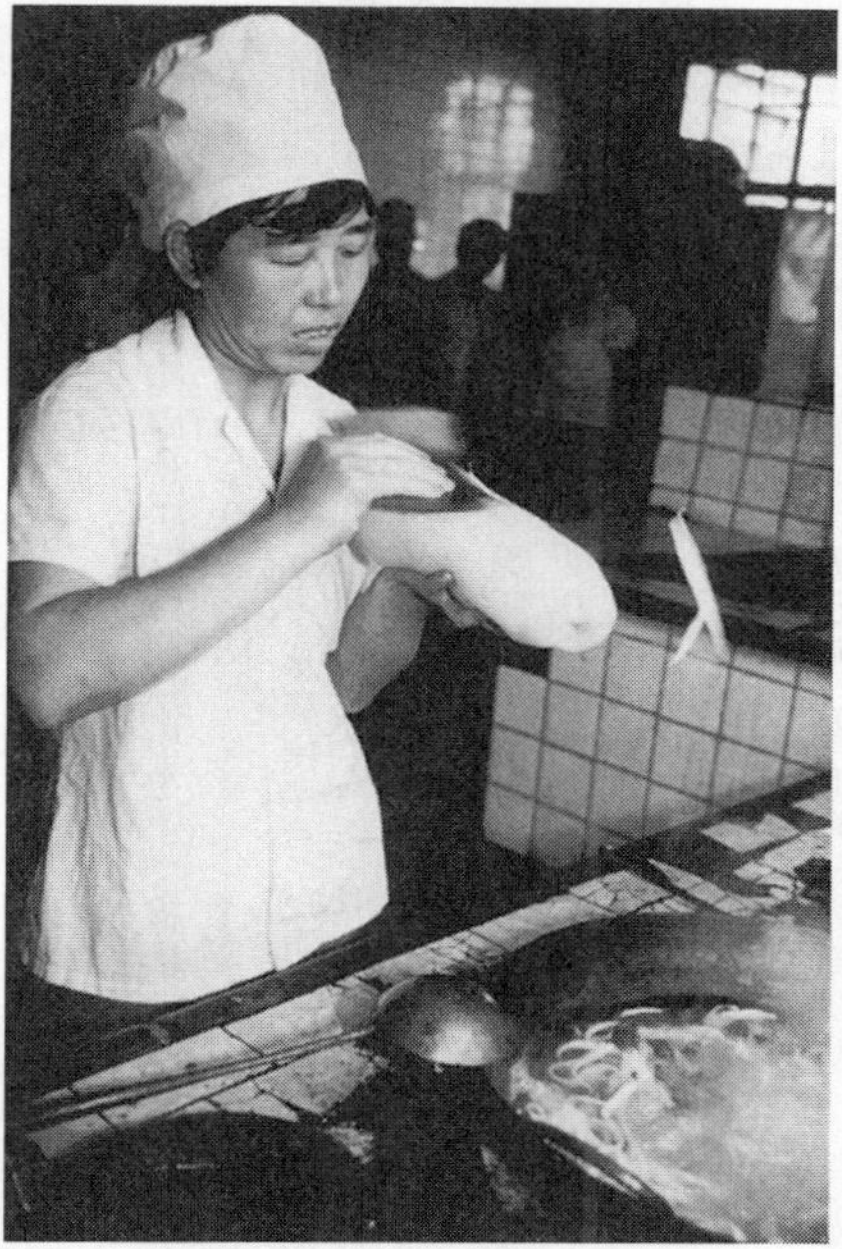

刀削麵つくり
刀削刀で鍋のなかに削りとばす。大同＊

手延べラーメン系列

道具をいっさい使用せずに、練り粉を手で線状にのばす製麺法である。水引餅の直系の子孫とでもいうべき麺つくりの方法だ。

新疆ウイグル自治区のウイグル族は、コムギ粉の練り粉を両手のあいだでもんで棒状にし、それをさらにこすって、ほそくのばしたり、七〇ページの写真のようにたばねてから両手でひっぱってのばす。おなじ技術はモンゴルでハダカエンバクの麺つくりにみられる。のちにのべるように、中央アジアでは棒状にまとめたコムギ粉の生地に、植物油を塗ってから手でのばす。このように、練り粉でつくった一本の棒をひたすらにほそく加工していく技術は、中国文明の辺境地帯にのこっている。現在の中国の漢族のあいだでは、このような原始的な製麺法はみられないようだ。麺棒と包丁を使用した切り麺が普及したため、古い技術が駆逐されてしまったのだろう。

道具を使用せずに麺つくりをする技術が、漢族のあいだで洗練されたのが、手延べラーメンの製法だ。この場合は塩水と梘水《かんすい》でグルテン成分のおおいコムギ粉を練り、しばらくねかせたものを使用する。まず、両手のながさにまとめた、ふとい棒状にし、その両端をもって、うえにほうりあげては、ねじって二つに折り、また両端をもってねじってほうりあげる。台にたたきつけることもある。この動作をくりかえして、麺のこしをつよくするのだ。ついで、打ち粉をつけて、くっつかないようにして、両手でひっぱって、のばすことをくりかえす。二本が四本、四本が八本というふうに、二の二乗で本数がふえるので、七回ひっぱると、二五六本になり、三ミリほどのほそさになる。

道具はいらないかわりに、技術の習得がむつかしいので、家庭での麺つくりではなく、料理屋の職人芸としての性格がつよい製麺法だ。遼寧省の大連賓館ではたらく料理人に聞いたところ、麺帯という最初の棒状のものをつくるとき、四角い断面のものに仕立てておくと、最後にのばしたいちばんほそい麺条にいたるまで、四角くのびるという。また、ホウレンソウをうらごしにしたものを混ぜて、緑色の麺帯をつくり、これを普通のコムギ粉で作った白い麺帯とくっつけてのばすと、最終製品が、左右に緑と白の筋があわさったものにつくることができると聞いた。

この手延べラーメンの製法について記述した文献があらわれる時代は比較的あたらしい。明代にあたる一六世紀はじめに出た、『竹嶼山房雑部《ちくしょさんぼうざつぶ》』養生部二の麺食制の章に撦麺《しゃめん》という名称であらわれるのが初出のようだ。さらに、時代はくだり、二〇世紀初頭の清末の本である『素食説略』では、山西省、陝西《せんせい》省の名物として記されている楨条麺《ていじょうめん》[5]がこれにあたる。

現代では、拉麺《ラアミエン》、抻《ツエン》（捵）麺《ミエン》、摔麺《シャイミエン》、甩麺《シャイミエン》、竜鬚麺《ロンシュイミエン》ともよばれる。拉、抻（捵）とは手でひっぱること、摔、甩は投げつけるという意味である。いずれも、麺つくりの動作をあらわすことばに由来する名称であろう。いままで語源不明とされてきた日本のラーメンは、

5　東北三省職業培訓教材編写組（編）一九八五「麺点制品成型方法」『麺点制作工芸』（所収）遼寧科学技術出版社

ウイグル族のラグマンつくり
手で一定のながさの棒状にのばしたのち、たばねてひっぱる。＊

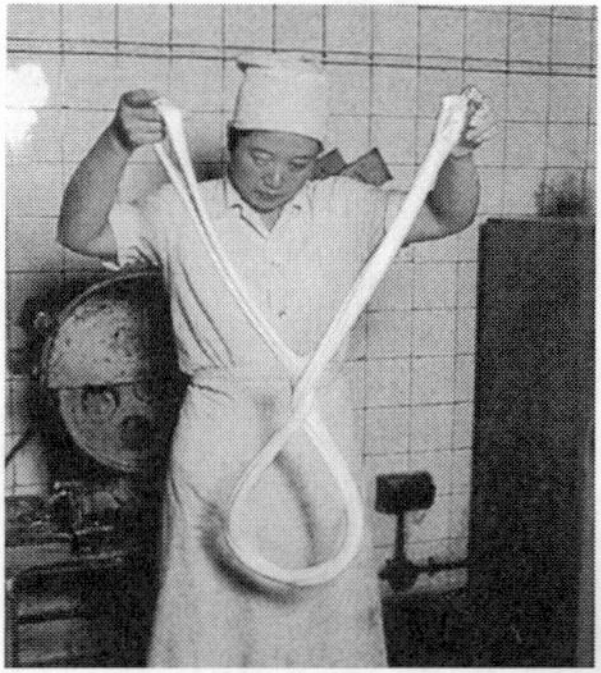

極細の手延べラーメンである竜鬚麺つくりの工程。油揚げにして砂糖をふりかけて食べる。北京＊

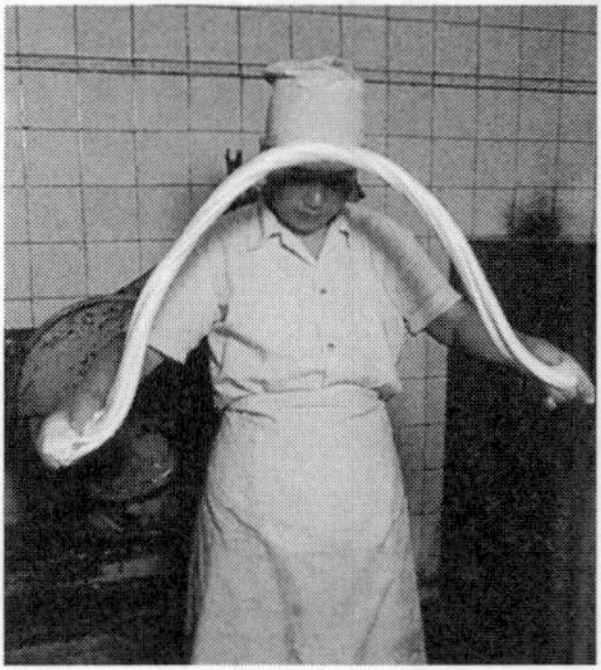

拉麺に起源することばだという説が説得力をもつ。[6] 手延べラーメンは山東省、山西省、陝西省が有名で、現在は中国各地でつくられるようになったという。

もっともほそい手延べラーメンを竜髯麺という。一三回ひっぱると、一万六三八四本になる。一四回のばすと、ながさの合計が四一キロにおよぶという。一四回ちぎれずにひっぱるには、その日の天候と生地の練りかげんと、精神力の集中がかさなり、はじめて実現する。北京のある料理人は一五回ひっぱったという記録があるそうだ。[7]

竜髯麺は油で揚げて食べる。約二分間、熱した油にさっと通して、打ちあげて冷ます。極細なので、揚げる時間がながいと、こげてしまうし、みじかければ、揚げ麺のこうばしい香りがでない。これに砂糖やゴマをあしらって、高級な宴会のさいのデザートとして供される[8]（前ページの写真）。

そうめん系列

コムギ粉を練ったものを、一本のながいひも状にのばす。乾燥をふせぐために、ひもに植物油を塗っておく。ついで、このひもを、二本の棒——日本の手延べそうめんつくりでは、この棒を「くだ」という——のあいだに巻きつける。一本の棒を固定しておき、べつの棒をひっぱると、巻きつけたひも全体がいっぺんにのびて、糸状になる。これが手延べそうめんつくりの原理だ。

索麺という名称は、北宋代の『中饋録』に索麺という名称がでてくるのが、わたしがみつけた初出だ。南宋末か元初に成立したという『居家必用事類全集』になると、索麵のつくりかたが具体的に書かれている。索麵の現代北京音はスゥオミエンである。日本のそうめんということばは、索麵の中国音がなまったものだろう。

『居家必用事類全集』でのつくりかたを、おおまかに紹介しよう。

まず、塩と油を混ぜてコムギ粉をよくこねておく。油をもちいながら、シカのアキレス腱のほそさにまとめ、ながさ、ふとさが一定したひも状にしてから、油紙でおおって、ねかせておく。これを棒にまといつかせて、のばし、乾かす。あるいは、油を使ってまとめずに、くずコメの粉をくわえて、ひも状にして、のばすやりかたもあると記されている。

『竹嶼山房雑部』の索麵のつくりかたの記事では、塩水と油をもちいて、ひも状にするらしいことはおなじである。どうやら、孔がいくつもあけられた架台状の道具があり、練り粉のひもを巻きつけた棒の上端をいちばんうえの孔に固定し、したの棒を引っぱってのばし、その棒を架台の下部の孔に固定する。しばらくしたら、ふたたび、したの棒を引っぱって、さらに下部の孔に棒を固定することをくりかえし、垂直方向にほそくのばしていく、と読みとれそうだ。

6　田中静一　一九八七「餃子とラーメン」『一衣帯水——中国料理伝来史』(所収)　柴田書店
7　周敦厚（口述）・蔣麗俠（整理）　一九八四「竜髯麵的制作」『中国烹飪』一九八四—四
8　張威　一九八四「本場の中華そば」『人民中国』一九八四—一（日本語版）

この架台の上下に「さお」を固定しながらのばす方法は、わが国の手延べそうめんのつくりかたとおなじである。日本では架台を機《はた》とよぶ。架台に糸状のそうめんが、まとわりついているありさまを、織機にたとえたのだろう。

現在の中国で、そうめん系列の麺がよくつくられるのは、福州や厦門《アモイ》など、福建省においてである。麺線《ミエンシエン》、あるいは文字の順序をひっくりかえして、線麺《シエンミエン》とよばれる。わたしは、福建省にいったことがなく、残念ながら、現在の中国における、そうめん系列の麺つくりをみたことがない。日本でも製品は横浜や神戸の中華街で手にいれることができる。日本のそうめんは、裁断して、束にまとめてあるが、線麺、麺線は一本のながい糸状のものをたばねたかたちをしている。

古代には餅という文字であらわしたコムギ粉食品が、のちの時代には麺という文字で表現されるようになったという事情を考慮にいれると、索餅と索麺がおなじ食品であった可能性がある。明代の『多能鄙事』には索麺と索餅の両方のことばがあらわれる。『多能鄙事』の記事には『居家必用事類全集』をまるうつしした箇所がおおいが、索麺の記事もそうである。いっぽう、羊肉索餅という料理について説明している記事では、麺は「ショウガの汁でコムギ粉をこね、常法のごとくつくる」とだけしか書かれていないので、索麺と索餅がおなじものかどうかは、この本からはわからない。

もし、索麺と索餅がおなじであるとするならば、その歴史は『居家必用事類全集』のはるか以前にまでさかのぼることになる。後漢の『釈名』や、唐代の『膳夫経手録』に索餅の名

中国のそうめん料理のひとつ炒麵線。厦門＊

称があらわれるからだ。しかし、中国の古典文献からは、索餅をどうやってつくったものかをあきらかにする手がかりは得られない。

日本の奈良・平安時代の文献にあらわれる索餅の記録から、わたしは『居家必用事類全集』のコメ粉を使用してつくる索麵の製作技術が、この時代の日本に存在していたものとかんがえている。そうだとすると、すくなくとも唐代の索餅はコメ粉をまぜてつくる手延べそうめん系列の麵であったといってよいはずである。その具体的な説明は、のちに日本の麵の歴史についてのべるときにすることにしよう。

切り麵系列

日本の手打ちうどんや、手打ちそばのように、うすくのばした麵生地を刃物で切って線状に加工したものである。もっとも一般的な麺つくりの技術として分布したもので、中国では漢族のいる場所ならどこでも、この方法で麺をつくる伝統があったようだ。こうしてつくった麺の総称を切麺《チエンミエン》という。

　唐代の不托に起源する麺つくりの方法である。この系列の麺つくりの方法が具体的に書かれている事例としては、『居家必用事類全集』の経帯麺《てつたいめん》がある。この書物のいちばん普及している版本には経帯麺《けいたいめん》と記されているが、経帯麺の誤記とかんがえられる。経帯とは喪服を着たときに腰につける麻の帯のことだ。ひもかわうどんのように幅ひろく切った麺の形状をしめす名称であろう。そのつくりかたのおおよそを紹介してみよう。

　いちばん上等のコムギ粉を、こまかく磨った塩とあたらしくくんだ水でこねる。拗棒《げんぼう》なるものをもちいて、一〇〇回ほどこねてから、しばらくねかせる。ふたたび、一〇〇回ほどこねて、ごくうすくなったら、経帯のようなかたちに切って、熱湯にいれる。ゆであがったところをみはからって、冷水にいれ、打ちあげてから、すきなように料理をする。

　拗棒の解釈しだいによっては、これは現代の打麺《ダアミエン》にあたる技術である可能性がある。麺をのばす台の一端にふとく、ながい竹ざおを固定しておき、そのべつの端に足をかけたり、腰掛けたりして、体重をかけながら麺生地をうすくのばして、切るのが、打麺のつくりかたである。テコの原理で生地をのばすので、いちどに大量の麺をつくることができる。

　それにたいして、麺棒を使用して生地をのばし、切ってつくる麺を、桿麺《カンミエン》という。『居家必用事類全集』は、麺生地をこねるさいに塩をいれる技術が記述されている最初の文献でもある。その後の時代の料理書をみると、麺打ちに塩を使用することが常法となっている。

中国の麺つくりの特色のひとつは、塩のほかに碱《チエン》という天然ソーダを水にとかしたもの――すなわち梘水《かんすい》――を加えてこねた麺がおおいことだ。梘水はアルカリ性であるが、これでコムギ粉をこねると、できあがった製品が弾力性をまし、舌ざわりがなめらかになる。アルカリがおおいと、麺が縮れた状態になる。明治時代以降に中国から伝えられた、わが国の中華そば＝ラーメンつくりでは、梘水を使用する技術が強調されて、うどんはまっすぐな線形であるのにたいして、中国系の麺はちぢれているものだという印象を人びとにうえつけた。じつは、中国本土ではちぢれた麺はあんがいすくないのであるが。

また、アルカリがコムギ粉の蛋白質に作用すると、練り粉が淡黄色になる。饅頭《まんとう》や包子《パオズ》などの発酵させたコムギ粉食品をつくるさいにも、梘水がもちいられるが、発酵して酸性になった練り粉を中和させ、独特の香りをひきだす効果をもっている。中国北部のコムギ作地帯はアルカリ性土壌なので、水もつよいアルカリ性をしめし、このような風土のなかで自然と梘水にたいする嗜好《しこう》がうまれたのだろうというのが、中国食物史研究家の田中静一さんの説である。[9]

中国科学院自然科学史研究所の洪光住さんの話では、中国のなかでも、北方の麺には梘水である。

9　石毛直道・田中静一　一九九〇「麺談　アルカリ風土から誕生した中国一五〇〇年のめん」『フーディアム』一九九〇―春・夏号

がはいらず、南方でもっぱら梘水を利用する。南方では水が酸性なので、梘水で中和するのだという[10]。

あまり一般的ではないようであるが、タマゴをいれて麵生地を練る方法もある。タマゴと塩水、あるいは、それに梘水を加えたものでコムギ粉をこねると、こしがつよくなるだけではなく、黄色になるので黄麵《ホワンミエン》という。梘水なしで、タマゴだけでこねたのが全蛋麵《チュエンタンミエン》であるが、そのなかでも広東省の伊府麵《イフウミエン》が有名だ。

清代の乾隆《けんりゅう》年間（一七三五―一七九五）に伊という人物の家（府）でつくりだされた料理なので伊府麵という名がつけられた。現在の製法では、タマゴだけでこねる方法と、タ

10　石毛直道・洪光住　一九八四「対談　食は中国に在り」石毛直道『ハオチー！　鉄の胃袋中国漫遊』（所収）平凡社

コムギ粉にタマゴをいれて練り伊府麺をつくる。上と右下の写真はワンタンいりの伊府麺。広州

マゴと少量の梘水でこねる方法のふたつがある。タマゴだけでは生地がかたくて、練りづらいし、麺条に粘りがなく折れやすい。麺棒でのばし、刃物で切ることは、普通の切り麺とおなじだ。伊府麺の特色は油で揚げることにある。切った麺をひと玉ずつにまとめ、それを直接油にいれて揚げる方法と、いったん、ゆでてから油揚げにする方法がある。そのままではポロポロに折れやすいので、油揚げにして固めてしまうのだ。その結果、水分が蒸発してしまうので、乾麺とおなじように保存がきく。

食べるときには沸騰した湯で、さっとゆでる。油揚げにしたときに麺がふくらみ、気泡ができ、多孔質になっているので、すぐに湯がしんまで浸透するから、ゆでる時間はみじかくてよい。保存が可能で、すぐにもどるという特性は、インスタント・ラーメンとおなじである。チキンラーメン以来、インスタント・ラーメンの主流はフライ麺であった。チキンラーメンの発明者である安藤百福《あんどうももふく》氏は独自の研究にもとづいて、あたらしい食品をつくりだしたのであり、伊府麺とインスタント・ラーメンのあいだに直接的なつながりはないようである。しかし、技術の系譜論的にいえば、伊府麺はインスタント・ラーメンの原型にあたる食品に位置づけられよう。

押しだし麺系列（1）リョクトウ

小孔から押しだすことによって線状に加工した麺である。この系列の加工法は、リョクトウ、ソバ、コメなどコムギ粉以外の粉製品に適用される。これらの粉にはグルテンがふくまれていないため、粘りがないので、のびないし、線状にかたちをととのえたところで、ポロポロで、すぐにちぎれてしまう。日本の手打ちそばは、コムギ粉を混ぜて加工することによって、この問題を解決している。

別の解答は、粘りのない粉を押しだすことによって線状に成形する方法である。押しだしたものが、ちぎれないようにするためには、すぐに熱湯のなかにいれて固めてしまう。そこで、湯をわかした鍋のなかに麵を押しだすのが普通だ。

さきにのべたように、現在の中国では、リョクトウでつくったハルサメは料理材料として使われるのが普通なので、「主食、あるいは準主食」としてもちいられるというアジアの麵の定義からすれば、麵ではないということになる。しかし、ハルサメを豆麵《トウミエン》とよぶことがあるように、麵の仲間として認識されていること、その製法がソバ、コメを原料とする麵と共通していることを考慮にいれて、その製造技術の祖型について説明しておこう。

現在ではイモの澱粉からもハルサメがつくられるが、伝統的にはリョクトウが原料である。リョクトウはアズキの仲間の緑色をした小粒のマメで、日本ではヤエナリとかブンドウという名称もある。縄文時代の鳥浜貝塚からも出土しているので、日本におけるもっとも古い作物のひとつであるにもかかわらず、歴史的にあまり栽培されず、われわれにはなじみのうすいマメである。マメそのものはみたことのない人がおおいだろうが、現在スーパーなどで売っているモヤシのおおくは、リョクトウを原料としており、それを輸入したものだ。

ハルサメの製法が最初にでてくるのも『斉民要術』で、粉餅《ふんべい》という名称であらわれる。中国の古代での粉という文字は、ただのコナではなく、コムギ粉である麵にたいして、コメ粉を代表とするコムギ以外の作物のコナをしめすのにもちいられた。

『斉民要術』の粉餅法の大意をあげておこう。

味つけをした肉のスープの沸騰したものでリョクトウの粉をこねる。はじめ、かためによくこねてから、ふたたび肉のスープをいれてゆるめにトロトロにしておく。

ウシの角を匙《さじ》面位のおおきさに割りとったものに、六―七の小孔をうがち、ふとめの麻糸がわずかにとおる程度にしておく。水引（餅）のようなかたちの製品にするときには、ニラの葉がようやくとおるくらいの孔を四―五個あけておく。織目のこまかな布の中央をくりぬき、それにウシの角をとじつける。

ゆるめにこねたリョクトウの粉を布につつみ、四隅をまとめて、沸騰した湯のうえから押しだして、よく煮る。これにスープをそそいで食べる。酪（ヨーグルト）や、ゴマだれのなかにいれるならば、まことに玉のような色あいで、歯ざわりがよく、上等の麵とことならない。

こうしてみると、ケーキつくりのときに、クリームを押しだす方法とおなじである。また、食べかたも準主食的であるようだ。

明代の一五世紀前半に中国を訪れた京都の天竜寺《てんりゆうじ》の策彦和尚《さくげんおしよう》の旅行記に、冷麵、素麵（精進料理の麵）、豆麵があらわれる。和尚が祈禱ののちの食事に、「豆麵ならび小飯」と記して

餄餎麺つくり。熱湯のなかに
押しだす。陝西省米脂県

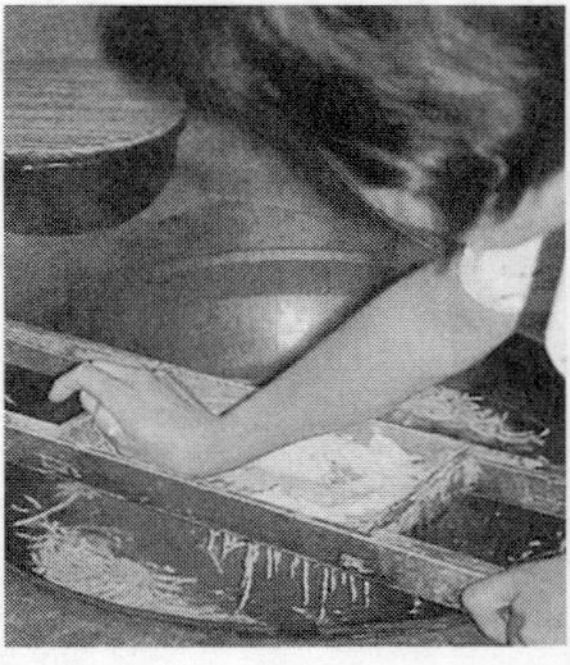

コウリャンの粉で抿節を
つくる。陝西省米脂県

いるところをみると、食事のなかでも重要な料理としてハルサメが供されたものらしい。[11]

現在の中国で消費されるハルサメは、工場生産の乾燥品である。豆麵のほかに、粉糸《フェンス》、粉条《フェンティアオ》、線粉《シェンフェン》という名称もある。

浙江省出身の留学生と麵についてはなしていたところ、かれの故郷ではサツマイモ澱粉とコメ粉を原料にしてつくったものを豆麵とよび、汁そばのようにして食べるという。マメを使用しないにもかかわらず、なぜ豆麵というか、かれはいぶかしがっていた。もともとリョクトウを原料としたハルサメが、近代になると安価なサツマイモ澱粉で代用されるようになることをかんがえにいれれば、浙江省の豆麵も、むかしはリョクトウとコメ粉でつくっていたのではなかろうか。となると、豆麵系の麵も主食、あるいは準主食としても食べられたことになる。

押しだし麵系列（2）ソバ・ハダカエンバク

山西省、陝西省、寧夏回族自治区で、餄餎麵《ホオロウミエン》、あるいはべつの漢字をあてて河漏麵《ホオロウミエン》という押しだし麵がつくられる。陝西省北部の米脂県の農家で、餄餎麵をつくるのを観察した。餄餎床子《ホオロウツアンズ》という名称の道具を使用してつくる。かまどにしかけた大鍋に湯をわかしておき、鍋にまたがるように餄餎床子を置く。木製の道具の中央を円筒形にくりぬいてあり、その底には多数の孔をあけた金属板がとりつけてある。円筒部に、ゆるめに練った粉を入れ、ピストンで押しだす。テコの原理でピストンを作用させるのだが、ずいぶん力がいるので、かまどのうえに男性がのぼり、テコに腰かけて体重をかけて押す。すると、孔から麺が押しだされて湯のなかに落ちて、ゆであがる。孔からでてくるときに、包丁で切って麺のながさをそろえる。八三ページの写真では村の大工がつくった木製の餄餎床子を使用しているが、現在では総金属製のものもある。

同僚の国立民族学博物館教授の周達生《しゅうたつせい》さんの著書、『中国の食文化』によると、円筒部を牝、それにはまるピストン部を牡とよぶ地方もあるようだ。[12]

イタリア北部のヴェネト州やロンバルディア州で、ビゴリ bigoli という生スパゲッティを押しだす道具をビゴラーロ bigolaro という。底部に孔をたくさんあけた金属製の円筒に、こねた粉をいれ、ピストンで押しだしてスパゲッティをつくる。八三ページの写真や、九三ページの図にみるように、中国の押しだしの道具はテコの原理でピストンを作動させるのにたいして、ビゴラーロはネジのラセン運動を利用するところがことなっている。ところで、ビゴラーロということばを公衆の面前では口にだしてはならないという。性行為との連想をまねくためである。中国で、円筒を牝、ピストンを牡にたとえるのもおなじようなことであろう。

さて餄餎床子、河漏床子での麺つくりは、コムギやコメの生産が困難な黄土高原地帯に発達している。莜麦《ユウマイ》というハダカエンバク[13]、ソバ[14]の麺つくりの技術としてできあがったもので

11　牧田諦亮　一九五五（上）・一九五九（下）『策彦入明記の研究』法蔵館
12　周達生　一九八九「飯・麵・粉・粑」『中国の食文化』（所収）創元社

あろうが、コムギ粉の麺つくりにも適用される。[15]

わたしが餄餎麺つくりを観察した農家で、この地方の方言で抿節というコウリャンを原料にした麺つくりをみた。金属板に直径〇・五ミリほどの孔をたくさんあけたものを木の枠にとりつけた、おろし金状の道具を使用する。八三ページの写真のように、この道具を煮えたぎった湯の鍋のうえに置き、コウリャンの粉を練ったものをのせて、手のひらでさする。すると、孔から押しだされた麺条が湯のなかにおちる。さするときの力のかかりかたの関係で、節ができるし、粘りけがないので数センチのながさになると、切れ落ちてしまう。コウリャンの色素で赤褐色にゆであがった、節のある、みじかい麺は、まるでミミズのような外観をしめす。みじかいので麺という名に値するかどうかについては議論の余地を残すが、これは押しだし麺の原初的な製法のひとつに位置づけられよう。おなじような道具でみじかいコメの粉の麺をつくることは台湾でおこなわれるし、九州の島原地方や対馬ではサツマイモの粉でつくる。

残念ながら、わたしは餄餎麺、河漏麺の歴史をかんがえる手がかりとなる記録をみつけていない。元代の一四世紀初頭に王禎《おうてい》が記した『農書』のソバの項に、河漏という名称があらわれるが、それがどんなものであるかについての具体的な記述はないのである。

押しだし麺系列（3） コメ

台北での学会に出席した機会に、新竹にビーフンつくりをみにでかけた。台北市から南東に約一〇〇キロほどの距離の場所に新竹市がある。この都市の別名を風城という。海にちかく、背後に山をひかえ、風のとおり道に位置しているからだ。風がよく吹くので、ビーフンを乾燥させるのにつごうがよいということで、新竹がビーフンの名産地になったのだという。

新竹には約二〇軒のビーフン工場がある。そのなかで、いちばん古い工場を訪ねた。仏祖牌というブランド名の製品をつくっているところで、この工場でつくったビーフンの包装には、福耳で二重あご、おおきな腹を突きだしたダルマさんのような体格で、数珠をもった人物を稲穂がとりまいた図柄の商標がつけられている。

現在の経営者のひいじいさんにあたる人が一〇〇年以上まえに創業したという。家族労働のほかに、従業員五名で運営している。普通のビーフン工場はこのくらいの規模のものだそうだ。五〇年ほどまえに機械生産になってから、人手がいらなくなったという。

原料には、日本時代に台湾の風土に適するように品種改良をしてつくりだされたジャポニカ種の蓬莱米《ほうらいまい》の系統のコメを使用する。コメを五時間ほど水に漬けてから、動力で回転する

13　NHK取材班・奥村彪生・西山喜一・松下智（共著）一九九〇「黄土の民の知恵と技——麺」『人間は何を食べてきたか「アジア太平洋編」（上）麺、イモ、茶』（所収）日本放送出版協会

14　注12文献。

15　注12文献と左記の文献。
丘桓興　一九八三「窰洞のくらし——陝北篇（上）」『人民中国』一九八三—八（日本語版）

石臼《いしうす》にかけて湿式製粉をする。ドロドロのシトギ状に挽かれたコメを、おおきな袋にいれて、積み重ねて脱水する。こうしてできた湿りけのあるコメ粉にコーンスターチを混ぜて、機械で練る。練りあがったものをふとい棒状に機械でまとめ、それをスチームが噴出する蒸箱にいれて、しんまでは熱が通らないように、半熟状になるまで蒸す。加熱されて粘りけのでたものを、ローラーのなかをくぐらせて帯状に加工する。

こうしてできたコメ粉の生地を机のうえで渦巻き状に巻き、押しだし機のシリンダーの直径にあわせた円筒形にする。

底部に小孔がたくさんあいたシリンダーにいれて、動力で作動するピストンで押しだすのだが、この工程は見学できなかった。わたしは訪問する時間をまちがえたようである。普通、押しだす工程は夜あけまえにおこなうとのことである。太陽がのぼると、できあがったビーフンをすぐさま屋外にもちだし、乾燥させるのである。

さまざまなふとさのビーフンがある。シリンダー底部に装着した孔のあいた金属板を交換することによって、ふとさを変える。トコロテンのように突きだされるビーフンを、押しだし機のしたに置いた大鍋でうけて、ゆでる。これを冷水にうちあげて、ながい箸でさばいて、もつれをほぐす。ついで水切りをして、干し台にのせて、天日乾燥させたのが、普通のビーフンである。天気のわるいときは屋内で熱風乾燥するが、天日乾燥したもののほうが料理をしたときの味がよいという。

ビーフンを漢字では米粉と書く。これをビーフンと読むのは福建省南部や台湾の方言で、北京音ではミイフェンである。台湾ではふとさが一―二ミリのほそいビーフンをツォエフンとよんで、区別することがある。蒸粉という文字をあてるが、これは台湾流の読みかただという。

蒸粉は目のつんだ小孔から押しだして、ザルでうけ、蒸箱のなかにいれて、蒸しあげたのち、半日干して、生乾きの状態で出荷する。蒸粉はもっぱらビーフンを食べさせる屋台や料理屋むけの商品である。この生ビーフンはゆであがる時間がはやく、舌ざわりもよいが、煮くずれをする。そこで、一人前ずつ、客の注文をうけてからゆでる。ふとくて、乾燥させた普通のビーフンは煮くずれをすることがないので、これを使用する店では、いつでも客にだせるよう常時鍋のなかでゆでているそうだ。

むかしのビーフンつくりの道具をみたいと頼んだところ、製造工程が機械化されてから長年たっているので、新竹じゅうさがしまわってもみつからないだろうとのことであった。台湾の雑誌にむかしの道具を使った伝統的なビーフンつくりの工程を図解したものがあったので、模写して九三ページにあげておく。それをみると、道具が近代化されただけで、製造工程はむかしも、いまも変わらないようだ。テコの原理で押しだす道具は、北方の餄餎床子、河漏床子と原理的におなじものである。[16]

湿式製粉をしたコメ粉を原料として押しだしてつくる麺は、福建、台湾、広東、広西、江西、貴州、湖南にある。[17]いずれも、中国南部の稲作地帯である。米粉という名称でよぶこと

16　頼恵鳳・蕭恵明・翁翠華　一九八三「風与水――談新竹与埔里的米粉製造」『漢聲』一四

ビーフンを乾燥する。新竹

仏祖牌ビーフンの商標

蘭州の市場で涼粉を売る

塩漬けの魚、ニワトリ肉、ピーマンを炒め、河粉をあえた料理。半透明のひもかわうどん状のものが河粉。広州＊

がおいようであるが、雲南省では米線《ミイシエン》という。

邱龐同氏が「米線漫談」という小論文のなかで、この種のコメ粉の麵の歴史について述べている。それによれば、『斉民要術』にでてくる粲《さん》と、ハルサメのところで説明した、おなじ書物にでてくる粉餅が原形とされる。[18]

粲は一名、乱積《らんせき》という。モチゴメの粉を、水に蜜を加えて、ゆるめに溶き、底の節に孔を多数あけた竹杓子にいれて、したたるしずくを鍋におとして、ラード、ヘッドで煮つめたものが粲である。コメ粉を線状に加工したという形態は似ているが、麵というよりは菓子である。

時代はとんで、宋代の楼鑰《ろうやく》の『攻媿集《こうきしゆう》』に「陳表道恵米纜《べいらん》」という詩がある。その中から、米纜について言及している部分をあげておく。

自分は湯餅がだいすきであったのに、病気をわずらってから口にすることができなくなってしまった。たまたま、江西の米纜をもらったが、鏡のようにかがやく銀色の糸で、如来の縮髪の毛を一本抜いたようなかたちをしていて、異国の都の人の髪のように巻いている。……よく煮て、ネギと豉《し》（浜納豆のような調味料）で味つけをすると、たいそうおいしい。

わたしは原文をみていないが、邱氏は、おなじく宋代の陳造の『江湖長翁集』の「徐南卿

17　注12文献による。
18　邱龐同　一九八七　「米線漫談」『中国烹飪』一九八七—一〇

伝統的なビーフンつくり
（『漢聲』「真味専集2米食」1983）

招飯」に「江西米欒糸窩《べいらん》」というくだりがあることを紹介している。

こうしてみると、宋代には江西でコメの麺をつくっており、その形状は、たいへんほそく、渦巻状をして、鳥の窩《す》のようなかたちにまとめられ、汁麵に料理することもあったことがわかる。ただし、それが押しだし麵であったかどうかは、これらの記録ではわからない。ほんとうに髪の毛ほどにほそかったら、切り麵の技術でつくることはむずかしいとおもえるが、そこは白髪三千丈のお国がらのこと、詩文に誇張はつきものである。

たびたび登場した明代の『竹嶼山房雑部』養生部二麵食制に米糷《べいらん》、あるいは米線という食品のつくりかたの方法が二種類書かれている。

①ジャポニカ種のコメの粉を湯でこねてから、鍋で煮て、麵棒でのばし、ほそく切り、天日乾燥させる。

②コメ粉に米漿《べいしょう》（コメを煮た汁を米漿とよぶこともあるが、たぶんここでいう米漿は湿式製粉をしてドロドロになったシトギのことであろう）を混ぜてこね、リョクトウのハルサメつくりのように湯の沸いた釜にいれて、とりだす。

①の方法は、コメを原料とした切り麵という点では、あとでのべる河粉《ホーフエン》とおなじであるが、麵棒でのばすところがちがっている。現在の中国で、①の麵つくりの技術がのこっているか、どうかについては、わたしは情報をもたない。

②はコメ粉の押しだし麵といってよい。これを米粉とよぶ用例は清代にあらわれる。

粉について

すこしばかり道草をして、粉について説明しておこう。

さきにも引用した中国の百科事典である『辞海』で粉の項目をみると、①「細末」とあり、その例として、コメ粉、コムギ粉、歯みがき粉、花粉があげられているので、日本語の「こな」とおなじである。つぎに、②「穀類粉末制成的細長条食品」と説明されている。[19]

中国南部や、東南アジアのチャイナ・タウンで、麺類などの軽食を食べさせる店の看板に「麺粉」とか、「粥粉麺飯」という漢字が書かれていることがよくある。この場合の麺はコムギ粉を原料にした麺類のことであり、粉はコメ粉を原料とした「細長条食品」で、ビーフンの仲間や、つぎに説明する河粉の類をさす。

中国の古代には粉といえば、コメの粉であった。粉黛《ふんたい》といえば、おしろいとまゆずみをさすことからわかるように、食用以外の用途として、コメ粉はおしろいにつかわれたのだ。現在でも東南アジアの田舎では、娘さんがコメの粉を顔につけているのをみかけることがある。コメ粉を頬に塗ると日焼けしないで、色白になるのだという説明を聞いたことがある。

のちに料理書で、ただ粉という字を書いたときには、リョクトウの粉をさす用例もおおくなる。餅類をつくるときのとり粉にしたり、粉糸、粉条、線粉などのハルサメや、粉皮《フエンピイ》というリョクトウの粉を水溶きして、うすい円盤形にととのえて、ゆでた食品をつくるなど、料理における重要性がたかいためであろう。

19　『辞海』（下）一九七四年版　上海辞書出版社　四四二三

涼粉《リャンフェン》という食品がある。澱粉などを煮かためて、さまして塊状にし（九一ページの写真）、これをほそ切りにしたり、特別な道具でみじかい線状に切ったりして、ちいさな碗などにいれて、調味料や香辛料を加えて食べる。つるつるとした舌触りと、清涼感を楽しむトコロテンのような食べ物だ。涼粉の原料はさまざまで、リョクトウ、エンドウ、コメ、ソバ、ドングリ類、食用カンナ、涼粉草などがもちいられる。[20] 形状が麺に似たものがある食品ではあるが、食事のさいの食べ物ではなく、道ばたの露店などでおやつとして食べるものである。これは、麺からは除外しておくことにする。

結局のところ、粉という文字であらわす麺の主要なものは、中国南部の稲作地帯で発達したコメ粉を原料とするものであり、具体的には米粉・米線と河粉がそれである。

ところで、香港ではマカロニを通心粉《トンシンフェン》という。「孔のとおった粉」という意味だ。意大利粉《イダエイリフェン》とはスパゲッティのことだ。コムギ粉製なのに麺とはせずに、粉の部類にしている。外来品をうけいれるさいにおこった文字の誤用なのだろう。

河粉系列

広東省や香港でよく食べられるスナックに腸粉《ツァンフェン》というものがある。ウルチ米を水に漬けておいて、吸水させてから回転式の石臼で湿式製粉する。バットのようなたいらな容器に油をしいて、ドロドロのペースト状のシトギをうすく流しこむ。コメ粉を流しこんだ容器を蒸し器にいれて蒸しあげるか、熱湯の沸きたった鍋に浮かして湯煎する。コメ粉が加熱されてアルファ化すると半透明の膜状になる。これをとりあげて長方形に切り、こまかに切って料理した肉や野菜の具を巻きこんで円筒形にしたのが腸粉である。ブルブルとした弾力的な白っぽい筒のなかに内容物がつまっているありさまを、ブタの腸になぞらえた食べ物だ。

　この腸粉とおなじ技術でつくったコメ粉の皮膜を刃物で条状に切ると、コメの切り麺ができる。これを広東省では河粉《ホーフエン》という。おなじものが、福建省でもつくられ、福建語で粿条《グユアチヤオ》、あるいは貴刁《クイジヤオ》という。粿条が華僑の進出とともに東南アジアにひろまり、カンボジアではクィチェウ、タイではクオイ・ティオ、マレーシアではクオイ・チャオなどといわれる。この東南アジアでなまったことばが、ふたたび福建省に逆輸入され、それに漢字をあてはめたのが貴刁だそうだ。[21]

　河粉系列の麺にも、生ま麺と乾麺がある。生ま麺は、ゆでて汁そば風に料理するほか、そのまま炒めて焼きそばにする。この系列の麺はたいへんなめらかな舌触りがするので、好きだという人もおおい。

　おそらくは、腸粉のようにコメ粉をうす皮状に加工する米片《ミイピン》のバリエーションとして河粉

20　涼粉の具体的なことについては左記の論文を参照されたい。
松山利夫　一九八五「東アジアのムック系食品――その製法と料理法の記述」石毛直道（編）『論集　東アジアの食事文化』（所収）平凡社

21　林浩然（編）一九八五『粉――Vermicelli』飲食天地出版社

系列の麵が出現したものであろうと想像するのだが、わたしはいまのところ、この系列の麵の歴史について考察するための資料をみつけていない。

三　日本の麵の歴史

麺文化の問題点

ここで、いったん中国からはなれて、これからの六章にわたって、アジアの他の地域で、どんな種類の麺がつくられてきたのかをたしかめておくことにする。そのあとで、それぞれの地域の麺つくりの技術が中国から伝えられたものであるか、どうかを検討してみることにしよう。

まず手はじめに、日本の麺の歴史について考えてみよう。ただし、自国のことだからといって、とくに日本の国の麺について、くわしくのべることはしない。わが国の麺をことこまかに論じたら、それだけで一冊の本になってしまう。

麺の歴史と伝播《でんぱ》という主題をめぐって、世界の麺文化を等距離の視野に位置づけて論じようとする立場をとるのである。中国について、ややくわしく説明したのは、そこが麺文化の中心地としての位置にあると、わたしがかんがえたからのことである。

世界のなかでも、麺に関する歴史的文献資料がおおく残っているのは、中国と日本である。それらの資料を引用しながら、わが国の麺の歴史についてふれた本が何冊も刊行されている。ただし、そのおおくはそばを主題としたものだ。それは、そばが江戸文化を代表する食べ物となり、明治以後、全国的文化の発信地としての東京が勢力拡大したという経緯を背景にした現象である。江戸＝東京の食文化の代表選手として、そばがもちあげられてきたのだ。それにたいして、そば以前から食べられてきた麺である、コムギ粉を原料とするうどんや、そうめんの本はすくない。

江戸時代から日本の麺の歴史についてのせんさくがなされ、物知りや学者がさまざまな意見を提出している。それにもかかわらず、日本の麺の歴史におけるかんじんのところで、わからないことがいくつもある。わたしなりに問題点を整理してみよう。

①いつ頃から日本で麺が食べられるようになったのか。

②索餅という食品はなんであったか。

③索餅とそうめんはどのような関係にあるのか。

④いつ頃から切り麺が食べられるようになったのか。

⑤ソバを切り麺に加工する技術はいつはじまったのか。

これらの不明な点を念頭におきながら、わたしなりに日本の麺の歴史をたどってみよう。

古代のコムギ粉食品

ソバを麺に加工するようになった時期ははっきりしないが、一五世紀以降のことであることとして、まちがいないだろう。それ以前の日本の麺はコムギ粉を原料とするものだった。では、日本でコムギ栽培がはじまったのはいつごろで、どうやってコムギを食用にしていたのか。

弥生時代の八遺跡からコムギの発見例が報告され、古墳時代の二遺跡から報告があるが、これらのなかには、コムギ以外の作物であるものを誤認して報告している例もふくまれている。考古学的遺跡から発見された植物を電子顕微鏡を利用して研究している東京大学総合研究資料館客員研究員の松谷暁子さんによれば、奈良県の和爾《わに》・森本遺跡の第四次発掘調査のさい、古墳時代の井戸の跡から発見されたものが、確実な出土例であるという。[1]

おおくの弥生、古墳時代の遺跡からコメが発見されているのにくらべたら、コムギの出土例は非常にすくないといわざるをえない。

わが国の古代の農業において、オオムギ、コムギともに、あまりつくられなかったようで、政府の作付け奨励を必要とする作物であった。養老《ようろう》七（七二三）年の太政官符の「畿内七道諸国大小麦を耕種する事」によると、ムギは救荒作物として重要なので、政府がムギの種子を百姓に分配したにもかかわらず、それを耕作する者がすくなかった。そこで、役人に農民に麦作をすることを督促させるようにという趣旨の通達をだしている。

その後も、奈良時代から平安時代のはじめにかけての時期に、麦作を奨励する政令を政府がたびたびだしている。日本のムギは秋に種まきして初夏に収穫できる冬作物なので、稲作の端境期の食料として重要である、というので政府の麦作奨励政策がなされたのだろう。ところが、農民たちは役人の命令で麦作をしても、それを人間の食料に利用せずに、青いうちに刈りとって、ウマの飼料として売るという事態が出現し、天平勝宝《てんぴょうしょうほう》三（七五一）年に政府は太政官符で、青麦をまぐさに売ったら重罪を科す、というおふれをださなければならないことになる。[2]

古代に麦作がいっこうに進展しなかった理由のひとつには、当時の民衆にとって、ムギは食用に手間がかかる作物だったから、拒否反応がでたのだと かんがえることができよう。

ムギは基本的には粉食作物である。ところが、当時の日本はすでにコメの粒食が普及していたいっぽう、粉食の伝統はなかった。製粉技術が未発達で、回転式の石臼《いしうす》もなかった。粉に加工しようとするならば、コメを精白するのとおなじ木製の臼と擣《つ》き杵で、非能率な製粉をするほかない。

コムギとオオムギとをくらべた場合、まだしもオオムギのほうが粒食しやすい。オオムギを丸麦のままで麦飯にするためには、一度ゆでてから、つなぎにコメをいれてふたたび炊く。二度手間をかけて、はじめて麦飯ができる。挽き割り麦にしたら、一度で炊くことができるが、挽き割りにするために必要な回転式の石臼が農家に普及するのは、江戸時代以後の

1　弥生時代前期の福岡県、山口県の遺跡から、コムギが発見されたとの報告がなされているが、もし、それらが確実にコムギであるとすれば、稲作にともなって、コムギが日本に伝播した可能性がある。ただし、弥生時代前期は、華北平野でも本格的コムギ栽培の初期がはじまったか、どうか、という時期にあたる。奈良国立文化財研究所埋蔵文化財センター研究指導部長の佐原真氏の教示によれば、そのなかには、コムギとはみとめられないものがふくまれているという。松谷さんの同定でも、弥生時代のコムギとされるものには、他の作物が誤認された例がある。また、わずかなサンプルしか得られなかった作物の出土例の場合は、後世の混入物でないことを、発掘のさい確認された資料にもとづかなくてはならない。このようなことで、弥生時代にコムギが栽培されていたか、どうかについては、発掘資料の増加をまたなければならないだろう。

この弥生時代、古墳時代のコムギの検討にあたっては、左記の松谷さんの未発表の論文を参照させていただいた。

松谷暁子「和爾・森本（四次）出土炭化麦粒および炭化茎状塊について」（未公刊）

2　古代における政府の麦作奨励ついては、左記の本の第七章「麦」を参照されたい。

鋳方貞亮　一九七七『日本古代穀物史の研究』吉川弘文館

ことだ。

篠田統によると、麦飯が記録によくでてくるようになるのは室町時代になってからであり、麦飯が庶民の主食として定着するのは江戸時代のことで、それはコメを中心に政治・経済をとりしきった、徳川体制をささえるためには、百姓はコメを食ってはならないということになったからだという。[3] ついでながらのべておくと、調理に便利な押麦《おしむぎ》は二〇世紀になって出現したものである。押麦は加熱圧搾加工を工業的におこなってつくられる。

ともあれ、日本では麦飯という、ムギを粒食する世界でもまれな食べかたが普及した。コメを中心とした主食の調理体系になんとかオオムギを編入させてしまったのである。「貧乏人は麦を食え」といった首相の時代まで、日本ではコムギよりも、麦飯の材料となるオオムギのほうがたいせつな食料として利用されてきた。

コムギの場合は、粒食にするわけにはいかない。コメやオオムギとちがって、コムギの種子の外壁はかたく、吸水しづらいので煮たり、蒸して食べることはむりだ。種子の内部は、もろく、さくいので、精白のために圧力を加えるとモロモロにくだけてしまうため、粒食をするわけにはいかない。粉食にするほかない作物なのだ。

ところが日本ではながいあいだ、製粉に使用する石製の臼が発達しなかった。『日本書紀』に推古天皇の一八（六一〇）年に高句麗からやってきた僧曇徴《どんちょう》が碾磑《てんがい》を伝えたことが記されている。『養老律令』の官撰注釈書である『職員令義解』（八八三年）に「碾磑（謂はく、水碓なり。米を作るを碾と曰ひ、麵を作る臼を磑と曰ふ）」という記事があり、主税寮の長官が碾磑を管理していたことが書かれている。[4] してみると、平安時代の宮廷では磑という名の道具を使用した水車製粉によるコムギ粉つくりがあったもののようだ。だが、これらは例外的な事例とうけとったほうがよい。

古代の日本では、水車製粉はおろか、手まわしの回転式の石臼も、民衆が利用した形跡は文献資料にはうかがえないし、石臼の考古学的な出土例もない。石工技術が未発達で、かたい石に精度のたかい加工をほどこさなくてはならない石臼を生産することができなかったのかもしれない。奈良・平安時代には国産の回転式石臼はほとんどなかったようだ。鎌倉時代中期になると、抹茶《まっちゃ》を挽くための小型の回転式の石臼——茶臼がもちいられるようになるが、これは茶を楽しむことができた上流の人びとのためのものだ。

農家の必需品として石臼が普及するようになるのは江戸時代中期以後のことだといわれる。そのことによって、農民の食生活はおおきな変化をとげたものとかんがえられる。雑穀や屑米を粉にしたり、麦飯用にオオムギの挽き割りをつくったり、ハレの日のごちそうとして手打ちの麺類や豆腐つくりをするなどが可能になったのだ。

回転式の石臼なしで、コムギ粉をつくろうとするならば、コメの精白用の木の臼と杵をも

3　篠田統「かてめし」一九七八　日本風俗史学会（編）『図説　江戸時代　食生活事典』（所収）雄山閣

4　左記の文献の読み下し文にしたがう。
朧谷寿・五島邦治（編）一九八五『素麺史料集』株式会社三輪そうめん山本（非売品）

ちいることになる。古代の米搗き臼は胴がくびれた砂時計形をしたものだ。ハンマー形をした横杵は、弥生時代からも発見されているが、その使用が普及するのは元禄時代頃からである。その以前はお月さんのなかでのウサギの米搗きの絵にあるような竪杵で、米搗きや餅搗きをするのが普通であった。これでコムギを粉末にする手間はたいへんだったろう。こんな事情のもとで、古代の民衆がコムギ粉を原料とする食品をふだん食べたとはかんがえられない。奈良・平安時代のコムギ粉食品としては、唐菓子《からがし》とよばれる中国から製法が伝わった菓子類のいくつかに利用されたことと、索餅の原料としてである。粉末にせずにコムギを利用する食品としては、醤と末醤に糖・飴がある。醤は醤油の祖先、末醤は味噌の祖先にあたる調味料で、『延喜式《えんぎしき》』にしたがえば、醤はダイズ、モチゴメ、コムギ、酒、塩を原料として発酵させた液体状の調味料であり、末醤はダイズ、コメ、コムギ、酒、塩を原料として発酵させた固体状の調味料である。糖と飴はおなじもので、モチゴメにコムギのモヤシをくわえて糖化させてつくった水飴だ。

醤と末醤は民衆の食生活にもとりいれられた可能性があるが、ほかのコムギを原料とする食品は一般の人びとのくらしには、かかわりのない高級食品だったろうと想像される。

索餅とむぎなわ

ここで索餅とはなにか、という難問を処理しなければならない。

おさらいをしてみると、中国では索餅という食品の名称が後漢代や唐代にあらわれる。ところが、名前が文献にあらわれるだけで、中国の古代の索餅の実態についての手がかりを得ることのできる記述はいっさいない。宋末、元初の本である『居家必用事類全集』に日本のそうめんにあたる索麵がでてくる。中国でふるくは餅という文字であらわした食品を、のちに麵と書くようになることを考慮にいれると、索餅は索麵＝そうめんであった可能性がある、ということであった。

この正体不明の索餅を日本にのこる資料からかんがえてみよう。

昌泰《しょうたい》年間（八九八―九〇一）に完成した日本最古の漢和字書である『新撰字鏡』では索餅に牟義縄《むぎなわ》という和名をあらわす文字をあてている。索餅、むぎなわ（麦縄）ともに奈良時代から鎌倉時代の文献にあらわれ、その用例からみて、おなじ食品をしめすことばとしてよい。

のちの時代の、切り麦（切麦）、冷や麦（冷麦）、蒸し麦（蒸麦）、あつ麦（熱麦）、といった麵類の種類や料理法をしめすことばからわかるように、「むぎ」ということばは、植物のムギのほかに、「コムギ粉でつくった麵」という意味をもつ。むぎなわが麵状のかたちをした食品だったので、それと近縁関係をもつと認識された麵類に「むぎ」ということばがつかわれるようになったのだろう。

むぎなわという名称は、「コムギ粉でつくった縄のようにながい食品」とでもいう意味をあらわす。索餅の「索」という漢字は「縄」という意味である。となると、むぎなわは索餅の直訳にちかい名称だ。

株式会社「三輪そうめん山本」が五島邦治・朧谷寿の両氏に編集を依頼して刊行した『素麺史料集』は、奈良時代から江戸時代までの索餅、そうめんに関する基本的史料を集成した労作で、日本のコムギ粉を原料とする麺類の歴史について調べるときには、まず参照すべき文献である[5]。これでみると、東大寺の大仏をつくるための役所の記録である「造仏所作帳」の天平六（七三四）年五月一日の条に、

「麦縄六百三十了を買う」

とあるのがいちばんふるい記録のようだ。

天平宝字二（七五八）年の「写千巻経所食物用帳」に索餅の文字がでてくるなど、索餅ということばも奈良時代の文献にあらわれ、索餅を買ったときの代金が記録されていたりする。こうしてみると、奈良時代には索餅＝むぎなわは、都では市販品になるくらい生産されていたことがわかる。

八世紀前半にはすでに商品化していたのだから、その以前から索餅がつくられていたにちがいない。しかし、いつから索餅を日本でつくりだしたのかということになると、空想の世界の事柄になってしまう。将来あたらしい史料が出現するとしたら、紙に書かれた文書ではなく、古代の宮跡などから発掘される木簡であろう。かりに索餅という文字の書かれた七世紀の木簡が発見されたとしても、それ以前はどうだったかということになり、問題をさきおくりすることになる。

あえてわたしの空想をのべるならば、索餅が日本に伝えられたのは、古墳時代のことでは

なく、中国文明をさらに積極的に輸入することにつとめた時代となった七世紀である可能性がある。古代の日本への文明の伝播経路には大別してふたつのルートがある。朝鮮半島を経由して伝えられる文明と、中国の海岸部から東シナ海を直接横断して日本にもたらされる文明である。索餅は朝鮮半島を経由せず、中国との直接的交流で伝わった食品である可能性がある。朝鮮半島の歴史記録のなかに索餅はでてこないようだし、のちにのべるように、索餅と関係をもつと推定されるそうめんつくりの伝統を朝鮮半島は欠いているからである。

遣唐使のゆききなどで唐代の中国との直接交流があった奈良時代の索餅は、当時の中国での索餅とほぼおなじような食品であったとかんがえてよいだろう。となると、日本の索餅をあきらかにすることによって、名称しか伝わっていない中国の索餅のけんとうをつけることができそうだ。ところがめんどうなことには、日本でもむかしから、索餅とはなにかをめぐっての、せんさくがつづいており、いまだ決着がつかないのだ。

菓子か麺か

さまざまな説をいちいち紹介したらきりがない。そば屋のご主人である伊《い》藤《とう》汎《ひろし》氏が『つるつる物語——日本麺類誕生記』という麺の歴史に関する力作を刊行している。この本のなかで、伊藤氏は索餅に関する従来の諸説を引用し、批判しているので、くわしいことを知りた

5　注4文献におなじ。以後、室町時代までの索餅、むぎなわ、そうめんについての歴史的事柄をあげている出典の大部分は、この本によるものである。

い読者にはこの本をおすすめしたい。[6] ここでは、わたしなりにごく簡単に従来の意見を要約するにとどめて、さきをいそぐことにする。

従来の説をおおきくわけると、索餅を菓子とするか、そうめんの前身と解釈するかのふたつの立場に分類される。

菓子説によると、索餅はコムギ粉とコメ粉を練って縄のかたちによじったものとか、コムギ粉を縄のかたちにして油で揚げたものと説明される。

菓子説の背後には、唐菓子のイメージがあるもののようだ。古代に中国から伝来したとされる唐菓子は粉食食品で、日本ではコメ粉、コムギ粉、ダイズの粉などを使用して、ゴマ油で揚げるものがおおい。

江戸時代の盲目の大学者である塙保己《はなわほき》一《いち》が古本屋でみつけ、自分が編纂した『群書類従』シリーズに収録した『厨事類記《ちゅうじるいき》』という文献がある。一三世紀末に書かれたとかんがえられる、宮中の食事や料理についての記録である。この文献の唐菓子について述べている箇所に索餅という名がでてくるので、索餅は菓子だという連想がはたらいたのだろう。しかし、奈良・平安時代の文献で索餅を油揚げにすることが記されているものはない。

索餅が菓子だという論者には、ふといねじりん棒のようなかたちが頭のなかにあるようだ。むぎなわの縄という文字からの連想であろう。

『今昔物語集』巻一九の「寺ノ別当ノ許ノ麦縄、蛇《くちなわ》ト成レル」という話もむぎなわがふといものだったというかんがえにつながる。この話の要約をしておこう。

京都の寺の僧で、遊女や芸人をあつめてあそびたわむれ、酒を飲み、魚食をして、仏事をいとなまず、寺の財産をごまかして平気な者がいた。

夏に麦縄がたくさんできたので、おおぜいの客をあつめて食べたが、のこってしまった。「旧麦《ふるむぎ》ハ薬」などということもあるというので、おおきな折櫃にいれて棚のうえに置いて、そのままにほうっておいた。

つぎの年の夏に、おもいだして折櫃をあけてみたら、「折櫃ノ内ニ麦ハ無クテ、小キ蛇《くちなわ》蟠《わだかま》リテ有リ」という状態に変化していた。

この話を引用して、「……索餅も唐菓子の中に含まれていた。索餅は冷麦素麵《ひやむぎそうめん》の類ともいはれるが、今昔物語に麦縄《むぎなわ》が蛇に化けた話があるから、それより太く誂へた、しんこと素麵の合ひの子のやうなものであらう」という論者もいる。[7]

だが、おなじ話を材料にして、反対に索餅がそれほどふといものではなかったことを論じることもできる。

「旧麦ハ薬」、ということばは、のちの時代に長期間保存した「ひねそうめん」を珍重するならわしをおもいださせる。折櫃にいれて、とっておくのは、むぎなわが保存食品であったからだ。索餅＝むぎなわはつくってから籠にいれたりして、乾燥させ、行事にそなえてあら

6　伊藤汎　一九八七　『つるつる物語――日本麵類誕生記』　築地書館
7　左記の文献の第五章「平安時代」の「唐菓子」の節の文章。
桜井秀・足立勇（共著）　一九三四　『日本食物史』　雄山閣

かじめ製造しておいたり、輸送が可能であった食品であったことは、ほかの史料からも証明することができる。奈良時代に平城京の東市で「乾麦」を売っていた記録があるが、それは索餅のことだといわれる。[8]

江戸時代になってからも、乾麺の主流はそうめんであった。その理由は、切り麺のうどんや、そばにくらべると、そうめんはほそくつくれるということにあった。ふとい麺を乾麺につくろうとしたら、芯まで乾かすのがむずかしく、へたをしたら腐らせてしまう。

機械乾燥で乾麺をつくることが普及するのは第二次世界大戦後のことだ。それまでは、ふとめの乾麺をつくるには「二度干し」ということがおこなわれた。生ま麺を掛棒にかけて、屋外で予備乾燥をする。表面をさっと乾燥させただけで、湿度がたかく、風があたらない室《むろ》にいれて一晩ねかせる。室のなかで、芯の水分を麺の表面によびだすのである。翌日、屋外で本格的に乾燥させるのだが、このとき夕立がくるとたいへんだ。

といった事情をかんがえると、『今昔物語集』で折櫃にいれて保存しようという、むぎなわがヘビのようにふとかったはずがない。ましてや、腐敗しやすい夏のことである。伝統的な手延べそうめんつくりが冬季の仕事であったのは、農閑期の副業というほかに、腐敗にたいする配慮からでもある。

こんどは、索餅＝むぎなわがそうめんの前身にあたる食べ物だという説を検討してみよう。

奈良時代の写経所にふだんの食料として索餅を支給したり、平安時代の宮廷では節会《せちえ》のさいの宴会の食事のなかの料理のひとつとして供しているので、菓子というよりは、料理材料であり、主食的性格をもつ食べ物とみることができる。

どうやって料理をして食べたのかを検討すると、奈良時代の記録には醤、末醤、酢が索餅の調味料としてでてくるし、アズキが索餅の調理の材料としてあらわれることがおおい。[9]『延喜式』では醤、味醤（末醤とおなじとかんがえてよいだろう）、酢が調味料として記録されている。ゆでてから、塩気のある調味料や酢であえて食べたり、アズキ汁で食べたものらしい。調味料の種類からみて、菓子とはかんがえがたいようだ。

そうめん業者にきいた話では、そうめんの需要の最大のものは、お中元の贈り物としてだそうだ。あつい夏の日の食べ物として、この時期に冷やそうめんが歓迎されるからだろうが、もとをただせば旧暦七月七日の七夕の行事にたどりつく。江戸時代の中期以後は七夕にそうめんを贈答する習慣が民衆のあいだにも普及していたようだ。

一七世紀前半に成立した『料理切形秘伝抄』という料理書には、七夕にそうめんを食べるのは、そうめんが織女星の織機にかけた糸をかたどったものだからと説明されているが、これは後世のこじつけというものであろう。平安時代の『師光年中行事』、鎌倉時代の『年中行事抄』には、中国の故事に説明をもとめて、この日に索餅を食べると、おこりの病にかか

8　左記の文献の第六章「奈良時代の食品加工と調理」の「索餅類」に原文が引用されている。
関根真隆　一九六九『奈良朝食生活の研究』吉川弘文館
9　注8文献の第六章「奈良時代の食品加工と調理」の「蜜物」に原文が引用されている。

らないという説が書かれている。しかし、民俗学的にかんがえれば、コムギの収穫のあとにあたる時期の行事であり、七夕の日にコムギ粉のだんごを食べる風習の地方があることから、コムギの収穫儀礼として初物を食べる風習に起源をもち、それがコムギ粉でつくった索餅やそうめんでおこなわれるようになったとみることができる。

『素麺史料集』でみると、九世紀末の『宇多天皇宸記』に、七月七日に索餅を食べることが「俗間」でおこなわれているが、以降これを宮廷行事としてとりいれるべしという旨のことが記されている。その後、七夕に関係しての索餅の記事がおおくなる。時代はくだって、京都八坂神社、すなわち祇園社《ぎおんしゃ》の庶務・法会などをつかさどる執行《しゅぎょう》をつとめた人びとの日記である『祇園執行日記』の康永二（一三四三）年七月七日の条に、

「丹波《たんば》より索餅公事《くじ》免除の間、一両年、上さず。よって素麺の儀これを沙汰す」

とあるが、『素麺史料集』の注では、八坂神社の原本をみると、いったん「索麺」と書いたうえから「索餅」と書きなおしているとのことだ。七夕に丹波国の祇園社領から毎年献上する品物の名称に、索餅、索麺、素麺と三通りの表記法があらわれているわけだ。[10]

中原康富の日記である『康富記』によると、中原氏の領地である山城《やましろ》国大住荘から毎年七月六日になると、お盆の供物として、索餅、茄子《なす》、麦粉、麦を献上することがおこなわれていた。文安四（一四四七）年七月六日の条には「索麺」と書かれ、康正元（一四五五）年七月七日の条には「索餅」と記されている。わずか八年のあいだに食品の種類が変化したとはかんがえづらいので、索麺と索餅はおなじものだったとかんがえてよいはずだ。

奈良興福寺多聞院《たもんいん》の院主の日記である『多聞院日記』の文明一六（一四八四）年七月七日の条に、「嶋庄《しまのしょう》より公事物《くじもの》素麵五把持参す」という本文につづく、送り状の引用には「索餅」と書いている。こうしてみると、七夕の食べ物としての索餅は、そうめんにうけつがれている。また、用語の混乱からみて、あきらかに同一の食品を索餅とも、そうめんともよんでいた時期があったことがわかる。そうめんとの連続性が明確である索餅は、菓子ではないと結論してよさそうだ。[11]

『延喜式』の索餅

『延喜式』は古代の食物を論じるときに、よく引用される文献だ。『延喜式』とは、『養老律令』の施行細則を集大成した法律集で、九二七年に完成した。法例の施行細則なので、諸国

10　高辛氏の小子が七月七日に死に、その霊が一本足の鬼神となってたたり、おこり病をひきおこすので、命日に麦餅を供えて霊を祭った、というのが七夕に索餅を食べる風習を中国の故事にもとめる説で、『師光年中行事』、『年中行事抄』、『掌中暦』、『玉葉』などに記されている。

和歌森太郎の左記の文献の第三章の「七夕と盆」の節によれば、中国ではこのような習慣はみとめられないという。『四民月令』に七月七日に新しく収穫したコムギでコウジをつくることが記されていることなどから、かつて中国でコムギの収穫祭の、にいなめ行事が存在し、それが日本に伝えられ、索餅を食べることにこじつけられたというのが、和歌森のかんがえである。

和歌森太郎　一九五七　『年中行事』　至文堂

11　そうめんと索餅の関係については、左記の対談でもとりあつかっている。

石毛直道・五島邦治　一九九〇　「日本めん文化の原点、そうめん」『フーディアム』一九九〇—秋号

から貢納される食べ物の種類とその分量や、宮廷で消費される食べ物の種類と分量などについても書かれている。ただし、食品の製法や料理法については記録されていないし、宮廷の食料についての記録なので、この文献から民衆の食生活についてはわからない。

『延喜式』の大膳三三に天皇と皇后にさしあげる一年分の索餅をつくるための原料と、索餅つくりのためにもちいられる道具についての記録がある。その道具だてについて検討してみよう。[12]

水をいれる容器、机、刀子《とうす》というナイフ、作業のさいにかぶる頭巾と前だれ、塩水を溶かすときや、索餅をゆでるときに使用したとおもわれる土鍋や薪など、さまざまな道具が記録されている。

道具類で、まず注目されるのは、「臼一腰、杵二枚」、「絹ならびに薄絁篩《うすあしぎぬのふるい》」があらわれることである。この記録で索餅の原料として書かれているのは小麦、粉米（米粉ではない）、塩である。コムギやコメを臼にいれて、ふたりで竪杵を交互におろして粉搗きをし、フルイにかけて製粉をしたのだろう。

つぎに気になるのは「竹一百五十株」という記載だ。そうめんつくりに「くだ」という竹棒がもちいられることは、まえにのべたが、おなじような役目のものだろうか。

「乾索餅籠」というものも書かれている。してみると、索餅はつくってから、乾燥させた食品だったとかんがえてよい。

原料について検討してみよう。索餅料として、「小麦卅石、粉米九斛《こく》、紀伊塩二斛七斗」

とある。『延喜式』の別の記事に、「麦粉料、小麦一石、得一石五斗」と書かれていて、一石のコムギから一石五斗のコムギ粉が得られることがわかる。粉米が、米粉ではなく、精白米をつくるときの作業のさい、フルイで選別して得たくだけたコメと解釈するならば、これを搗いて粉末にしなければならない。『延喜式』に粉米から米粉を得るときのめやすとなる記事はないが、「米粉料、米一石、得二石」というくだりがあるので、コメを粉末にしたときには、もとの量の二倍になるという計算法にしておく。

　こうして、索餅の原料となる、コムギ粉、コメ粉、塩の比率を得ることができる。比較のために、コメ粉を一とした場合の、コムギ粉と塩の量を計算したものをあげておこう。

小麦卅石……	コムギ粉	二・五
粉米九斛……	コメ粉	一
紀伊塩二斛七斗……	塩	〇・一五

『延喜式』の右の記事のとなりに手束索餅《たつかのさくべい》をつくるさいの原料が、一年を半年度分ずつわけて記されている。これも天皇と皇后にさしあげる食事のぶんとして書かれている。一年分を二度にわけて記載してあり、手束索餅をつくるための道具は索餅つくりのものとおなじだと

12　道具類の検討や、つぎにのべる再現実験についての、くわしい説明は左記の文献を参照されたい。
石毛直道・奥村彪生　一九九一「世界初の試み――水引餅と索餅の再現実験」『フーディアム』一九九一―冬号

読みとれる文章がつけくわえられている。上半期と下半期の量はほとんどおなじなので、下半期の例とその比率をあげてみよう。

小麦十七斛七斗……コムギ粉　二・六五
粉米五斛一升………コメ粉　一
紀伊塩八斗八升五合………塩　〇・〇九

ずいぶんはんぱな数字をあげており、なにごともきっちりさせなければ気がすまないお役人仕事は、古代からつづいてきたことがわかる。

おなじく『延喜式』大膳三三に、こんどは粉にしたときの分量で記されている索餅料の記載がある。それによると、

小麦粉一石五斗……コムギ粉　二・五
米粉六斗…………コメ粉　一
塩五升…………塩　〇・〇八

とあり、また、「手束索餅亦同」と書かれているので、索餅と手束索餅の原料の種類、量にかわりがないことをしめしている。

この三例を比較してみると、わずかなちがいがあるだけで、原料の比率はほぼ一定している。このことから「粉米」は粉末にするまえの、くだけ米の類とみてまちがいのないこともわかる。

この結果、『延喜式』における索餅は、

コムギ粉　二・五
コメ粉　一
塩　〇・一程度

の原料配分でつくられる食品であるという結果になった[13]。

索餅の再現実験

ふたたび、奥村彪生さんの出番である。『延喜式』に書かれているとおりの原料配分で、はたして麵がつくれるか、どうかを実験することにした。そうめんと索餅が連続性をもつことを考慮にいれて、手延べそうめんつくりの手法にちかい方法での麵つくりを試みてみよう。

コムギやコメを臼で製粉するのは省略して、奥村さんはスーパーで売っている中力粉としん粉を使用することにした。さきにあげた『延喜式』の比率で原料を混ぜ、水でこねて、耳たぶくらいのかたさに練りあげて、しばらくねかせてグルテンを熟成させる。そのあと、つ

13　ただし、注8文献に引用されている、天平宝字二（七五八）年の『食料下充帳』の索餅原料には「小麦五斗　作索餅春得三斗七升　又粉料米五升」とあり、塩についての記載はない。この記事が正確であるとすれば、『延喜式』のコムギ粉とコメ粉の比率とはずいぶんことなるものになる。『延喜式』での比率が一定していることから、本書にのべる再現実験では『延喜式』の数値にもとづいておこなうことにした。

ぎの四方法での麺つくりを実験してみた。[14]

(一)もっとも原始的な方法を試みる。練り粉を一かたまり手にとって、両手のひらのあいだで、縄をなうようによじって直径五―六ミリ程度のひも状にする。

また、別法として、机のうえに練り粉の小塊をおき、両手のひらをローラーのようにしてよじり、おなじくらいのひも状にすることも試みた。このほうが作業能率がよい。

こうして、ながさ一メートル程度のひもをつくり、ラップフィルムで表面をおおい、三〇分ほどねかせる。『居家必用事類全集』の索麺の項に、ながさ、ふとさを一定したひも状にしてから、油紙でおおってねかせておくとある。ラップフィルムは油紙の代用品だ。また、『延喜式』の索餅つくりの道具類に「麺をつつむ布」というものがあり、練《ね》り粉か、ある程度のばした麺をつつんで、乾燥をふせぎながら熟成させる工程があったのではないかと思われる。

現在の手延べそうめんの製法でも練り粉でつくったひもをねかせる工程がある。植物油をコーティングして、うどんくらいのふとさにしたひもを、二本の「くだ」に8の字にかけて室箱《むろばこ》にいれて、一晩熟成させることがおこなわれる。

実験をおこなったときの時間の制約があったのと、油をつかわない製法だと、ひもの表面がすぐに乾燥してしまうので、三〇分しかねかさなかった。ねかせたあとのひもを親指と人さし指のあいだでよじるようにしながら、ひっぱると、直径三―四ミリまでにのびる。このさい、あやとりのように、ひもを手のあいだに巻きつけて、机の面にパンとたたきつけると、弾力がまして、のばしやすくなる。

これを竹棒にかけてかわかす。竹棒を固定する枠をどうしよう。奥村邸を家さがししたすえ、洗濯物をほすハンガーで代用することにした。

(二)現在の手延べそうめんの製法を参考にしたやりかたである。
水引餅の再現実験でものべたように、手延べそうめんをつくるさいには、円盤状に練り粉を形成し、包丁で渦巻き状に切れ目をいれて、ほぐして、一本のながいひもにする。『延喜式』の索餅つくりの道具に刀子がでてくるので、この技術を利用してもよさそうだ。

厚さ一センチほどの練り粉の円盤をつくり、幅一センチ程度の切れ目をいれる。さすが料理のプロだけあって、幅のそろった、きれいな渦巻き状に切れていく。なんでもないようなことだが、わたしがやったら、幅がふぞろいになり、うっかりすると、まえの切れ目に交錯してしまい、一本のひもにはならない。

包丁でつくった正方形の断面をした、ながいひもを、(一)とおなじく、手もみか、机のうえでよじって、断面がまるい、ほそいひも状にする。包丁で切れ目をいれることと、机のうえでよじる方法を併用すると、手だけでのばす方法の一〇倍くらい作業能率がよい、と奥村さんはいう。

これを指でよじりながら、ひっぱると、何メートルもの一本のひもになる。これを竹

14　この再現実験のくわしいことについては、注12文献を参照されたい。

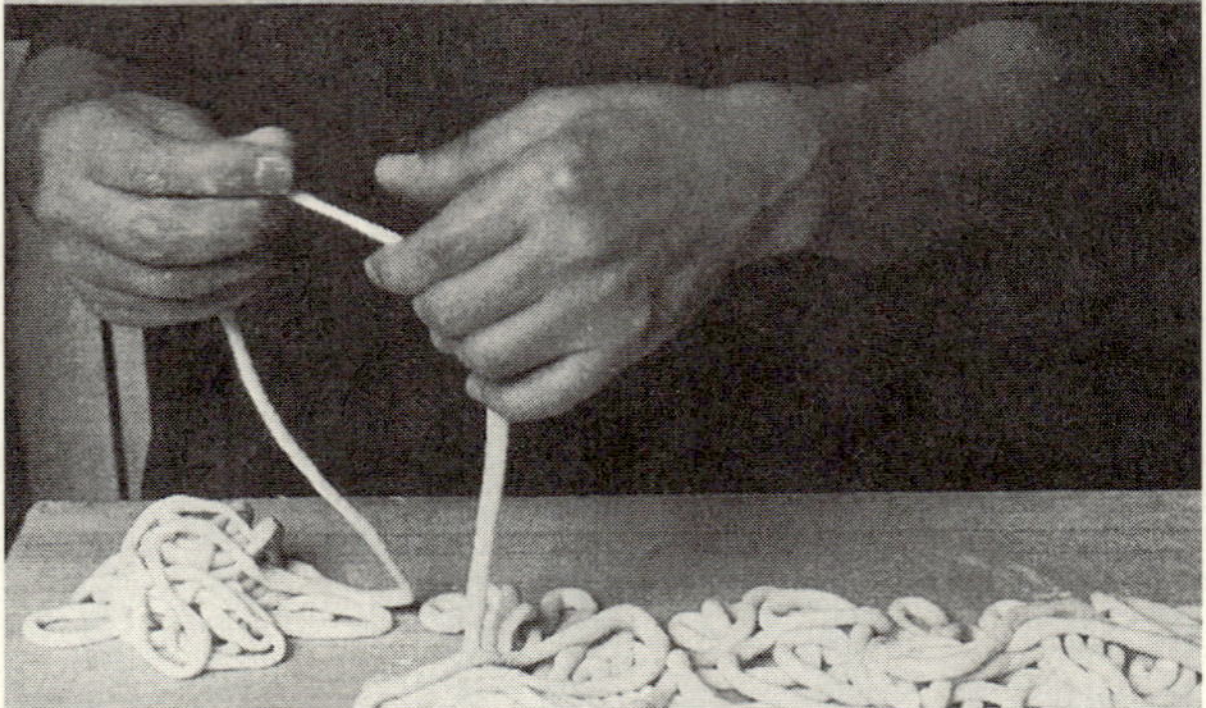

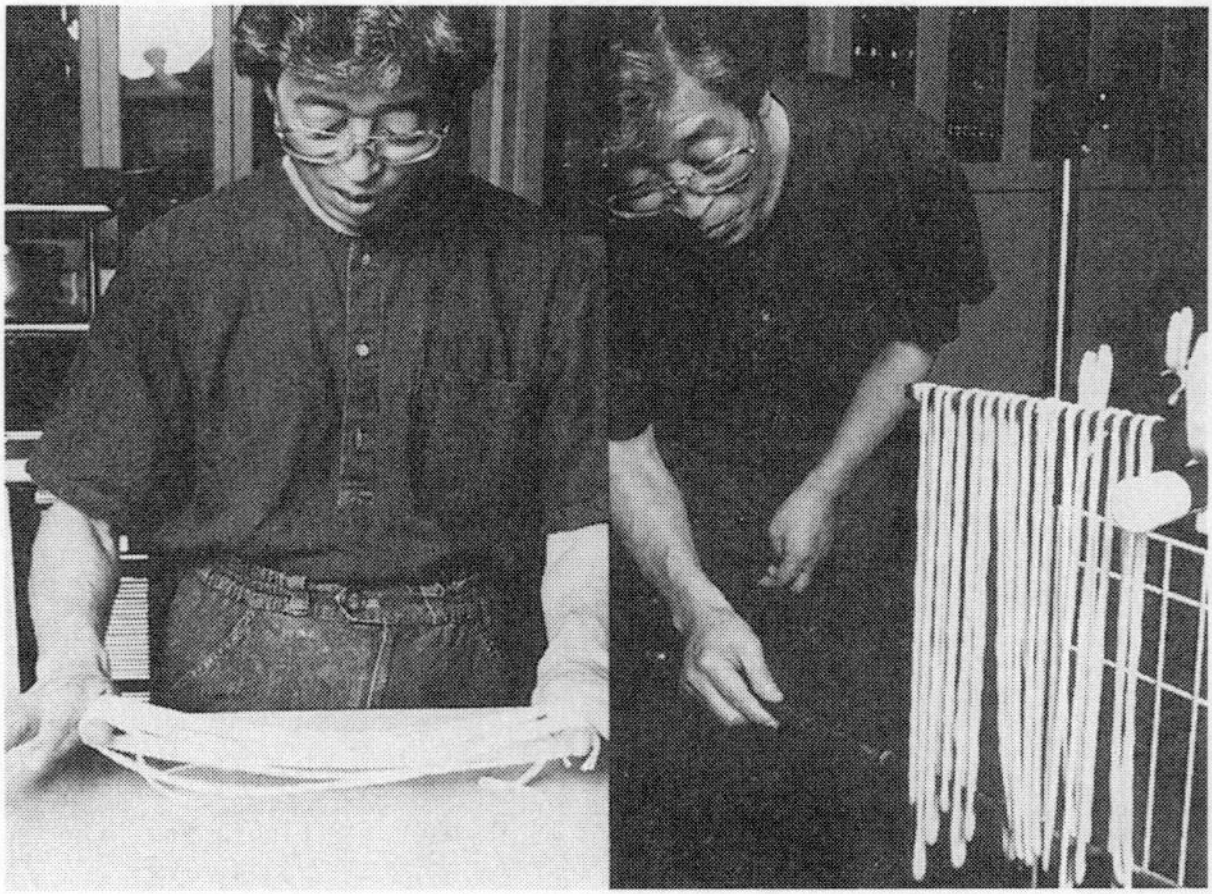

索餅の再現実験
円盤状にした練り粉に包丁で渦巻きの切れ目をいれる（右上）。ひっぱりながらさらに細くし（右下）棒にかける（上右）。ひも状にしてから油をぬって、あやとり状に指にかけてのばす方法も試した（上左）。できあがり（下）＊

棒にぶらさげて乾燥させていると、重力でだんだんほそくなり、平均して直径三ミリ程度になる。もっとも、この実験をおこなったとき、外は台風が荒れくるっていた。室内の温度、湿度が異常にたかかったからであろう、乾燥がすすまず、麺の下端がふとく垂れてしまい、竹棒のちかくでちぎれるものが続出した。

手延べそうめんのように、二本の竹棒のあいだに、ひもを巻きつけ、竹棒を上下にひっぱってのばすことも試みてみたが、これはむずかしい。コムギ粉と塩だけを原料とし、油をコーティングしてつくる手延べそうめんのようにはうまくのびない。ちぎれてしまうのである。なにしろ、はじめての試みのことである。何回もくりかえして、コツをつかみ、熟練したら、うまくつくれるようになるのかもしれない。

(三)『延喜式』にはないが、油を使用したつくりかた。

原料の配合比はおなじで、(二)とおなじく円盤を渦巻き状に切ったあと、正方形の断面のひもの表面にサラダオイルを塗って、のばしてみた。この方法だと、ひもの表面が乾燥して荒れることがなく、手荒にのばしてもちぎれることがなく、こしがつよくて、よくのびる。竹棒のあいだにかけて、のばしても、ちぎれない。

油をコーティングする方法は、手延べの麺つくり技術での、おおきな技術革新であったことを実感することができたのである。

(四)(三)とおなじつくりかたをし、竹棒を使用するかわりに、両手のあいだに、あやとり状にかけて、机にたたきつけてから、両手をひろげて、ひっぱってのばしてみた。油を使用しないときにくらべると、もっとほそくなり、現在市販の太そうめんとおなじくらいまでになる。

油を使用した実験は『延喜式』の索餅を追試するという趣旨からすれば、おまけのようなことだ。ともかく、実験（一）、（二）で、『延喜式』の記事にある材料から、麵をつくれることがたしかめられたのだ。こうしてみると、索餅は菓子ではなく、麵であったと断定してよさそうだ。

実験のあと、奥村さんと議論をした。なぜ、索餅つくりにコメ粉を使うか、『居家必用事類全集』の索麵つくりにも、油を使用するかわりに、コメ粉をつかうことがでてくるか、ということが話題になった。

できあがった索餅をゆでて食べてみて、この疑問の半分は解決した。食味の問題なのである。コメ粉をいれた麵はゆであがると半透明で、つやがある。表面はつるつるして、なめらかで、のどごしがよいが、嚙むとだんごのような歯ごたえと、味がする。この独特の風味が好まれたのだろう。

また、コムギ粉一〇〇パーセントの麵にくらべたら、コメ粉を混ぜることによって、ゆでたあとの麵の老化がおそくなる。時間がたっても、ゆでたてと味や歯ごたえが、あまりかわらないのだ。

そのかわりに、コメ粉をいれることによって、麵つくりの作業はやりづらくなる。コムギ粉だけの麵をのばすのにくらべたら、弾力がなく、つくっているうちに乾燥してしまうので、ほそくのばしづらく、ちぎれやすい。ただし、乾燥速度がはやいということは、保存にとっては有利な点でもある。

索餅＝切り麵説の検討

索餅が切り麵であるという説がある。さきにあげた『厨事類記《ちゅうじるいき》』にある「ほうとう」のつくりかたの記事がその論拠となっているので、引用してみよう。

バウタウハヨキ暑預ヲヲロシテ。コメノコニアハセテ。ヨク〳〵レム木ニテヲシヒラメテ。粉ヲスコシカケテ。カタナニテ長二寸アマリニキリテ。サクヘイノヤウニ　ホソクキリテ。ユヲワカシ。ユデ、トリアゲテアヅキノスリシルニテマイラス。

暑預とあるのは、薯蕷《しよよ》、すなわち、ヤマノイモのあて字とかんがえてよい。コメの粉をヤマノイモをすりおろしたものでこねて、れん木（すりこぎ）を麵棒のように使用してたいらにのばしてから、包丁で切り、麵状にして、ゆでる。「アヅキノスリシル」とあるのは、アズキをゆでてからすりつぶして、塩味の汁に仕立てたものだろう。『居家必用事類全集』に山芋餺飥という料理が記されている。ヤマノイモをつぶしたものと、コムギ粉、マメ粉をあわせて練り、麵棒でのばしてほそ切りにして、ゆでて食べる食品だ。『厨事類記』のバウタウは、山芋餺飥の日本版とでもいうべき食べ物にあたる。

この食べ物は後世までのこり、江戸時代には薯蕷麵とよんだ。『料理物語』、『当流改正節用料理大全』、『料理珍味集』、『料理早指南』といった江戸時代の料理専門書に、コメ粉をヤマノイモでこねて、包丁切りにした薯蕷麺のつくりかたが記載されている。さすがに、汁粉風の食べかたではなく、江戸時代には切り麦やうどんとおなじ汁で食べるということになっている。

本題にもどろう。

伊藤汎氏は『つるつる物語』のなかで、『厨事類記』のさきの引用文に「索餅のようにほそく切りて」とあることに注目して、索餅は切り麺であると断定している。漢代に索餅が日本に伝来し、はじめは手延べの技術でつくられていたが、奈良時代に包丁で切断する技術にとってかわられたというのが伊藤説である。さきにのべた日本でのコムギの栽培状況からしても、索餅がそんなにふるくからつくられていたか、どうか疑問である。

索餅の伝来年代はさておき、『厨事類記』の文章が、索餅＝切り麺説の明白な証拠であるとはいいがたい。別の読みかたもできる。索餅はほそい麺状の食品である。そこで、「ほうとう」つくりのさいには、「索餅とおなじくらいのほそさに」切らねばならない、という意味にもうけとれる。「キ（切）リテ」ということばのかかりかたについて二通りの解釈が可能である。

①バウタウも索餅も、ほそく切る。

②バウタウを（ほそい麺状をしている索餅とおなじように）、ほそく切る。

こうなると、『厨事類記』の記事から、索餅が切り麺であったと判定をくだすわけにはいかない。また、『厨事類記』という書物に鎌倉時代の記事のほかに、後世につけたした記述がまじっており、漢文ではなくカタカナ書きの和文の部分は室町時代中期以後の記事であるとかんがえられている。となると、さきの引用文から奈良・平安時代の索餅をおしはかることは危険でもある。

わたしが知るかぎり、ほかに索餅＝切り麵説を支持する文献資料はなさそうだ。いっぽう、索餅が手、あるいは竹棒でのばしてつくったことを証言する文献もない。直接的な証拠がないとなると、状況証拠から判断するほかない。つぎにあげるような理由から、わたしは索餅＝切り麵説を採用しないことにする。

(一)使用する道具がことこまかくあげられている『延喜式』の索餅の記事に、麵棒にあたる道具がでてこない。ナイフである刀子は記載されているが、その用途は円盤状にまとめた練り粉を渦巻き状に切るためのものかもしれない。この索餅つくりの道具についてのべられている記事では、下級の女官が女性の作業員をひきつれて、天皇、皇后の食事をととのえる役所である内膳司へいって、料理係の役人といっしょに索餅をつくるとある。刀子はクッキングナイフとしての用途であったのかもしれない。

『厨事類記』とは時代のへだたりがあるが、すくなくとも『延喜式』の索餅については、切り麵説が成立しないように思われる。

(二)索餅、むぎなわともに、つくりかた、あるいは製品の形状が縄に関係をもつ名称だ。索餅が切り麵であるとすると、縄のイメージとは関係をつけがたい。いっぽう、索餅を一本のひもをひたすらに、ほそくのばす技術でつくったものと解釈するならば、ながい縄を連想させる食品イメージにつながる。また、製造のさいに、手でよじる、あるいは机のうえで手でころがしてよじるにしろ、縄をなう作業に似ている。

(三)切り麺をしめす「切り麦」ということばがあらわれるのは室町時代になってからのことだ。切り歯のついたローラーで切断する近代の機械生産のそうめんが出現するまで、そうめんとよばれる食品は一本の練り粉のひもをほそくのばす方法でつくられてきた。それにたいして、包丁切りの麺は切り麦、そば切りとか、うどん、そばという名称でよばれ、そうめんとよばれることはなかった。そうめんと、索餅＝むぎなわが連続性をもつ食品であるとする立場からすれば、そうめんの前身である索餅＝むぎなわは切り麺ではなかったとかんがえるのが自然である。

麺の計量単位をめぐって

索餅が切り麺でないというためには、もうひとつ説明を要することがある。索餅＝むぎなわを数える単位についてである。

関根真隆氏は大著『奈良朝食生活の研究』[15]のなかで、索餅＝むぎなわを数えるさいの単位にふれて、つぎのような趣旨のことをのべている。

「索餅一百藁《こう》」というように、索餅の単位としては「藁」がもちいられる。ある

15　注8文献による。

いは索餅の形状がワラでなった縄状、あるいは、ほそいひも状であったからであろうか。

「麦縄六百卅了《りょう》」という例があるが、「了」という単位はコムギ粉の菓子とかんがえられる麦形《むぎかた》に共通し、疑問がのこる。

「手束麦《たつかのむぎ》五千五百廿五懸《けん》」というように手束麦・田束麦は「懸」という単位で数えている。なお、手束麦・田束麦は『延喜式』の手束索餅《たつかのさくべい》とおなじものであろう。

いっぽう、伊藤氏は正倉院文書にあらわれる索餅＝むぎなわの記録を調べて、つぎのような意見を提出している。
①包丁で切ってつくる索餅の一本のながさには限界がある。また、長短の不ぞろいもあるので、両端を切りそろえ、ワラのように束ねたので、「藁」という単位でよばれた。
②むぎなわは切り麵ではなく、ふるくからある手延べの技術で、一本の練り粉のひもをのばしてつくったものなので、当時縄の単位にもちいられていた「了」をもちいた。
③手束には「懸」という単位がもちいられるが、切れ目なくひきのばした「了」の状態のものを、一本の竹にくぐらせて「掛け」て天日乾燥したもので、乾燥した（竹の）一本分を「一懸」と数えた。むぎなわは生ま麵の状態のもの、竹にか

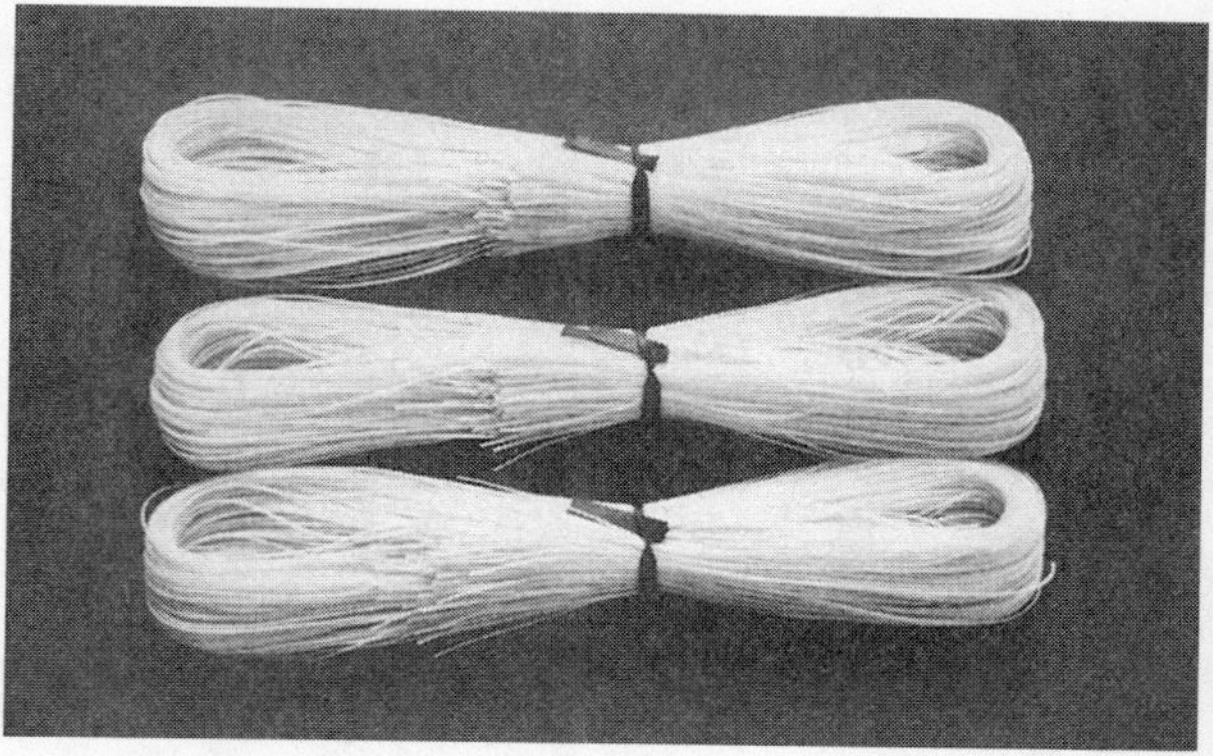
関そうめん＊

けたものが手束。
と伊藤氏はかんがえている。
これらの意見に、わたしのかんがえをつけくわえる番だ。麵に関して、「蘽」、「了」、「懸」という単位は『延喜式』以後の文献にはでてこないようなので、やっかいなことだ。推測の域をでないことにはなるが、だまってひきさがるわけにもいかないだろう。
現在のそうめんは短く切りそろえて、束にして売るのが普通だ。しかし、江戸時代には切りそろえずに、長そうめんのほうがおおかったようである。いまでも、秋田県の大門《おおかど》そうめんは一本の糸状のそうめんを手まりのようにぐるぐる巻いた状態で出荷するし、熊本県の関そうめんは8の字形に束ねられている。「二階からそうめん」という文句は、長そうめんが普通であったことがわからないと、なんのことやら見当がつかない。長そうめんを盆の精霊棚《しょうりょうだな》にかけて供物とする習慣もあり、これを「盆の掛けそうめん」といった。

切りそろえて束ねた、切りそうめんは江戸時代には上等品であった。上、中、下の三ヵ所を印紙でむすんだり、元結にして進物としてつかわれた。

切りそうめんには「ふし」がない。二本の竹のあいだでのばして作る手延べそうめんの製法では、どうしても、竹棒に接した両端がひらたく、ふとめになる。切りそうめんにしたときには「ふし」の部分が除去されるために、均一で、ゆでむらが生じない。

ということを頭にいれてかんがえると、長そうめんと、切りそうめんのちがいが、古代の索餅＝むぎなわにもあったのではないかと想像される。

索餅の「藁」は、伊藤氏のいうように、一定のながさに切りそろえて、束ねた単位とかんがえてもよいであろう。ただし、わたしは索餅＝切り麵説をとらないので、手延べで糸状にのばして、竹棒にかけて乾燥した麵を切りそろえたものとかんがえる。ムギワラのように、まっすぐな形状をしていたので「藁」という名で数えられたのではなかろうか。

古代の字書に、索餅の和名がむぎなわと記されていることなどからして、索餅とむぎなわは、ほぼおなじもので、両方とも保存食品であったとかんがえられる。索餅の「藁」にたいして、むぎなわを「了」と数えるのは製品の形状のちがいをあらわすものだろう。切りそうめん状の索餅にたいして、長そうめんがむぎなわとかんがえることもできよう。

むぎなわの「了」と手束麦・手束索餅の「懸」の区別はどう説明したらよいだろう。

諸橋轍次の『大漢和辞典』で「了」という文字を調べてみると、「つる。かける」という意味もあることが記されている。いうまでもなく、「懸」とは「かける」ことである。そうしてみると、むぎなわ、手束ともに、竹棒にかけて乾燥したものである可能性もあろう。『延喜式』の原料の計算のところでみたように、索餅と手束索餅つくりの原料と道具はおなじである。となると、製造工程のちょっとしたちがいで、一見してわかる製品の相違が生じ、索餅と手束索餅の計量単位にことなる文字が使用されたのだろう。

この両方が、天皇、皇后の食事のために年間を通じてつくられたのだから、食事に供された場合に、これは索餅、これは手束索餅という区別をすることができたものにちがいない。そのような区別点として可能性があるのは麵のふとさだろう。現在の機械製麵の乾麵では、干しうどんと、そうめんの製法は原理的に変わりがない。消費者は、麵のふといものがうどん、ほそいものをそうめんと区別し、そのちがいによって料理法を変えている。おなじように、麵のふとさによって索餅と手束索餅が区別されたのではなかろうか。

「手束」とは「手でにぎる、つかむ」という意味である。手仕事を連想させることばだ。手延べそうめんとおなじ技術で、二本の竹棒のあいだに巻きつけて、上下にひっぱって、ほそくのばしたものが索餅で、手のばしでふとめにつくり、竹棒にぶらさげて乾燥させたものを手束索餅とよんだものかもしれない。

これは、わたしなりの憶測とでもいうもので、自信をもてる説からはほどとおい。索餅、むぎなわ、手束索餅のそれぞれが、どのようにちがうものであったかは、はっきりしないというのが正直な意見である。

それでも日本の奈良・平安時代の麵の輪郭をある程度えがくことができたように思える。

その結果をまとめると、つぎのように要約される。

①コムギ粉、コメ粉、塩を混ぜてつくった手延べの製麵法である。

②製造工程に竹棒を使用することから、麵を竹棒にぶらさげて乾燥させることがおこなわれたと思われる。のちのそうめんつくりとおなじく、二本の竹棒に巻きつけて上下にのばす技術が存在した可能性もある。

③索餅、むぎなわ、手束索餅の名称があるが、製法としては原理的にはたいしたちがいがなく、できあがった製品の形態による区別であろう。

麵についての記録があらわれるようになった奈良時代は、唐との交流がひんぱんで、当時の宮廷関係者や僧侶は中国の文物にたいする知識がふかかったことを考慮にいれると、この頃の索餅は唐代の記録にあらわれる索餅とおなじものであった可能性がたかい。すなわち、日本側の資料から具体的なことがわからなかった中国の索餅の見当をつけることができるのだ。

中国側の文献で麵つくりに塩を使用する記事があらわれるのは『居家必用事類全集』以降であるが、この技術は、文献的には『延喜式』にまでさかのぼれ、その延長線をたどることができる奈良時代の索餅つくりにも存在したものであろう。

索餅の起源は原始的な手延べ麵にもとめられるだろう。これを棒にぶらさげて乾燥させる技術の発生もふるいだろう。としてみると、水に漬けてから手延べし、すぐにゆでる水引餅が生ま麵であるのにたいして、索餅は乾麵として発達したのであろう。いつにはじまることかは不明であるが、索餅つくりの技術が発展し、中国では宋代のおわり頃までのあいだに、二本の竹棒のあいだで麵をのばす索麵が成立することとなる。

索餅からそうめんへ

七夕に麵を食べる風習についてのべたときに引用した文章からわかるように、一四―一五世紀の日記には、同一の食品を索餅、素麵、索麵という三通りの名称であらわしている。素麵と索麵はそうめんの漢字での表記とかんがえてよい。こうしてみると、室町時代にそうめんということばが普及していったのだろう。あたらしいことばにおきかえられた理由に、従来の索餅＝むぎなわとはことなった麵つくりの技術をもちいてつくられた食品として、そうめんが登場したからだ、という事情をかんがえてもよさそうだ。

この新技術とは、コムギ粉と塩だけを主原料として、油で麵をコーティングすることによって、糸のようにほそい麵つくりをする方法である。もし、索餅段階では二本の棒をもちいてのばす技術がなかったとしたら、この方法も、そうめんとよばれるようになった食品の段階で採用されたものであろう。

これらのあたらしい技術がはじまるのは、そうめん系のことばが文献にでてくるまえだろうから、それは鎌倉時代のことだろう。ただし、江戸時代以前のそうめんの製麺法を具体的に記述した文献はない。室町時代末にできたといわれる『七十一番職人尽歌合《しょくにんづくしうたあわせ》』の「そうめん売り」の絵に機《はた》にかけたそうめんをさばいている情景が描かれており、それは現在の手延べそうめんのつくりかたとおなじである。奥村さんが「そうめんの歴史とその周辺」という文章に、現在の手延べそうめんの製法についてのべているので、くわしく知りたい読者におすすめする。[16]また、そうめんつくりの写真、図を一三八―一三九ページにあげておいた。

中国と日本でおなじ技術がべつべつに発生したものだとはかんがえづらいので、この技術革新は中国から伝えられたものとしてよい。そうめんつくりの伝統が朝鮮半島にはないので、北まわりではなく、華中・華南方面から東シナ海を横断する海の道にのって、中国から日本に直接伝えられたものである可能性がある。それは日宋貿易の時代から、中国と日本をつなぐメインルートであった。また、現在の中国で福建省がそうめん系列の麺の主産地であることも、この技術が中国の東南海岸を出発点とした可能性がたかそうな感想をいだかせる。

『七十一番職人尽歌合』にでてくるように、室町時代にはそうめん師という専門の職人が出現し、そうめん座の記録もあるし、京にそうめん屋があったこともわかっている。自家製の手打ちうどんをつくるようなわけにはいかず、手延べそうめんつくりには、そうとうの技術の熟練が必要である。しろうとの手にはおえないので、自給自足経済ではなく、はやくから商品経済システムにのった食品となった。そうめんが普及するにつれて、専門の職人が製造し、消費者は商品としてつくられたそうめんを購入するという流通が確立した。三輪《みわ》、揖保《いぼ》といった現在のそうめんの名産地も、室町時代後期から江戸時代初期にかけて名をあらわすようになる。このように専業化したそうめん生産地では、はやくから回転式の石臼で製粉していただろうと想像するのだが、室町時代での製粉の記録はのこってないようだ。三輪では一六世紀おわりから十七世紀はじめにあたる慶長年間に、「耕牛を使益して小麦を粉となす」ことがおこなわれ、巻向《まきむく》川沿岸の車谷という集落の、水車の所在を記した延享元（一七四四）年の古絵図があるそうだ。[17]

そうめんの食べかた

ここで話題を変えて、むかしのそうめんの食べかたについてふれておこう。室町時代にも、水に漬ける冷やしそうめんの食べかたがあった。記録によくあらわれるのは、熱蒸《あつむし》、蒸麦《むしむぎ》、蒸籠素麺《せいろそうめん》などといった蒸して食べる方法だ。小笠原流の礼法書である『食物服用之巻』に、そうめんを世間一般では「むしむぎ」といい、僧侶は「点心」というと書かれており、そうめんを蒸して食べることが一般的であったのがわかる。

16　「そうめんの歴史とその周辺」は左記の本に収録されている。
奥村彪生　一九八一　『日本の食べ物―薬効と料理をさぐる』　人文書院
17　左記の文献の第一章「前資本主義時代における小麦生産とその加工食品」から引用した。
中島恒雄　一九七三　『小麦生産と製粉工業』　時潮社

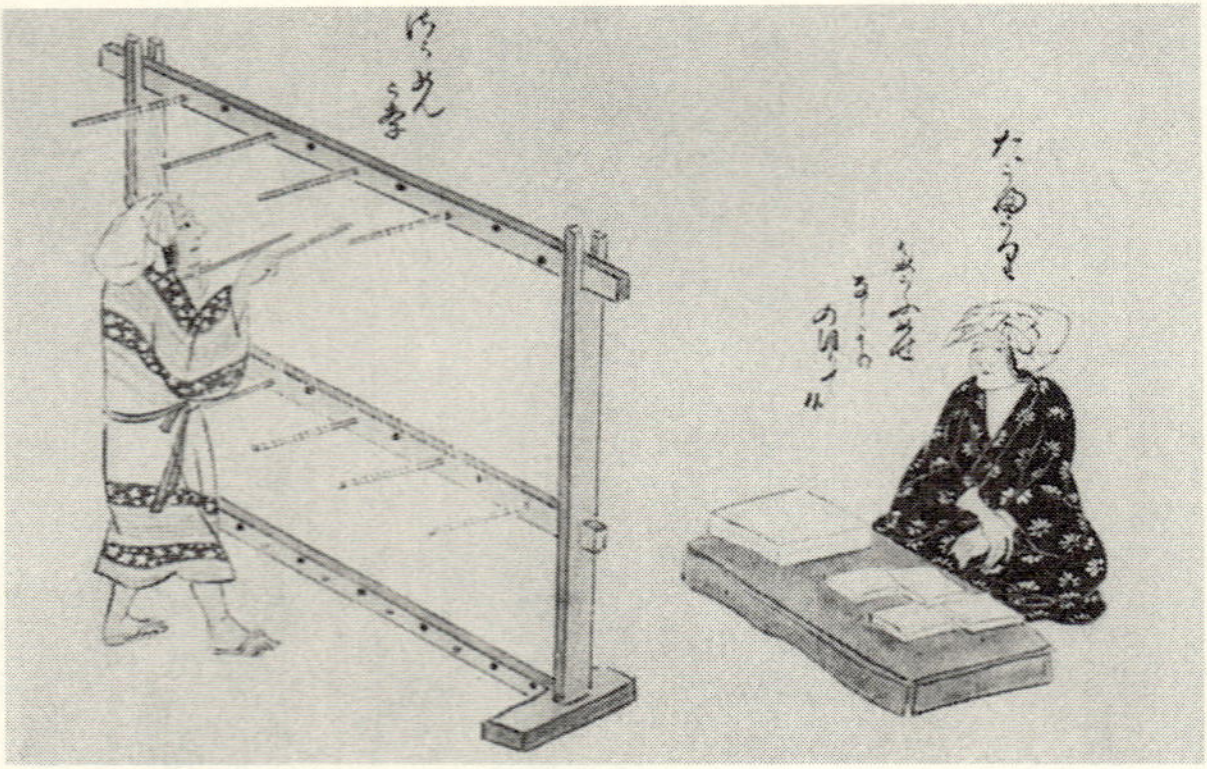

『七十一番職人尽歌合』のそうめん売り
（江戸時代の模写　東京国立博物館蔵）

『日本山海名物図絵』の三輪そうめん

現在もおこなわれている手延べ揖保そうめんつくり＊

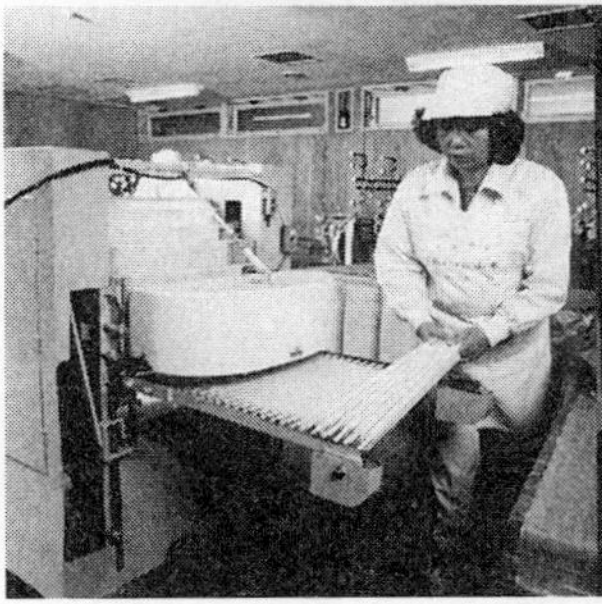

工場でのそうめんつくり
左・よりをかけながらひっぱってのばす
下左・2本の棒のあいだに8の字にかける
下右・それを上下にのばす
（写真「三輪そうめん山本」提供）

では、乾麵の状態のまま蒸すのか、水に漬けた乾麵を蒸すのか、あるいは、ゆでてから蒸すのか。文献からはわからないので、わが家の台所にあった、ありあわせのそうめんで実験してみた。

乾麵の状態のまま蒸したものは、箸でつまんでも直立不動の姿勢で、やわらかくまがらず、汁に漬けることもできない。固くて食べられたものじゃない。この方法は落第。

ほそめのそうめんを一〇分ほど水に漬けてから蒸してみた。こうすると、箸でつまんで汁をいれた椀にいれて食べるていどにはやわらかくなる。それでも、しんまではやわらかくならず、アル・デンテの固ゆでのスパゲッティのようなもので、イタリア人なら食べるかもしれないが、現在の日本人の嗜好からは不合格。

普通にゆでたそうめんを水洗いしてから蒸してみた。ゆでたてを蒸したものは、なかなかよろしい。ゆでただけのものよりも、もちもちした粘り気のある歯ざわりになる。ゆでてから、半日おいてから蒸すことも試みた。そのまま食べたら、のびきって麵の一部はくっついてしまっており、まずい。ところが、蒸すことによって、そこそこ食べられるものになった。蒸気をとおすことによって、くっつきかけた麵に、それぞれ自主独立を主張する気風が生まれたもののようであった。どのような作用なのかはわからないが、だらけきった麵がすこしは固さをとりもどしたのである。

こうしてみると、そうめんの熱蒸とは、いちどゆでたものを、蒸したのだろう。わざわざ二度手間をかける理由は、粘り気とこしのあるテクスチャーを楽しむことと、ゆでてから食

『食物服用之巻』の「むしむぎのこんだて」図

(注4文献から引用)

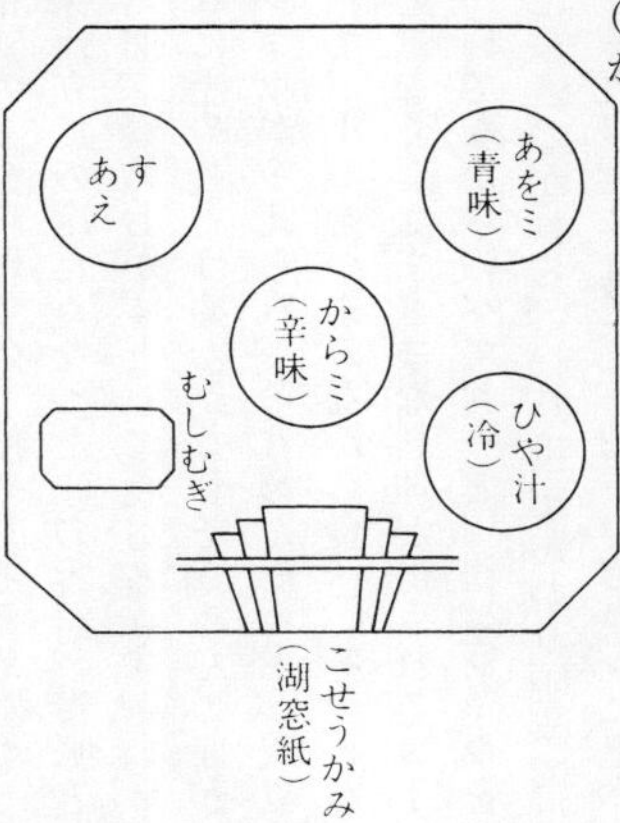

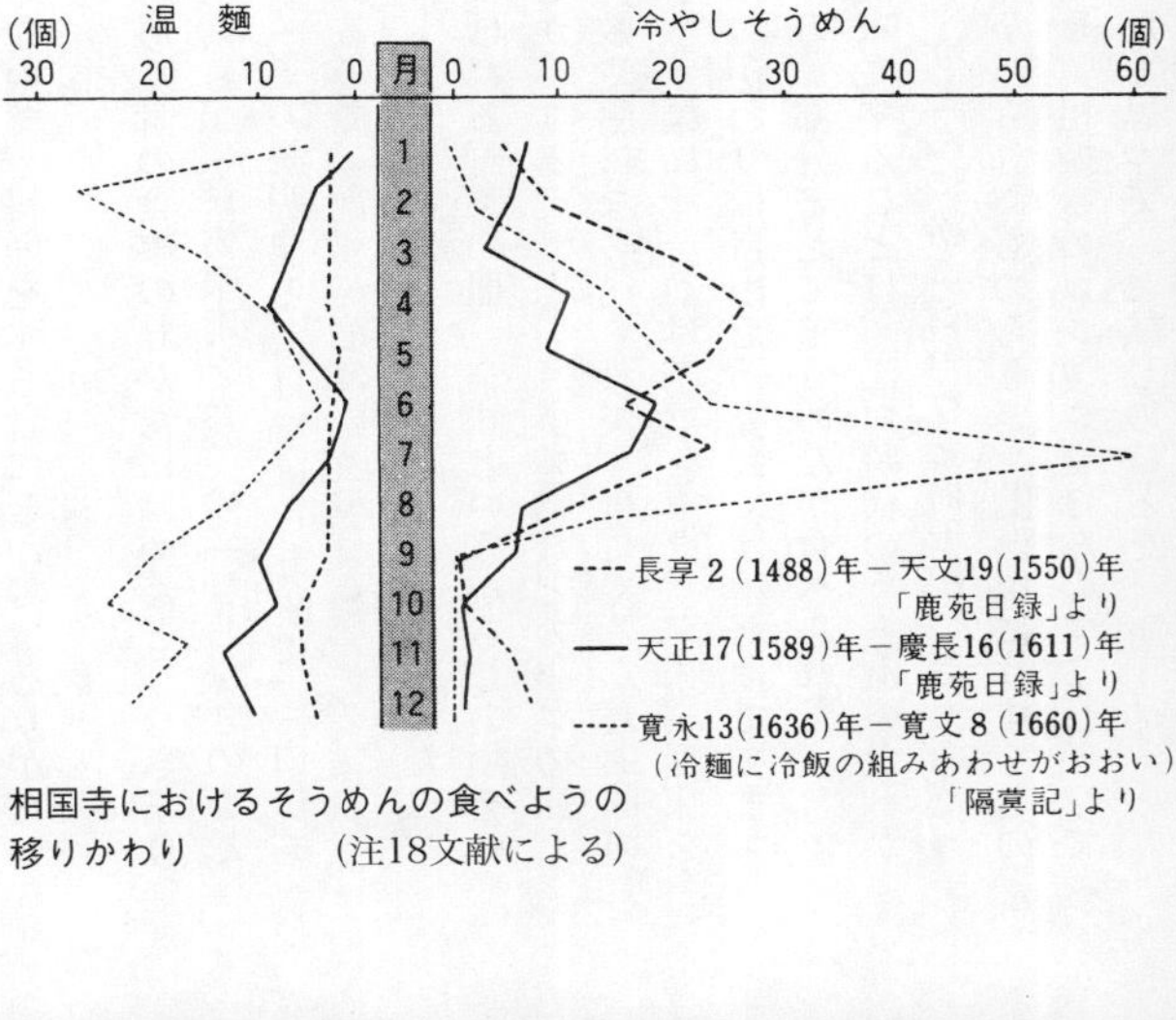

相国寺におけるそうめんの食べようの移りかわり　(注18文献による)

18　奥村彪生　一九八〇「そうめんの歴史とその周辺」『月刊食堂別冊』第六号　柴田書店

べるまでに少々時間がたっても、だいじょうぶなので、料理をする者にとってはありがたい調理法であることにもとめられそうだ。

室町時代は作法がやかましくいわれ、身分がある者の食事のしかたにはめんどうなきまりがあり、そうめんの食べかたにまでとやかくいった。『食物服用之巻』の「むしむぎのこんだて」では、食器のとりあげかたや配置にも文字で説明するだけではたりずに、「口伝あり」と書かれている。そんな記録がいくつもあるので、食べかたの見当がつく。

正式の宴会料理では、冷やしそうめんも、蒸したそうめんも食べかたはおなじだった。味噌味仕立ての冷たくなった汁の容器、青味とよばれる野菜の皿、辛味というからしの類をいれた皿、麵のおかずとして食べる「すさい」とか「すあえ」という酢の物などの小菜の皿、それに冷やしそうめんか蒸しそうめんの皿が折敷《おしき》や膳にならべられて、紙にくるんだ薬味のコショウがそえられ、そうめんセットが成立する。麵に汁をかけ、コショウ、辛味、青味をいれて、小菜をつまみながら食べ、そうめんのおかわりは自由だ。宴会では麵だけですますことはなく、さまざまな料理が供されるコースの一部分としてそうめんが食べられた。

ついでながらのべておくと、粉コショウを薬味にすることは、江戸時代のうどんの食べかたにひきつがれる。一八世紀おわり頃までは、うどんに粉コショウと梅干がつきものだった。一九世紀になると、粉トウガラシにとってかわられたものらしい。関西風にうすくちの味つけをしたうどんに、梅干の皮をちぎってのせ、粗挽きのコショウをほんのすこしかけて食べると、なかなかいける。いちど、だまされたと思って、お試しのほどを。

のちの、もりそば、ざるそばのようにセイロにいれたまま熱蒸を配膳することもあり、それを蒸籠素麺とよんだ。カジの木やキリの木の葉にそうめんを盛って供することもおこなわれた。一五世紀後半に一条兼良《いちじようかねら》のつくった『尺素往来《せきそおうらい》』に「穀《かじ》の葉の上の索麵は七夕の風流」とある。

室町時代に冷やしそうめんも食べられたが、『尺素往来』に「索麵は熱蒸、截麵《きりむぎ》は冷 濯《ひやしあらい》」とあることからわかるように、冷たくして食べるのは切り麵が主流で、現在の「ひやむぎ」はその延長線上にある。

現在でも、そうめんを味噌汁にいれるなどして、あたたかくして食べるのを、「にゅうめん」とか「温麵《おんめん》」という。『康富記』の宝徳三（一四五一）年八月二六日の条に「入麵」ということばがでてくるのが記録としてははやいものだろう。もっとも、室町時代の食事の記録は、お公家さんや上級の武士、僧侶のものにかたよっていて、民衆の記録はきわめてすくない。庶民の食事では、いちばん簡単な料理法として、そうめんを汁にぶちこんで食べることくらいはやっていたはずだ。

奥村さんは、京都の相国寺《しようこくじ》にのこされた日記類にでてくるそうめんの料理法を、温麵としての食べかたと、冷やしそうめんとしての食べかたに分類して、一四一ページにあげたようなグラフを作成した。これでみると、夏は冷やしそうめん、冬は温麵という食べかたが確立したのは江戸時代初期のことであるらしい。

切り麵の問題

日本工業規格であるＪＩＳとおなじようなものに、略称でＪＡＳとよばれる日本農林規格というものがある。その乾麵類のところをみると、干しそば、干しうどん、干しひらめうどん（ひもかわうどん、きしめんの類）、ひやむぎ、そうめんという項目があり、それぞれの定義がきめられている。

それによると、ソバ粉、またはコムギ粉を原料としてつくった乾麵を干しそばというとある。あとはコムギ粉を原料としてつくった乾麵であり、そうめんは長径および短径が一・三ミリ未満に成形したものをいう、といったぐあいに、ふとさで区別されている。いちばん幅のひろいのが、干しひらめうどんで、以下、うどん、ひやむぎ、そうめんの順にほそくなる。

機械製麵が主流となった現在では、ふとさによる区別しか意味をもたなくなったのだ。もともとは、そうめんは一本の練り粉のひもを「さお」、あるいは「くだ」とよばれる竹棒に巻きつけてのばしてつくり、ひやむぎと、うどんは麵棒でたいらにひろげた生地を包丁で切ってつくる切り麵である、という製法上の区別点があった。

日本における切り麵の歴史はいつごろはじまったものか。

法隆寺の記録である『嘉元記』の正平七（一三五二）年の記事に「ウトム」ということばがあらわれるが、これが現在のうどんとおなじものか、どうかについては疑問をさしはさむ余地がないとはいえない。先にのべたように、むかし餛飩はわんたんの仲間であった可能性を考慮しなければならないからだ。だが、一五世紀の日記類に饂飩、うとんということばがでてきて、それが江戸時代のうどんにまで連続するだろうことをかんがえにいれると、一四世紀には手打ちうどんがあった証拠として採用してもよいのかもしれない。

室町時代の記録に、ひやむぎ、冷麦、冷麺ということばがよくでてくる。しかし、げんみつにいえば、これらのことばは料理法の名称で、製麺法の別をしめすものではない。冷やしそうめんを、冷水であらって食べたのも、ひやむぎといったかもしれない可能性も考慮しなければならないのだ。『尺素往来』に書かれていたように切り麺を冷やして食べることがよくなされたので、後世にほそめの切り麺をひやむぎというようになったのだろう。

切麺（『康富記』一四五一年、『親元日記』一四六五年）、切麦（『山科家礼記』一四八〇年）、切冷麺（『蔭凉軒日録』一四八九年）などのことばから、一五世紀に切り麺が存在したことはあきらかである。

ここですこし、まわり道をして、ほうとうについてのべておこう。ほうとうが『斉民要術』の餺飥《はくたく》と関係をもつ食品であることはすでにのべておいた。一〇世紀はじめの『倭名類聚鈔《わみようるいじゆしよう》』に、餺飥はコムギ粉をのばして四角に切ったものだという趣旨の説明があるが、それは中国の文献の孫引きをしたもので、当時の日本におなじものがあったか、どうかはわからない。平安時代末の辞書である『色葉字類抄《いろはじるいしよう》』では餺飥に、「はくたく」、「ほうとう」の二通りの読みかたのあることをしめしている。ほかにも、『枕草子』など平安時代の文献に、ほうとうという名称はでてくるのだが、そのつくりかたについて記されているものはないようだ。

民俗例をみると、ほうとう、はっと、はっとう、ぼうとう、ぼうと、など名称のバリエーションはあるが、全国的に分布した食品のようだ。ソバ粉を使用することもあるが、たいていはコムギ粉の生地を麵棒でのばし、手打ちうどんよりも幅ひろく切り、野菜の味噌汁で煮こんだものがおおい。

山梨県北巨摩《きたこま》郡では味噌煮のほうとうにたいして、こほうとうというのは、アズキやササゲの餡汁をもちいたもので、盆の一三日あるいは一六日に食べる。岐阜県大野郡白川村では盆の一五日に、その年収穫したコムギ粉でほうとうをつくって食べるが、アズキといっしょに煮るものを、あずきほうとうといった。長野県上伊那《かみいな》郡では、ほうとうを七夕の供物としている。

高知県吾川《あがわ》郡のほうとうは、コムギ粉を練ったものをちぎって、味噌汁にいれたものだ。宮崎県の山村で、江戸時代にほうちょう汁といったのは、コムギ粉に塩をいれて練ったものを布でおおってねかせたあと、ほそながくちぎって、野菜汁にいれたものである。千葉県安《あ》房《わ》郡千倉《ちくら》町では、コムギ粉を手でこねて、ゆでたものを、ほうちょうといい、餡やキナ粉をつけて食べる。[19]これらは、すいとんの仲間のようなものだ。包丁には関係がなく、ほうとうがなまった名称とかんがえられる。

これらの民俗例のなかには、江戸時代に成立したものもおおいと、わたしは思う。農家に回転式の石臼が普及してから以後になって、はじめて農民が粉食食品を食べることができるようになったのだ。日常的に食べられる代用食をつくるために、木杵をもちいてコムギを搗いて粉にしたとはかんがえがたい。

包丁で帯状に切ってつくるほうとうと、手打ちうどんの距離はちかい。讃岐うどんの名産地である香川県の西部では、朝飯に打ちこみうどんというものを食べることがあったという。本格的な讃岐の手打ちうどんをつくるときには、コムギ粉に塩を相当量まぜ、よくこねて長時間ねかせてグルテンを熟成させる。打ちこみうどんは、塩を少量しか混ぜず、即座に

山梨県のほうとう＊

19　左記の文献の「食品」の章の「団子」の節による。
柳田国男　一九七四『分類食物習俗語彙』角川書店

粉をこねて、幅ひろく、みじかく切って、野菜の味噌汁にいれてたきあげる。うどんという名ではあるが、他地方のほうとうとおなじようなものだ。[20]

近世になって、都市でよく食べられるようになったうどんを農家で略式につくって代用食にしたものを、ほうとうと称した、いわば新参者のほうとうの系譜がひとつあるだろう。いっぽう、盆や七夕の行事食にしたり、アズキ汁で食べるほうとうは、古代、あるいは中世的に系譜をたどることができるものかもしれない。旧暦では近接していた盆の行事と七夕の行事には共通性があり、それはムギ作の収穫儀礼という性格をそなえていたからだといわれる。ほうとうをアズキ汁で煮ることは、古代の索餅の食べかたにも共通するものだ。

ほうとうと手打ちうどんの近縁性はわかったが、そうだからといって日本での切り麺の起源をかんがえるうえでの、直接的な手がかりが得られたわけではない。こんどは、切り麺をつくるための道具から手がかりが得られないものかを検討してみよう。

切り麺をつくるために最低限必要な道具は、麺棒と、「のし板」などとよばれる麺板と、麺切り包丁である。このうち、麺切り包丁については、専用の包丁でなくても、古代からある金属製の刃物でことたりるので、とりたてて論じる必要はない。

麺棒ということばは、一五世紀中頃の国語辞典である『運歩色葉集《うんぽいろはしゅう》』にメンハウと記されている。「むぎおし」、「むぎおしき」という名称もあり、『倭名類聚鈔』には衦麪杖《かんめんじょう》という中国での名称の和名として、牟岐於須紀《むぎおすき》があげられている。『倭名類聚鈔』に麺板はでてこないが、麺棒とセットで使用されるものなので、とうぜん麺板の役目をするものがあったはずだ。

平安時代には、道具だてとしては切り麺をつくることができたはずなのに、文献資料に切り麺があらわれないのは、どういうわけであろう。麺棒は、四角く切ったほうとうなど特殊なコムギ粉食品専用の道具で、切り麺つくりにはもちいられなかったのだろうか。それとも、すでに切り麺が存在していたのだが、たまたま文献にのこらなかったということなのだろうか。わたしには、この問題に模範解答を提出する自信がない。

ただし、いつから切り麺がつくられたかということではなく、切り麺の技術の普及の時期はいつか、ということについてだったら、木工技術と関連づけて説明ができるかもしれない。

手打ちうどんや、手打ちそばをつくった経験がある人ならわかってもらえるだろうが、麺棒は真円形の断面のものでなければ、麺板はまったいらなものでなければならない。いびつな麺棒や、多少なりともでこぼこのある麺板では、うまく麺生地をひろげることができない。

古代にも木工用のロクロがあったので、麺棒がつくれなかったわけではない。しかし、それが民衆にいきわたるようになるのは、また別の話である。

麺板の普及のためには、かなりのおおきさの完全な平面をそなえた板を生産するための木

20　同僚の香川県出身の小山修三教授に聞いた話で、左記の文献の「讃岐」の章に収録されている。
石毛直道　一九八九『面談　たべもの誌』文芸春秋

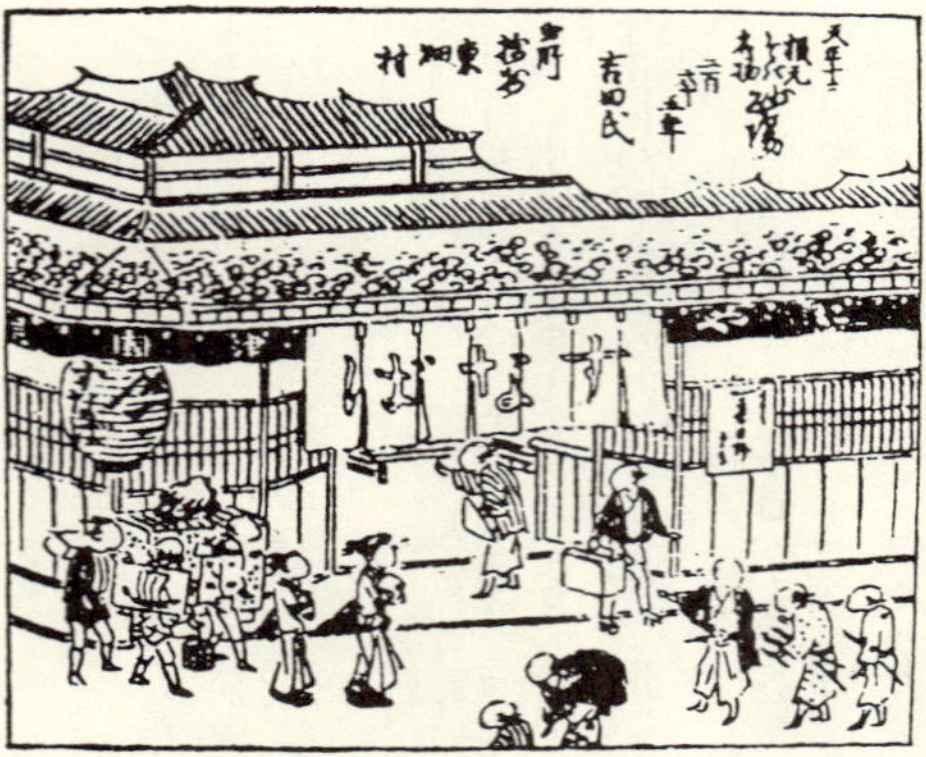

『二千年袖鑒』にえがかれた大阪の砂場津国屋
(注21文献から引用)

工技術が前提となる。平面を削りだすための大工道具である台カンナが普及するのは一六世紀のことだといわれる。おおきな板をつくることができる縦びき製材用の大鋸《おが》が中国から伝来するのが一五世紀のことだ。それ以前の板つくりの技術では、クサビで木を割って、荒い板をつくり、それをヤリガンナでたんねんにけずって、みがきをかけてたいらにしたのであろう。

古代や中世の机の類などに、比較的おおきな平面をもつ調度品があるが、それらは貴族の邸宅や、寺院などで使用されたものだ。当時の民衆の住居には、まったいらで、おおきな板などなかったであろう。そんな状況では麵棒と麵板を使用してつくる、切り麵が普及するはずはない。

製材道具はでそろわなくても、手工業や商業が発達する室町時代になれば、職人に麵打ち用の道具を注文してつくらせることもできたであろう。江戸時代になると、おおきな板も簡単に入手でき、農家でも麺打ちが可能となる。

ということで、日本における切り麺の起源についての明快な答案を書くことはできなかった。室町時代に切り麺が普及しはじめた様子から推定して、鎌倉時代か南北朝時代から切り麺がつくられるようになっただろうという程度のことしかいえないのである。

そば切り

いまでは作物のソバと、それを麺に加工したものの両方を「そば」という。幕末には、ソバ粉を原料とした麺を、そばという名称でよぶことが普及していたようであるが、正式には「そば切り」といった。

切り麦に対比されたことばだろうが、それなら「切りそば」というべきである。「そば切り」という名では、文法的には「そば切り包丁」のたぐいとまちがえられそうだ。「切りそば」では、ごろがわるく、いいづらいので「そば切り」という名称になったのだろう。[21]

ソバ粉を原料とする料理には、「そばがき」、練って餅状にまとめて焼いた「そば餅」の類、ソバ粉をゆるく溶いて、ほうろくなどで焼いた「うすやき」などとよばれるものなどが

21　新島繁氏の左記の文献の「そば切りの起源」の章によると、江戸時代の随筆『袂草』に、ごろの問題で「そば切り」という名称になったとの説明があることが紹介されている。
新島繁　一九八一『蕎麦史考』東京書房社

ある。これらは、ソバを栽培する地帯の農家の代用食としてももちいられたが、回転式の石臼が農村にでまわってからあとになっての普及した食べかたであろう。それ以前の食べかたとしては、「そば飯」とか「そば米」といわれる粒食法があった。脱穀をしたソバをおじやにしたり、アワ、キビ、ヒエなどといっしょに飯のように炊いたりして食べたのだ。徳島県の祖谷《いや》などにこの食べかたがのこったし、江戸時代の料理書類にも、そば飯に薬味と汁をかけて食べる料理のしかたが書かれている。

そばについての研究はたくさんあるが、そば切りの起源についてははっきりしないのである。大阪の砂場津国屋《つのくにや》の店頭を描いた一五〇ページの図絵の説明に「天正十二　根元そば名物　砂場」とあることから、天正一二（一五八四）年にはそば切りの店があったという説がある。ただし、これをうらづけるほかの史料がなく、この絵がのっている文献が幕末の刊行物であるために、信頼性がとぼしいといわれる。

そば屋を経営するかたわら、そばに関する資料を収集し、日本麺食史研究所を設立された新島繁氏の大著『蕎麦史考』によれば、近江多賀《おうみたが》神社の社僧の慈性《じしょう》の書いた『慈性日記』の慶長一九（一六一四）年二月三日の条に、「ソバキリ振舞被　申也《ふるまいつかまつりもうすなり》」という記事がそば切りの文献的初出とされてきた。[22]

ところが、さらに古い、そば切りに関する文献が、一九九二年になってみつかったことを新島氏から教示されたので、この文庫版で紹介しておこう。天正二（一五七四）年に長野県木曾郡大桑村の定勝寺の仏殿と奥縁壁の修復工事がなされたが、その竣工祝いの寄進者一覧のなかに、「振舞ソバキリ　金永」の記載があることを長野市の関保男氏が発見された。すなわち、金永という人物が竣工祝いに、そば切りをふるまったのである。この記録により『慈性日記』より四〇年前にそば切りが存在していたことがあきらかになったのである。[23]

ただし、状況証拠としては、そば切りであったかもしれないものが室町時代の記録にでてくる。お公家さんの山科家の荘園を管理するマネージャー役にあたる家礼《けらい》たちの書きのこした日記である『山科家礼記』の文明一二（一四八〇）年七月二三日の条に、つぎのようなくだりがある。

「一、西林庵、榧壱・そは一いかき給ひ候ふなり。各よひて賞翫《しょうがん》なり」[24]

「そは一いかき」を、伊藤汎氏はそばがきと解釈して、そばがきをさかなにして、酒を飲んだとしている。[25]

一八世紀末から一九世紀初頭にかけて大阪で活躍した初代桂文治が創作したといわれる「米揚げ笊《いかき》」という演題の上方落語が、東京に伝えられると「ざる屋」という演題におきかえられた。このことからもわかるように、関西では「ざる」を「いかき」といい、いまでも

22　注21におなじ。
23　くわしくは、左記の文献の新島繁氏との対談の項のコラム「新島氏追補」を参照されたい。
石毛直道　一九九四『石毛直道の文化麵類学　麵談』フーディアム・コミュニケーション
24　注4の『素麵史料集』の読みにしたがう。「榧壱」の解釈については、友人の国立民族学博物館教授熊倉功夫博士の教示をいただいた。
25　注6文献の第六章「手打ちそば誕生」の節による。

通用することばとして生きている。

「榧壱」の榧は、建築用語では「たるき」をしめし、垂木とも書かれることから推論すると、「たる」と読んでもよいだろう。榧は樽だとすると、「榧壱」は酒樽ひとつと解釈できる。

してみると、「榧壱・そは一いかき給ひ候ふ」とは、「酒一樽と、そばをざるに盛ったものひとつをいただいた」という解釈が成立しよう。おなじ記録の文明四（一四七二）年二月一二日の条に「うとんニて大酒これあり」と書かれ、山科言継《ときつぐ》の日記である『言継卿記』の天文一七（一五四八）年正月二九日の条には「うどんにて大飲に及ぶ」とあるように、当時から麵をさかなにして酒を飲む風習があった。

ざる盛りにして供したのは、そばがきではなく、そば切りであろうと、わたしはかんがえる。蒸籠索麵という名称があらわれるのもこの時代のことである。[26]そうめんを熱蒸にして食べたように、そば切りをセイロで蒸して、ざるそばのようにして供したのではないかと推定するのだ。

江戸時代初期の『料理物語』の「蕎麦きり」の記事に、そば切りを「いかき」に盛ってだすことが書かれている。それによると、ソバ粉をこねるには、「めしのとりゆ」（おねばのことか）、ぬるま湯、豆腐をすったものと水、などをもちいる。たっぷりした湯でゆでてから、

いかきにてすくひ、ぬるゆの中へいれ、さらりとあらひ、さていかきに入、にへゆをかけ、ふたをして、さめぬやうに、又、水けのなきやうにして出してよし

（原文には読点は付されていない）

とある。つまり、ゆでたそば切りを、ざるですくい、ぬるい湯で洗ってから、またざるにいれて、熱湯をかけてふたをし、水気がないようにして、あついまま、ざるで供するもののようだ。あるいは、このような食べかたが「そは一いかき」の実態かもしれない。

引用ついでに、『料理物語』のそば切りの食べかたについてのつづきを説明しておこう。「汁はうどん同前」とあるので、うどんの項をみると、手打ちうどんのつくりかたを書いたうえで、「汁はにぬき又たれみそよし」とある。「にぬき」というのは、味噌に水を加えてもみたて、袋にいれて液体を滲出させた「なまだれ」に、カツオをいれて煎じてから漉したものである。「たれみそ」は、味噌に水を加えて煮つめたものを、袋にいれて漉したものだ。つまり、味噌味のそばつゆである。これにダイコンの汁を加えてもよく、薬味として、「はながつほ、おろし、あさつきの類」、「からし、わさび」もよいとされる。

『山科家礼記』が、そば切りの初出とするか、どうかはともかくとして、江戸時代にそば切りを売る店では一七世紀おわり頃まで、「蒸しそば切り」を食べさせていた。その頃は「けんどん屋」というそば屋のほかに、菓子屋でそば切りやうどんを売っていた。蒸菓子をつくる片手間に、蒸しそば切りをつくったのだろうか。ただし、この頃うどんはゆでただけで、蒸さずに食べている。菓子屋は粉をあつかうことがおおいから、ついでに麺つくりもしてい

26　注4文献によると、天文年間頃に成立したという『伊勢六郎衛門尉貞順記』に蒸籠索麵の名があらわれる。

たということなのかもしれない。

いまでも、盛りそば、ざるそばがセイロのうえにのせられるのは、そばを蒸していた頃の名残をとどめるものだろう。

『料理物語』のそばの打ちかたには、コムギ粉を「つなぎ」にいれることは書かれていない。新島氏によると、コムギ粉をいれてそばを打つのは一八世紀初頭にあたる元禄末か、享保年間のことだとされる。それまでは、つなぎなしの、ほんとうの「きそば」が主流であったというのである。[27] 注目されるのは、コムギ粉をつなぎにしたそばが主流になる頃から、蒸しそば切りが姿を消すことだ。コムギ粉のつなぎなしでは、煮くずれしやすかったから、さっとゆでて、あとは蒸していたのかもしれない。

いつから、そば切りがつくられるようになったか、つなぎの出現がいつからか、といった細部については問題がのこるものの、巨視的にみれば、そば切り以前から存在した切り麵の技術のうえにのってソバ粉を麵に加工するようになったとかんがえてよいだろう。それは直接海外から伝播した技術ではなく、切り麵の日本におけるバリエーションというべきものだ。

それでは、日本のどこで、そば切りが考案されたのか。江戸時代の初期の『毛吹草《けふきぐさ》』に、そば切りは信濃国で発生したという説が紹介されている。しかし、そば切りの成立した年代が確かめられない以上、起源地をせんさくしてもしょうがないだろう。

信州でそば切りが誕生したか、どうかは別として、この地方では、はやくから、そば切りがよくつくられていたことは、さきの定勝寺の記録のしめすところである。信濃国佐久郡軽井沢宿の佐藤家文書のなかに、万治三（一六六〇）年六月二日付けの「庄右衛門へくれ中候せたいノ道具」というものがある。軽井沢宿の問屋役の家から、分家する子供にわけてやった世帯道具の一覧表である。鍋、釜などの炊事道具や、盆や食器などが記されているなかに、つぎのような品物がふくまれている。[28]

一　そハきりまないた　　壱枚
一　物こね木はち　　壱ツ
一　ほうちやう箱一ツ　但そハ切ほうちやう一まい

この「物こね木はち」は、ソバ粉をこねるにも使用されたであろう。そば切り専用の包丁や、まないたがでてくる。ありあわせの道具で、そば切りをつくるのではなく、専門の道具があらわれることからみると、手打ちそばをつくることがよくおこなわれたとかんがえてよいだろう。もちろん、宿場町の家という特殊事情が背景にあることを考慮にいれる必要があるだろうが。

27　蒸しそば切り、けんどん屋、つなぎ、菓子屋との関係についてくわしくは、注21文献の「そば切りの発展」、「けんどん蕎麦切り」、「蒸し蕎麦切り」、「菓子屋とそば」の各章を参照されたい。

28　この史料については、友人の大阪青山短期大学講師の植田啓二氏から教示をうけた。NHKテレビの古文書の読みかたの教材として放映されたのである。左記のテキストに原文の写真と解読がのせられている。
森安彦　一九九〇『古文書への招待』日本放送出版協会

一七世紀には麵類を売る店は「うどん・そば切り」という看板であり、コムギ粉からつくったうどんのほうが大勢をしめたが、一八世紀になると江戸では逆転して、そばが主流となり、そば屋がうどんも食べさせるということになった。もともと、ソバは「ソバくらいしかできない」土地のやせた場所で植えられたり、救荒食として栽培されたもので、コムギにくらべると、はるかに格のひくい作物であった。この代用食用の作物からつくったそば切りを、趣味性のたかい料理にまで発展させたのは、江戸という新興都市における外食文化であった。新島氏をはじめ、そのことについて書いた本はたくさんあるので、日本のそばの話はこのくらいでやめておこう。

四　朝鮮半島の麵

ネンミョンとクッス

朝鮮半島の人びとは麺をよく食べる。明治四二（一九〇九）年に日本人が書いた記事に「朝鮮の飲食店には、何店《どこ》をみても、饂飩《うどん》の無い家は無い。余程饂飩好きの国民と見える」とある。[1]世界のなかでも麺をよく食べる日本人が感心するくらいだから、ほんとうに麺の好きな民族なのだろう。

昼食を麺ですませる人もおおい。朝飯をだいじにする食習慣なので、朝から数品のおかずがついた飯をしっかり食べるので、昼は簡単にすます。かつての伝統的な食事法では、朝、夕の二回が正式の食事で飯床《バンサン》といって飯を主食とし、昼には麺を主体にした簡単な食事がおおく、それを麺床《ミョンサン》といった。

客をもてなすときや、行事食や宴会の食事にも麺がよくでてくる。結婚式の宴会には麺がつきものなので、独身の男性であるチョンガにたいして、「いつ、あんたは麺を食べさせてくれるのだ」というきまり文句がある。

中国とおなじく麺は長寿を象徴する食べ物とされる。こどもの満一歳の誕生日に、膳のうえに、さまざまな品物をのせておき、どれをこどもが手にとるかで、こどもの将来を占い、祝福する。筆をとると文筆家になるとか、女の子だったら色糸をとると刺繍がじょうずになる、物差しをとったら裁縫がうまくなるとよろこぶのだ。このときに、ゆでた麺を汁なしで、器に盛っておいておく。こどもが麺をつかんだら、この子は長生きするといって祝うのである。[2]

朝鮮半島で麵をあらわすことばには、ミョン（麵）とクッス（掬水）のふたつがある。あたたかいスープで食べる料理法を温麵《オンミョン》、冷たくして食べるのを冷麵《ネンミョン》というが、この漢字のつかいかたからわかるようにミョンは中国語のミエン（麵）に由来する。クッスは朝鮮語固有のいいかたであるが、漢字をあてるときは、掬水と書くことがおおい。ゆでた麵を水洗いしたのち、「水のなかから、すくいあげる」ことに通じる意味をもつ掬水という文字をつかったのだろう。麵料理の種類などにおうじてのつかいわけはあるが、ミョンとクッスはどちらも、麵をさす同義語とかんがえてよい。

李氏朝鮮王朝時代の一八二七年に成立したという漢文の料理書である『林園十六志』の麵の項の総説をみると、コムギ粉のほかに、穀物やマメの粉も麵というと書かれている。各説の部分をみると、チョウセンカラスウリの根からの澱粉のつくりかたを「天花麵方」に書いている。日本では天花粉《てんかふん》は汗しらずに使用したが、これにはソバ粉少々と混ぜて、たんの薬につくるとある。クズ粉のつくりかたである「葛粉麵方」、アシの根の澱粉である「蘆粉麵方」もある。どうやら、朝鮮王朝時代の漢字のつかいかたでは、ひろく植物を原料とする粉末を麵といったもののようだ。

1　鳥越・蒲田　一九〇九『朝鮮漫画』出版社不明

2　左記の本の、「信仰と食べもの」の章を参照のこと。この本の、「海の幸、山の幸」の章に麵という節で朝鮮半島の麵の概観をしている。
黄慧性・石毛直道（共著）一九八八『韓国の食』平凡社

粉末という意味の広義の麵のほかに、『林園十六志』には、狭義の食品としての麵についてものべられている。そこには、中国では麵（コムギ粉）をこねてつくる食品を餅というのにたいして、東俗（朝鮮半島の習慣）では、乾いたものを餅といい、湿ったものが麵だという意味のことが書かれている。乾いたものとは、コシキやセイロで蒸したもので、湿ったものとは、湯で煮たものであるという。

この定義をあてはめると、日本の韓国＝朝鮮料理屋でトックとよばれる雑煮のような料理は餅の部類になる。トックとは餅という意味だ。ウルチ米を湿式製粉したものを、筒形にまとめて蒸したものを、ななめに切って、うすい楕円形にしたシトギ餅を、肉、野菜のスープで煮たものだ。

正式にはトッククッとよび、湯餅という漢字があてられる。まえにのべたように、湯餅という文字は、中国の古典では麵類のことだった。おなじ文字でも民族によって用法がちがうので、漢字の世界はややこしい。煮ているのに、乾いたカテゴリーにいれられるのは、トックをつくるさいに蒸しているからだろう。湯で煮た粉食品が麵である。

『林園十六志』で湿ったものとされているのは、現在、ミョンあるいはクッスといわれる線状に加工して、ゆでて食べるもののことで、日本での麵の概念と共通する食品である。

朝鮮半島の麵類は、製麵法のちがいにより、ネンミョンとカルクッスのふたつに分類される。ネンミョンはソバ粉を主原料にした押しだし麵で、カルクッスはコムギ粉を主原料にした切り麵だ。

カルクッスの「カル」は包丁ということばなので、「包丁麺」、すなわち切り麺という意味になる。めんどうなのはネンミョンという名称だ。さきにのべたように、ネンミョンには冷麺の漢字があてられ、冷たくして食べる麺という料理の名称でもある。冷麺に使用する麺がソバ粉を主原料とした押しだし麺であるために、麺自体の名称と麺料理の名称がおなじものになっている。混同をさけるために、以下の記述では、麺の種類をいうさいにはカタカナ書きでネンミョン、料理法をいう場合には漢字で冷麺と書きわけることにしよう。

平壌冷麺

焼き肉と冷麺は、日本の韓国＝朝鮮料理屋のスタンダード・メニュー化しているので、ごぞんじの方もおおいだろう。日本で食べられるのは平壌冷麺《ピョンヤンネンミョン》の日本的変形をしたものだ。ソウルでも冷麺を食べにいくといえば、平壌冷麺の店にいくことが普通だ。中国の吉林省には朝鮮族がたくさん居住しているので省都の長春市で平壌冷麺を食べさせる店がおおいのは当然のこととしても、北京にも平壌冷麺の専門店が何軒もある。香港や台北でも専門店をみかけた。いまや平壌冷麺は東アジア全域にひろがりつつあるようだ。

一八四九年に成立し、漢文で書かれた『東国歳時記』の一一月の項にも、平壌のある平安道（関西地方）の冷麺がおいしいとして、つぎのように記されている。

　冬の時食として、蕎麦麺《ネンミョン》に菁菹（大根漬）や菘菹（白菜漬）を入れ、そのうえに豚肉を和《あ》えたものを冷麺という。

また蕎麦麵に雑菜（五目野菜）、梨、牛肉、ゴマ油、醬油などをいれて混ぜあわせたものを、骨董麵《コルトンミヨン》という。冷麵は、関西地方のものが、もっとも良い。[3]菁葅というのはダイコンのキムチ、菘葅はハクサイのキムチ、雑菜は野菜のナムルのことだろう。

平壌冷麵に使用するのは、ソバ粉を主原料にした押しだし麵である。ソバ粉にジャガイモ澱粉を混ぜて、固くこね、それを押しだし機にいれて、熱湯のなかに押しだしてから、冷たい水でもみ洗いして、食器に盛り、うえに具を飾って、スープをかける。かつては木製のクッストゥルという道具があって、家庭でネンミョンをつくっていた。現在の韓国の家庭では生ま麵や乾麵の状態のネンミョンを買ってきて冷麵をつくり、料理屋では左ページの写真右上のような電動式の機械で押しだす。

一九八八年にオリンピックの時期にあわせて、ソウルで「韓国飲食文化五千年展」が開催された。そこに展示されていたクッストゥルを写真に撮ったものを左ページにあげておいた。木をくりぬいてつくったシリンダーの底は小孔が多数あいたメッシュになっており、ピストンをテコの原理で押しだす。さきの中国の押しだし機、二三〇ページに写真があるブータンの押しだし機とおなじ道具だ。

二〇世紀初頭の風俗漫画にネンミョンつくりの情景がある。カマドにかけた大鍋のうえに

3　左記の文献の読みくだし文を引用した。
洪錫謨（著）・姜在彦（訳注）一九七一『朝鮮歳時記』平凡社（東洋文庫）

二〇世紀初頭の風俗漫画（注1文献から引用）

機械でネンミョンを押しだす

伝統的な押しだし機（1988年ソウルで開催された「韓国飲食文化五千年展」の展示品）

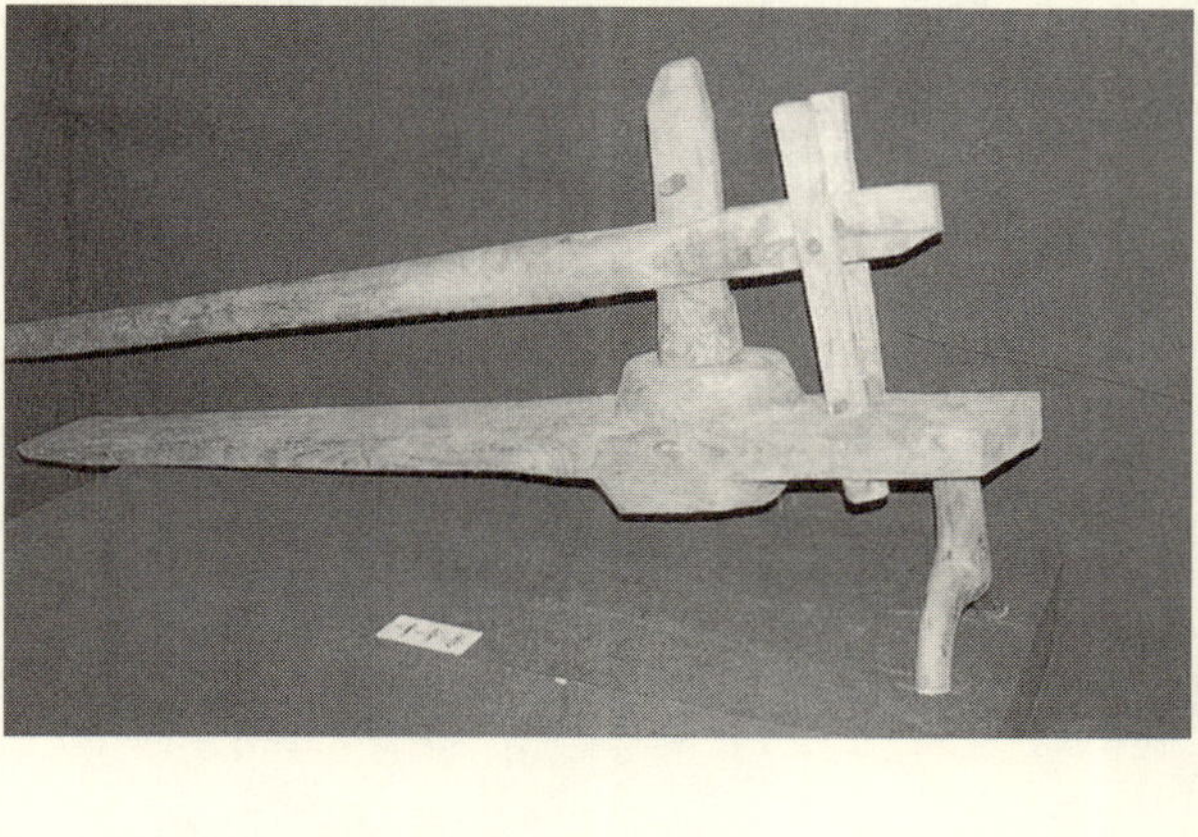

厚い材木でつくったクッストゥルがしかけられている。解説を読むと、テコに背をのせて、足を天井につっぱって押すのだ。テコがさがってきて、足が天井にとどかなくなると、柱に段々にとりつけられている横木に順に足をつっぱる。ときとしては、したから一人、テコの端にぶらさがることもあったそうだ。

成均館大学名誉教授の黄慧性女史は朝鮮王朝の宮廷料理の伝承者で、韓国の重要無形文化財、つまり人間国宝に指定されているが、朝鮮半島各地の食生活の民俗学的調査にも従事されてきた。黄さんが平壌出身者から平壌冷麺の聞きとり調査をおこなった結果を紹介してもらったことがある。[4]

それによると、ソバ粉のつなぎにジャガイモ澱粉ではなく、コムギ粉を使用することもあるようだ。平壌の人は夜食に冷麺を食べるのがすきで、毎晩のように冷麺をつくるので、クッストゥルはいつも釜のうえにしかけてある。

冷麺用のスープは牛肉を煮だしたものと、トンチミの汁をまぜてつくる。肋骨の部分にあるヤンジモリという部位の肉を煮て、脂をきれいにとりさったものが、冷麺用の牛肉スープの上等のものとされる。トンチミとは、ちいさなダイコンをまるのまま漬けた水キムチのことだ。さきに、わたしが日本化したといった平壌冷麺というものと、本場のものの最大のちがいはトンチミの汁をいれるか、どうかにある。トンチミのはいっているスープは、胸のつかえがおりるようなスーッとした涼しげな味がする。スープにはトウガラシは使用せず、辛味はない。冷麺の具にはトンチミを細長く切ってのせてある。

平壌では、冬の晩にも冷麺を食べる。屋外のカメからトンチミの汁をもってきて、冷麺をつくり、ぶるぶるふるえながら食べるのが平壌人の好みだそうだ。

畑作地帯はネンミョン

朝鮮戦争は韓国の食文化にとっても、おおきな出来事であった。戦線が南下したり、北上するとともに、戦火をのがれて、人びとが移動した。三八度線の休戦ラインができ、南側に故郷をもつ人が、北側に住まねばならないようになったり、ぎゃくに、北側出身の人が南側に定住するようになったのだ。故郷を失った人びとができたのは戦争の悲劇であるが、その結果、それまでは特定の地方にかぎられていた食べ物や料理が交流するようになった。その例のひとつに、咸興冷麺《ハムフムネンミョン》がある。

咸興とは北朝鮮の咸鏡南道の都市の名である。戦争のあとソウルに住みついた咸興出身者たちが郷土料理の冷麺の専門店をひらいた。その痛烈な味が評判となり、いまでは咸興冷麺を食べさせる店が、ソウルに何軒もある。

咸興冷麺はビビンクッス、あるいはビビンネンミョンとよばれる料理法で食べる。『東国歳時記』に漢字で骨董麺と書いてあったのが、ビビンネンミョンのことだ。日本ではビビンパと称する、ご飯のうえにナムルなどをのせた五目飯は、正式にはビビンパプというべきだろう。パプとは飯で、ビビンパプを骨董飯と漢字では表現する。中国の古典に、飯のなかに

4　注2文献。

肉や魚を混ぜた五目飯を骨董飯と書かれているのを、漢字名称として採用したのであろう。ビビンとは「かき混ぜる」という意味なので、直訳ではビビンパプは「かき混ぜご飯」、ビビンクッスは「かき混ぜ麵」ということになる。

麵の食べかたを大別すると、さきにあげた温麵、冷麵のほかにビビンクッスの三つがある。汁気なしで、コチュジャン（トウガラシ味噌）、粉トウガラシその他の調味料で具をあえたものを麵のうえにおき、具と麵をかき混ぜて食べるのがビビンクッスだ。あえ麵とでもいっておこうか。

ビビンクッスのなかで有名なのが、咸興のフェネンミョンだ。フェとは膾《なます》のことなので、漢字で書けば、膾冷麵ということになる。

ソウルで、フェネンミョンを食べてみたことがある。灰色をしたネンミョンのうえに、赤黒い、ぐちゃぐちゃしたものと、ゆでタマゴが半分と、キュウリのせん切りがのっていた。赤黒く、得体のしれないものの正体は、生まのアカエイの酢漬けを糸切りの刺身にして、とびきり辛いトウガラシ味噌、醬油、砂糖、その他もろもろの調味料、薬味であえたものだとのことであった。麵にそえて、卓上にそば湯、砂糖、コチュジャン、ゴマ油、酢、醬油がおかれた。好みによって、味かげんを調節するのだ。となりのテーブルの娘さんは麵のうえに砂糖を山盛りにしていた。砂糖をたくさんいれると、辛さがやわらげられるという。

箸をとってかきまわして、具をすべて麵に混ぜてしまう。徹底的にかき混ぜるのだ。顔つきからは、朝鮮半島の人と日本人の区別はつかないが、ビビンパプやビビンクッスを食べさ

春川のマックックス

咸興冷麺

平壌冷麺をハサミで切って食べる

せたら、いっぺんにわかるという。日本人は具をくずさないが、力をこめてかき混ぜて、すべての具を飯や麵にまんべんなくまぶしてから食べはじめるのが、本場の人のやりかただ。麵が赤黒く染まるまでよく混ぜてから、食べはじめた。ひとくち食べて、外見ほどは辛くないな、とたかをくくったのだが、それは初心者の先入観にすぎなかった。半分くらい食べすすむと、じわじわと辛さがこたえ、脳天から汗がながれはじめた。辛さにはつよいはずのわたしが、顔面蒼白になるほどであった。世界の辛い料理のなかでもベスト・テンにランク入りすることは確実だ。

もっとも、咸興冷麵が例外的に辛いのであって、咸鏡南道の料理は一般に韓国側ほど辛くないのが普通だそうだ。

辛さのほかに、もうひとつおどろいたのは、麵そのものの歯ざわりである。ゴムのように弾力があり、かみ切るのがむずかしい。ウエイトレスが、ハサミを食器のなかにいれて、麵をじょきじょき切ってくれた。一般にネンミョンは弾力があり、また麵そのものがながいので、給仕がハサミで切ってくれることがある。骨つきカルビを焼くと、コンロのうえにのった焼き肉を、ひとくち大にハサミで切るなど、韓国の食卓ではハサミが活躍する。普通のネンミョンよりも咸興冷麵はシコシコした弾力があるようだ。ソバ粉にリョクトウの粉を混ぜてつくるからである。

もっとも、すべてのネンミョンがシコシコしているわけではない。春川《チユンチヨン》のマックックスは、日本そばに似たテクスチャーのものだ。

ソウルから、高速バスで北漢江の川すじを東にさかのぼって、山のほうにいくと、一時間たらずで春川市につく。この街は江原道の韓国側の道庁所在地になっている。山また山で平野というものがない江原道には、水田がすくなく、伝統的には火田《かでん》という焼畑耕作のおこなわれる地帯であった。現在でも、畑作物のソバ、ジャガイモ、トウモロコシの産地である。ソバの名産地の江原道のなかでも、春川のマックックスが有名で、ソウルから車で食べにでかける人もいるという。わたしも春川にたちよる機会を利用して、麵そのものがおいしいという評判のある店で食べてみたことがある。

水洗いをしたそばのうえにヤンニョンとゆでタマゴ、キュウリとニンジンのキムチのせん切りをのせ、牛肉のスープをほんの少々そそいだものを、そば湯といっしょにもってきた。ヤンニョンは薬念と漢字表記をする、調味料、香辛料類のことである。このときのヤンニョンは、コチュジャンにゴマ油、醬油、きざみネギなどを混ぜて練ったもののようであった。定法にしたがって、よくかきまわして、食べる。スープはドンブリの底にほんのすこしあるだけなので、汁気が必要なら、そば湯をかけて食べるのだそうだ。ほのかにソバ粉の香りがかんじられた。弾力はなく、これならハサミは必要ない。日本のそば好きの者にぴったりの麵だった。食べおわったあと、主人に聞いてみると、ほかの店では澱粉を混ぜてソバ粉をこねたりするが、ここではソバ粉だけを使用して、押しだすのだという。

マックックスのマックとは、「無造作」とか「やたらに」という意味だそうだ。無造作につくり、やたらに、たくさん食べても消化がよく、腹に異常がでないということだそうだ。

ソバ粉を主原料にした押しだし麺であるネンミョンは、咸鏡道、平安道、江原道で発達した。朝鮮半島の北部の咸鏡道は山地帯であるし、おなじく北部の平安道も黄海ぞいのわずかな平野部があるだけだ。日本海の沿岸にそって南北に連なる太白山脈の地帯である江原道は、南部でも山地帯になっている。この山がちな畑作地帯で、重要な作物であるソバの利用法として、ネンミョンがよく食べられるようになったのだろう。[5]

つなぎをあまりつかわない春川のマックックスのような例もあるが、一般に煮くずれをふせぎ、ゆでてからの形がくずれることをふせぐために、ソバ粉につなぎを混ぜてこねる。平壌でコムギ粉をつなぎに使用したネンミョンがあるとのことだが、気候の関係などでソバ地帯はコムギの生産があまりなされないので、ほかの畑作物をつなぎとして利用するのが普通である。伝統的によく利用されたのはリョクトウの粉（リョクトウでつくった澱粉）であったようだ。一九世紀に新大陸原産のジャガイモの栽培が普及すると、ジャガイモ澱粉もつなぎにもちいられるようになった。おなじく新大陸原産のトウモロコシ、サツマイモの澱粉を利用する地域もある。

咸鏡道にはジャガイモ澱粉を蒸してから押しだした麺があるが、これはゴムひものようでかみ切るのがたいへんだという。この地方にはリョクトウ澱粉だけを材料にした押しだし麺がある。また、平安道にはトウモロコシ澱粉の押しだし麺もある。[6] といったふうに、澱粉だけを原料としたネンミョンも成立したが、なんといってもネンミョンのほとんどはソバ粉を主原料とするものによって占められている。つなぎの澱粉の種類や、量によってできあがった麺のテクスチャーがかわる。澱粉のつなぎのもたらす弾力性に富むことが、日本と朝鮮半島のソバ粉の麺の食味のちがいとなっている。

麺食小史

わたしたち日本人は、朝鮮半島の麺といえば冷麺だけをおもいうかべるが、韓国では切り麺であるカルクッスもさかんに食べられる。

ある冬の朝、わたしはソウルの東大門《トンデモン》市場をうろついていた。水たまりは凍結し、粉雪がちらつく寒い日だった。一時間ほど街頭の食料品店をのぞきこんでは写真を撮っていると、からだが冷えきってしまった。なにか、あついものが食べたい。そんなときに、露店がたてこんだ一画から湯気がたちのぼっているのを見つけた。わずか一坪程度のちいさな店舗のなかで、手打ち麺をつくっているカルクッスの店であった。さっそく注文をして、道ばたのベンチにこしかけて麺のつくりかたを観察した。あらかじめコムギ粉をこねた塊に、ふきんをかけて、ねかせてある。客の注文におうじて、練り粉を人数分とって、ちいさな麺棒《ミヨンボン》でのばし、折りたたみ、普通の料理包丁で切る。

5　現在の行政区画は、朝鮮民主主義人民共和国と大韓民国ではことなっている。ここの文章では、李氏朝鮮王朝時代の八道にしたがって地域を区分した。それが、ネンミョンの地理的分布を説明するのに、つごうがよいからである。

6　注2文献と、李盛雨教授の教示による。

日本の家庭の手打ちうどんのつくりとまったくおなじだ。麺をゆで、ドンブリにいれて、牛肉のスープをはり、ワカメとコチュジャンをのせる。ハクサイのキムチを別皿にそえて、麺と一緒にだした。

コムギ粉に塩を混ぜてこね、麺棒でのばしてから、包丁切りにしたものが、カルクッスだ。カルクッスを冷麺風にして食べることもないわけではないが、ほとんどは、あたたかいスープで食べる。肉のスープのほかに、煮干し（いりこ）のだしに醤油味をつけた日本人むきのスープで食べさせるカルクッスもおおい。煮干しのだしは、日本の植民地時代に導入されたもので、伝統的料理法ではないそうだ。

コムギ粉にタマゴをいれて練ることもあるし、慶尚道、忠清道では、ダイズの粉を混ぜたり、とり粉に使用することがある。京畿道ではソバ粉を主原料とするカルクッスがある。[7]

半島を八道に地域区分した李氏朝鮮王朝時代の行政区画にしたがって、カルクッスがつくられる地域をあげると、黄海道、京畿道、忠清道、慶尚道、全羅道と済州島である。さきにあげたネンミョンがつくられる地域とあわせて一七七ページに図示しておく。

この図でネンミョン卓越地帯とされるところでもカルクッスをつくる場所があり、そのぎゃくの事例もある。また、かつては地域的な完結性をしめしていた郷土食が、おおはばに交流しあうようになった現在では、カルクッス卓越地帯でも外食でネンミョンを食べたり、乾麺やインスタントのネンミョンを家庭で料理するようになっている。そこで、この図はふたつの製麺法のおおまかな伝統的な地理的分布をしめすもので、細部や、現状にはこだわらないものである。

カルクッス卓越地帯は、平野部がおおく、温暖な気候の場所である。もちろんコムギが栽培されている場所がそのような条件の地域にあたるからだ。またそこは、おおまかにいえば、水田稲作のなされる地域にほぼ一致するといえる。韓国南部のカルクッス卓越地帯では、水田の裏作としてコムギが栽培される。

山がちで冷涼な気候で、畑作で雑穀栽培をおこなってきた地方がネンミョン卓越地域となり、水田稲作が可能な地方がカルクッス卓越地域になっている、という結果は李教授とのディスカッションで生まれたアイデアだ。

漢陽大学教授の李盛雨《リスンウ》博士は東アジアの食文化史研究の第一人者で、この分野の日本、中国、朝鮮半島の現役の研究者のなかで、わたしがもっとも尊敬する先輩である。わたしが朝鮮半島の麺について教えてもらうためにソウルにでかけたところ、各地方での製麺法を表にしてまとめ、麺に関する歴史的文献を整理して、いっしょに検討する材料として用意してくださっていた。

朝鮮半島の麺の歴史をめぐって、これから記すことは、李さんとの対話の産物である。くわしいことは、いずれ李さんが論文にまとめて発表されるはずなので、ここでは、麺食史のおおすじだけを紹介するにとどめる。[8]

7　李盛雨教授の教示による。ダイズの粉をとり粉に使うカルクッスのつくりかたは注2文献に記述されている。

高麗《こうらい》王朝時代の一一二三年にやってきた北宋の使節団の見聞録である『高麗図経』に、船で到着した使節団にもたらされた食事を、「食味十余品、麵食を先きと為す」と記されているのが、朝鮮半島での麵ということばの初出であろう。ただし、ここでいう麵食の実態はわからない。中国人の記録なので、うどんのたぐいのことである保証はない。この麵食とは、中国流に「コムギ粉食品」と解釈しておいたほうが無事だろう。

高麗王朝（九一八―一三九二）の時代には朝鮮半島でのコムギ生産はすくなかったようである。『高麗図経』にも、「国中少麦、皆国人販自京東道来。故麵価頗貴」とある。高麗国ではコムギの産額がすくなく、中国の山東半島（京東道）から買ってくるので、コムギ粉は貴重品で高価である、というのである。このような状態では、高麗時代にカルクッスが発達したとはかんがえづらいであろう。麵についての記事が文献にあらわれるのは、李氏朝鮮王朝時代（一三九二―一九一〇）になってからのことだ。

文献的にはやく出現するのは、リョクトウを原料とする麵であり、それが発展してネンミョンになる、というのが李さんのかんがえだ。一六世紀前半に成立した『需雲雑方』という本の湿麵法の項に、リョクトウの澱粉を水溶きして加熱したものを、底に孔を三個あけたヒョウタンの殻にいれ、熱湯のなかにたらして

8　李教授との対話の記録が左記の文献に収録されている。石毛直道・李盛雨　一九八八九「南北の類型あざやかな、キムチの国のめん分布」『フーディアム』一九八九―秋号

包丁でカルクッスを切る。東大門市場

麺状にし、水洗いする食品が記されている。『斉民要術』のハルサメのつくりかたと原理的にはおなじものだ。

一六七〇年頃、女性によって書かれたハングルによる最古の料理書である『飲食知味方』には、リョクトウの澱粉をくず湯状にして、底に孔をあけたヒョウタンから熱湯にたらして、麻糸のようにした食品を匙麺《シミョン》とよんでいる。[9] リョクトウの澱粉だけでは粘り気がつよすぎるので、このハルサメ系の食品にソバ粉やコムギ粉を混ぜることによって、ネンミョンができたのではないか、というのが、李さんの意見だ。

『飲食知味方』には、溶きタマゴでコムギ粉を練り、これをのばしてから、切って、スープにいれる卵麺《ランミョン》がでてくるので、この頃には、切り麺であるカルクッスもあったとかんがえてよいだろう。

一七六六年の『増補山林経済』に木麦麺の記事がある。木麦とはソバのことだ。ソバ一斗にリョクトウ二升を粉に挽いたものを原料として、どうやら板で圧して麺をつくったと解釈できそうなことが書いてある。それが具体的にはどんな麺つくりの方法なのか、わたしには見当がつかない。

木麦麺の記事のつづきに、おなじ原料を水でこねて、「刀で切って麺につくるも、またよし」とあるので、ソバ粉を主原料とした切り麺がつくられていたことがわかる。この本には、また水溶きのリョクトウ澱粉をヒョウタンにいれて、熱湯にたらしこんでつくる麺がでており、それを糸麺《サミョン》と記している。

一八世紀頃になると、朝鮮半島のコムギの生産が増大して、コムギ粉のカルクッスが普及しはじめたものであろう。ネンミョンの押しだし機の歴史については、李さんもわからないという。たぶん、押しだし機は一八―一九世紀頃になって普及したものであろう。としてみると、麺好きの民族性が形成されたのは、あんがいあたらしいことのようだ。

9　おなじ文献に、匙麺の別のつくりかたとして、リョクトウ粉二升にコムギ粉七合を混ぜて粥をつくり、それに、さらにリョクトウ粉を混ぜて練り、麺棒でのばしてつくる方法が記されている。ただし、それを麺状に切ったか、どうかについては、書かれていない。
『飲食知味方』の訳文は左記の本に収録されている。
鄭大聲（編訳）　一九八二『朝鮮の料理書』　平凡社（東洋文庫）

五　モンゴルの麵

ゴリルとゴエモン

わたしはモンゴルにいったことがない。

モンゴルの麵について、くわしく記述した文献もなさそうだ。となると、現地をよく知る人に話を聞くほかない。さいわい、わたしの所属する国立民族学博物館には、世界各地の文化の専門家があつまっている。自分の専攻する地域に長期間滞在して、フィールドワークをおこなった経験をもつ人びとである。身ぢかに生き字引きがそろっているのだ。

ということで、同僚の小《こ》長谷《ながや》有《ゆ》紀《き》さんに、モンゴル人の麵食についての講義をうけることにした。[1]

現在、モンゴルは、モンゴル国（外モンゴル）と中華人民共和国内蒙古自治区（内モンゴル）のふたつにわかれている。小長谷さんは、外モンゴルの国立ウランバートル大学に留学したことがある本格的なモンゴル研究者である。彼女は外モンゴルと内モンゴルの両方で調査をしたことがあり、世界のモンゴル研究者のなかでも貴重な存在である。

小長谷さんによると、モンゴル語で麵をゴリル guril という。コムギ粉のこともゴリルという名称でよぶ。中国での麵ということばで、コムギ粉と麵条の両方をしめすのとおなじことだ。

内モンゴルでは麵をメントール mentor ということがおおい。これは中国語の麵頭児《ミエントウル》がなまったことばだろう。中国語の麵条をそのままに、メンティアオ mentiao とよぶこともおこなわれる。

ゴリルタイ・ホール guriltai hool ということばは、直訳すると「コムギ粉つきの食事」という意味で、コムギ粉を使用した料理の総称である。ボーズとよばれる蒸し餃子、バンシとよばれる水餃子、ホーショールとよばれる焼き餃子、ワンタンというわんたん、それに麺類がゴリルタイ・ホールのカテゴリーにいれられる食品である。

ハルハ地方では、乾麺をゴエモン goemon という。第二次世界大戦前の内モンゴルの風俗を書いた本には、ゴワメンという名称で記されている。[2] 中国で切り麺を乾燥させたものを掛麺《ゴウミエン》ということに由来することばだろう。自家製の手打ちの切り麺よりも、ほそい機械製麺でつくる乾麺をゴエモンというようだ。現在の外モンゴルでは、コムギの自給率が一〇〇パーセントを越えているので、機械製麺のゴエモンがけっこうでまわっているそうだ。

自家製の麺つくりには、原始的な手延べと、切り麺のふたつの方法がある。手延べのさいは、こね粉を棒状にして、まな板のうえで両方の手のひらをローラーのようにこすりながらのばす。中国の丸太を輪切りにしたまな板とはちがって、モンゴルでは長方形の板のまな板をつかう。切り麺にする場合は、まな板のうえで麺棒をころがし、中国式の四角形をしたお

1　小長谷さんとの対談が、左記の文献にのせられている。利光という著者名は小長谷さんの旧姓である。
石毛直道・利光有紀　一九八九「めん伝播ルートの重要地帯、モンゴル」『フーディアム』一九八九—春号

2　左記の本の「蒙古の食物に就いて」の章による。
徳広桂浜　一九三六『蒙古の実態を探る』蒙古会館事業部

ハダカエンバクの粉を湯で練った生地を、手のひらでころがして麺をつくる（撮影・小長谷有紀）

おおきな包丁で切る。製麺法によって、麺の種類を区別することはせず、すべての麺をゴリルという。

コムギ粉のほかにハダカエンバク（莜麦《ユウマイ》）の麺がつくられる。ハダカエンバクは、はやくから農耕に従事するようになった地域のモンゴル族が栽培する作物である。さきの手延べ麺のつくりかたは、コムギ粉よりも、ハダカエンバクで麺つくりをするときによくもちいられる方法である。内モンゴルのハダカエンバクの麺を中国語で書いた文献には、この麺を魚魚《ユイユイ》という名称で記している。[3]

おなじ文献によると、ハダカエンバクで押しだし麺をつくることがのべられており、それを餄餎《ホオロウ》の名称で記している。小長谷さんは内モンゴルのフフホトのちかくの、漢族の文化的影響がつよい地域のモンゴル族が、鉄製の機械で押しだし麺をつくっているのをみたことがあるという。さきにのべたように餄餎は内モンゴルに接した山西省、陝西《せんせい》省、寧夏回族自治区でつくられる。伝統的に山西商人がモンゴル族地帯に商品を売りつけにはいることがなされたりしていたので、餄餎で押しだし麵をつくる技術は、南方の漢族からもたらされたものとかんがえてよい。

肉うどんにするのが麵の一般的な食べかただ。この料理をショルテイ・ホール soltei xool という。直訳すると、「スープの食事」という意味である。ヒツジの肉のスープで、麵、肉片、マンギルという野生ネギ、フムールというニラを煮こんだものである。味つけの調味料は塩だけである。麵ではなく、コメ、キビなどの穀物をスープにいれた場合でも、おなじ名称でよばれる。

朝食と昼食は茶とチーズくらいですます簡単な食事なので、麵は夕食のときに食べられる。戦前の記録には「箸は夕方肉ウドンを食べるときに用ひられるだけで、他の場合には余り使用しない」とあるが、いまでもおなじようである。[4]

麵食の普及はいつか

遊牧民であるモンゴル族が、いつごろから麵を食べはじめたのだろう。

3　左記の本の「莜麵四季喫法」の節による。内蒙古人民出版社（編）一九八五『内蒙古特産風味指南』内蒙古新華書店

4　注2文献におなじ。

元朝成立以前のモンゴル高原で、遊牧生活をおくっていた頃のモンゴル族が、麺食をしていたとはかんがえづらい。中国を征服し、世界帝国をきずいた元の時代（一二七九―一三六八）になって、麺を食べるモンゴル族がでてきたのだろう。

元代の宮廷の食生活について知ることができる唯一の文献が、『飲膳正要』という本だ。これは、一三三〇年に飲膳大医という役職にあった忽思彗《フスフイ》が咸豊皇帝にたてまつった食養生の本だ。ここにはモンゴル風や、中央アジア風、西アジア風の料理がたくさんあげられており、世界帝国の宮廷料理の国際性がうかがわれる。皇帝の不老長寿、精力補強のための中国医学による薬効についてのべるのが、この本の目的なので、料理法についての記述が簡単で、中国食物史の大家であった故篠田統先生も、ここにのべられている料理と、現在のモンゴルや中央アジア、西アジアの料理との対応関係をつけるのは、お手あげだとしている。

この本にでてくる麺条料理の種類をあげてみよう。

鶏頭粉撧麺《けいとうふんぜつめん》——鶏頭粉二斤、豆粉一斤、白麺一斤で麺をつくり、ヒツジ肉と炒めて、ネギ、酢を薬味として食べる。オニバスの実を鶏頭というので、その粉をもちいたものか。豆粉はリョクトウ澱粉のことだろう。白麺はコムギ粉だ。どんな形状の麺かはわからない。唐代の『膳夫経手録』に不托の類として、撧粥という食品があげられている。

春盤麺——コムギ粉の切り麺と、ヒツジの肉、肝臓、肺とタマゴの具をいれた汁麺。

皂羮麺《そうかんめん》——コムギ粉の切り麺で、具にヒツジの胃を切ったものを使用した汁麺。

山薬麺——ヤマノイモを煮て、ペースト状にしたものに、コムギ粉と豆粉を混ぜてつくった『居家必用事類全集』の山芋餺飥とおなじような食品。

掛麺《かめん》――乾麺、ヒツジ肉、タマゴ、キノコでつくった汁麺。

經帯麺《てつたいめん》――ひもかわうどんのように幅ひろい切り麺に、ヒツジ肉とキノコでつくる汁麺。幅ひろい切り麺を経帯麺ということは、『居家必用事類全集』にでてくる。のちの時代の中国では、これを裙帯麺《くんたいめん》とよんだ。

細水滑――水引餅とおなじようにしてつくる麺を『居家必用事類全集』では水滑麺という。水滑麺のほそいものを、ヒツジ肉、タマゴ、キノコの汁麺にする。

馬乞《マアチイ》――中国食品ではないだろう。現在の中央アジア、西アジア、モンゴルの麺類で、これにあたる名称を知らない。コムギ粉でつくり、ヒツジ肉をくわえる。肉のスープで食べても、炒めてもよく、ネギ、酢、塩で味つけをするとある。コムギ粉ではなく、モチゴメ粉、鶏頭粉でつくってもよいとされる。馬乞は手搓麺であると説明されているので、篠田先生は「手のべ素麺」と訳している。搓という文字には、「もむ」、「よる、なう」という意味があるからだ。

こうしてみると、『飲膳正要』にあらわれる麺は、正体のわからない馬乞をのぞく、すべては中国起源のものである。麺料理にヒツジ肉をよく使用することに、モンゴル族の嗜好があらわれているだけだ。この本に書かれているのは宮廷料理であり、このような麺料理が元

5　くわしくは、左記の文献の第四章の「『飲膳正要』について」を参照されたい。
篠田統　一九七八『中国食物史の研究』八坂書房

の時代に、モンゴル高原で遊牧にしたがう民衆に普及したとはかんがえられない。

元王朝が瓦解したのちも、モンゴル族は遊牧生活をつづけてきた。南方の漢族の農耕民との接触がふかく、農産物を食べる機会のおおい地方のモンゴル族や、上流階級の人びとにあっては、明代に麵食をすることが浸透した可能性はある。

モンゴル族がふたたび中国文明と密接な関係をもつのは清朝の時代である。このときに麵がモンゴル族の食生活にいっそう浸透したのであろう。しかし、遊牧生活に従事する人びとにとっては、農産物は購入して食べるものなので、伝統的な肉と乳製品に依存する食事が主流であった。この頃のモンゴル人の社会は階層化がすすみ、貧富の差がおおきかったので、遊牧地帯のモンゴル族で農産品からつくる麵を、日常的に食べることができた人はかぎられていたであろう。

二〇世紀になって、モンゴルでの農業生産が増大してから、すべての人びとが麵をしょっちゅう食べるようになったのではなかろうか。モンゴル族の麵食の普及には、元・明代、清代、現代の三段階があるというのが、小長谷さんの意見である。モンゴル語での麵や麵料理に関する語彙が貧弱であることも、麵食の普及が、あんがい、あたらしいことを物語るものかもしれない。

次章に登場する加《か》藤《とう》九《きゅう》祚《ぞう》教授は、友人のロシアの民族学者ミハエル・クリュコフ博士の談として、「麵は中国北部の遊牧世界と農耕世界の接点で成立した食べ物だ」という説を紹介している。農耕民は主食と副食から構成される食事をとるが、遊牧民の食生活には主食と副食の概念がなく、ぜんぶを一緒に食べてしまう。おかずと主食が一緒になった麺料理は、農耕民の生産する材料を遊牧民風に加工した食品であるというのだ。[6]

しかし、中国北部の遊牧世界に位置するモンゴル族の場合、『飲膳正要』の麺が馬乞以外は、中国起源であることがあきらかなものであり、現代に観察される麺食文化が単純なものであることを考慮にいれると、モンゴル族が麺食文化を創造したというわけにはいかない。やはり、中国文明の麺をうけとった民族として位置づけられるのである。

6　石毛直道・加藤九祚　一九八九「めんのスクランブル地帯、中央アジア」『フーディアム』一九八九―冬号

六　シルクロードの麺

東からか、西からか

『麺ロードを行く』という本がある。中国の一三の都市をまわって、それぞれの土地での名物の麺料理のつくりかたを観察した記録である。中国の麺食の実態をまとめたものとしては、世界ではじめての本であろう。日清食品会長の安藤百福さんが編者で、奥村彪生さんが解説を書いている。この本に中国領中央アジアである新疆《しんきょう》ウイグル自治区の烏魯木斉《ウルムチ》のウイグル族の麺つくりの報告がある。[1]

コムギ粉をこねて、手でふとめのひも状にして、しばらくねかせる。ついで、ひもを四―五本たばねて、両端を手でひっぱる。のばした両端をあわせて、またひっぱる。こうして、四本が八本、一六本になる（七〇ページの写真）。基本的には手延べラーメンの製法だ。日本でいえば、ほそめのうどんくらいにしたものを、肉のスープで食べたり、焼きそばである炒麺《チャオミエン》にする。

この麺をウイグル語で、ラグマン lagman という。この地方に住む漢族は、拉条子《ラアティアズ》、あるいは拉条麺《ラアティアミエン》とよぶ。

烏魯木斉の料理人に聞いた結果では、ラグマンはウイグル族の西側の民族から、伝えられたものだという説と、漢族からウイグル族に伝えられたものだという説のふたつがあるそうだ。

もし、西側から麺がウイグル族に伝えられたとするのが事実なら、それは麺の起源をかんがえるうえで重要な問題をなげかけることになる。アジアの麺には、中国起源のもののほか

に、シルクロードから伝えられた系譜の麺が存在するということになるのだ。そうだとすると、とうぜん中国とならんで麺類の発達した、イタリアとの関係を考慮しなければならない。

ウイグル族の西側といえば、旧ソ連領の中央アジアである。そこでの麺事情をあきらかにする文献が刊行されているとは、かんがえがたい。中央アジアの研究者に聞いても、麺について書いた論文などないだろうとのことだ。そうなると、現地にでかけて調べることだ。麺のフィールドワークをして資料をあつめ、かんがえてみることだ。

食べ物の研究にとって、たいせつなのは現場で食べてみることだというのが、わたしの信条である。いくら本を読んでも、実際に食べてみないことには実感がわかない。現場にでかけて、食べ物つくりを見て、味わってみる経験をすることによって、はじめて食べ物を理解することができるのだ。

食べ物の文化は、世界的にもあたらしい研究分野であり、過去における研究の蓄積がすくない。文献といっても、料理

1　安藤百福（編）一九八八『麺ロードを行く』講談社

のつくりかたを書いたクッキングブックの断片的な記事などを相手にしなければならない場合がおおい。とりとめのない、断片的な材料から推論をして、かんがえをまとめあげていくさいに、ものをいうのは、過去に類似の食べ物にであった体験である。味をしらずに食べ物を論じたところで、自信をもって語ることができない。わたしが中国や朝鮮半島の麵について歴史的な料理書の断片的な記事を資料に、なにがしかの論をたてることができたのは、麵の研究にとりかかるまえから、何度も中国、韓国を訪れ、そのときに各種の麵を食べたことがあるからだ。

ということで、中央アジアの麵を調べにでかけることになった。この麵の調査団の団長は日清食品社長の安藤宏基《あんどうこうき》氏である。超多忙の日程をやりくりして、社長みずから麵のあるところなら、地のはてまででかけようというのである。インスタント麵を創造したこの会社は、麵をつくるだけではなく、麵の文化の研究にもちからをいれている。

創価大学教授の加藤九祚《かとうきゅうぞう》博士が調査団の顧問として同行してくれることになった。加藤さんは、わが国における中央アジアとシベリアの民族学研究の第一人者である。定年退官するまでは、国立民族学博物館の教授であり、敬愛する年上の同僚として親しくさせていただき、飲み仲間としては「キューさん」という愛称でよばせていただいていた。

このユーラシア学の大家を遇するには、おそれおおいことながら、この調査にはキューさんは、ロシア語の通訳兼ガイド役までつとめてくれた。ソ連の国営旅行社であるインツーリストのつけてくれるガイドよりも、「わしのほうがましだよ」とのことだ。タシケント、フエルガナ、ブハラ、サマルカンドなど、シルクロードの歴史を代表する都市をめぐりながら、この地域について日本でいちばんくわしい研究者がガイド役としての説明をしてくれるのだ。知的にはたいへんぜいたくな旅行が実現したのである。

ほかに、この本の写真のおおくを提供してくれたカメラマンの北尾順三さんなど、一行七名がウズベク共和国の首都であるタシケントで合流した。[2]

はじめてのラグマン

モンゴルの支配下にあった一三世紀頃から、このオアシスがタシケントとよばれるようになった。トルコ語で「石の町」という意味である。一九世紀後半に帝政ロシアの中央アジア経営の中心地となり、ウズベク共和国成立後は、工業がさかんとなり、いまでは人口二〇〇万の旧ソ連邦で第四の大都市へと成長した。近代的なビルがならぶ「コンクリートの町」で

2　以下にのべる中央アジアでの麺の調査に関係して、いままでに発表された記事をあげておく。
フーディアム編集部　一九九〇　「東西めん伝播のキーポイント、中央アジア」『フーディアム』一九九〇―秋号
読売新聞大阪本社・日清食品広報室（企画・制作）　一九九〇　「地球麵家族　④ロードを西へ」『讀賣新聞』一九九〇年九月二八日夕刊
読売新聞大阪本社・日清食品広報室（企画・制作）　一九九〇　「地球麵家族　⑤中・ソ国境を探る」『讀賣新聞』一九九〇年一〇月三一日夕刊
読売新聞大阪本社・日清食品広報室（企画・制作）　一九九〇　「地球麵家族　⑥めんの西限を求めて」『讀賣新聞』一九九〇年一一月二八日夕刊

ある。

空港にはハムザ記念芸術研究所のトレゴノフ氏が日本製の四輪駆動のミニバスでむかえにきてくれた。トレゴノフ氏の研究所と創価大学の共同でウズベク共和国の仏教遺跡の発掘が進行している。加藤さんは発掘隊の日本側の隊長だ。ミニバスは発掘隊の調査のために日本からもちこんだものであった。

トレゴノフ氏の案内で、市内のガガーリン公園の一角にある「カフェ・ヴィナフシャ」にいく。ヴィナフシャとは草原に咲く花の名のことだという。麺とヒツジの串焼きであるシャシリクが名物の食堂である。トレゴノフ氏の説明では、麺そのものも、麺料理も、ともにラグマンという名でよぶそうだ。

直径一五センチほどの小形のドンブリにいれてラグマンをもってくる。日本のうどんに似たもののうえに、ヒツジ肉の角切りや、野菜の具がたっぷりのせてある。スープは灰褐色をしていて、その表面はトマトソースの色が溶けてギトギトした赤い油の層でおおわれている。卓上に塩と粉トウガラシの壺が置かれ、好みの味に調節して食べる。

スープ用のスプーンで食べる。トレゴノフ氏の食べかたをみると、スプーンの腹でおしつけて、麺をみじかく切ってから、麺、具、スープをいっしょに、すくいとって口にはこぶ。これはむずかしい。つるつるしたうどんをスプーンですくいあげるのは至難のわざだ。麺を食卓のうえにおとすし、スプーンの端からたれさがった麺からスープがしたたりおちる。汁のおおい麺を食べるには、なんといっても箸がいちばんだ。

麵そのものはおいしい。手打ちうどん特有のつるつるしたのどごしと、嚙んだときのこしがかんじられる。スープは脂っこく、かすかにカレーをおもいださせる香辛料のかおりがする。「カレーぬきのカレーうどんというか、うす味で焦点のさだまらない味だなあ」というのが加藤さんの感想であった。

厨房にはいりこんで、ラグマンつくりをみながら、料理人の話を聞く。

「一日三〇〇人前のラグマンをつくる。麵つくりには、コムギ粉五〇キロに、塩一キロ、タマゴ五〇個、綿実油二―三キロの材料を用意する。油をつかうと麵がよくのびるんだ」

コムギ粉、塩、タマゴを混ぜて、しっかりこねる。練り粉をしばらくねかせたあと、手にたっぷり油をつけて、直径四センチほどの棒状にする。ふといソーセージのような棒を手でひきのばして、直径二センチ、ながさ六メートルのひもをつくり、ヘビがとぐろを巻いたような形にまとめておく。これに油を塗りつけ、セロファンをかけて一〇―一五分ねかせてから、最終の手延べにとりかかる。

渦巻き状のひもをのばしながら、四つのおおきな麵の玉をつくる。それぞれの玉の端をとり、右手でひっぱって、のばしながら、左手の甲にまきつけて、ながさ四〇センチ程度の輪をつくる。つまり、四本のひもの輪をつくるのだ。最後に、輪のなかに右手をいれ、両手を開いて輪をのばし、テーブルにバンとたたきつけておしまい。そうすると、直径五―六ミリのほそさになる。これを塩を入れた湯でゆで、水洗いをする。

「たいせつなのは粉を練るときの水加減だ。夏と冬、季節によって水加減をかえて、麵のこい、しを均一にたもつんだ」とコックさんは、麵打ちのコツを教えてくれた。

水加減とは、つまり塩分の調節のことだ。讃岐うどんでも、「土三寒六常五杯」というい いかたがある。夏の土用のころは塩分を三倍にうすめ、寒い季節には六倍、普段は五倍にう すめろということだ。麵にこだわる職人は、東西おなじようなコツをいうのだなあと感心し た。

スープはウシとヒツジの肉のついた骨を、月桂樹の葉、トウガラシ、ネギ、タマネギ、ニ ンニク、少量のコメといっしょに大鍋で煮たててつくる。具材は、ヒツジ肉、ジャガイモ、 ダイコン、ピーマンを、ウシとヒツジの脂肪を煙がでるまでに熱した鍋で炒め、スープをす こしそそいで、煮こんだものだ。コリアンダーの実をつぶしたものと、塩で味をととのえ る。カレーを連想させたのはコリアンダーの実であった。カレー粉にはコリアンダーの実の 粉末が混ぜられている。

ラグマン一杯の値段は六〇カペイカ。一九九〇年五月当時の邦貨に換算すると一六〇円程 度であった。セルフサービスのこの食堂は一二〇席。料理人の話を聞くために、いそがしい 昼食の時間をはずしていったのだが、半分以上の席がうまっており、たいていの客はラグマ ンを食べていた。

トレゴノフ氏の話では、昼飯を外食するときにはラグマンを食べる人がおおく、毎日のよ うにチャイハナや食堂でラグマンを食べる人もすくなくないとのことだ。チャイハナという のは、軽食も食べさせる喫茶店のことだ。

切り麺であるケシュマ・ラグマンを製麺機でつくる。タシケント＊

スパゲッティのようにトマト味のコルマ・ラグマン。ブハラ

食堂での麵つくりをみたあと、トレゴノフ氏の家族が親しくしている家の奥さんの誕生日のパーティに招待された。ウズベク流の宴会である。ごちそうをならべた食卓は座卓形式である。じゅうたんのうえに座って食べる。ゆでたヒツジ肉、ヒツジの腸詰め、香りのよい生野菜などのザクースカ（オードブル）、ニワトリ料理、食後に食べる手づくりのケーキにいたるまで、すべての料理をいっぺんに食卓にならべてしまう。ただし、パロヴとよぶピラフと、ラグマンは、できたてを食べることになっていて、客がきてからつくりはじめる。パロヴとラグマンが宴会料理の主役で、パロヴは男がつくり、ラグマンは女がつくる。

ラグマンつくりをしている台所をのぞいてみた。トレゴノフ氏の奥さんと娘さんが作業をしていた。「ラグマンつくりは、母から娘に教えるものです。少女時代からはじめると、結婚するときには、じょうずにつくれるようになりますよ」

と奥さんはいう。

コムギ粉、タマゴ、塩を混ぜた練り粉をちぎって、テーブルのうえで両手のひらをローラーのようにして、ながさ二〇センチ、直径二センチ程度のひもに加工して、油をコーティングしておく。このひもを両手の親指と人さし指ではさみ、なでるようにしながら、ひっぱって、いったん直径六ミリほどにのばす。もういちど、ひっぱって、直径が四ミリ程度になったら、両手のあいだに、あやとりをするように8の字形にかけて、テーブルに打ちつける。このゆでてからドンブリにいれ、ヒツジ肉、トマト、キャベツを煮こんだスープをかける。このときは、スプーンではなく、フォークで食べさせてくれた。スプーン、フォークのいずれを使用すべきかについての、きまりはないようである。

ラグマンの種類

それから二週間ちかく、毎日ラグマンを二―三回食べる旅がつづいた。中央アジアのいたるところに友人がいる加藤さんに連れられて、家庭でのラグマンつくりや、レストランや食堂の職人がつくるラグマンをみてあるいた。

料理法としては、肉や野菜の具をたっぷりいれ、麺と具の量にくらべて、スープの量が比較的すくない汁麺にするのが普通だ。ウシとヒツジの肉がもちいられるが、ヒツジのほうがおおい。汁麺には生のトマトをきざんだものや、トマトペーストをいれるのが普通である。ネギ、ニンニク、トウガラシ、コリアンダー、ディルの若葉など、スパイスやハーブをふんだんにつかって、香りをつけるのもラグマン料理の特徴だ。ヨーグルトをいれる食べかたもある。料理の専門家の話では、具材の種類のちがいなどで区別すると、六五種類のラグマンのスープがあるそうだ。

ふつうのラグマンとちがう料理法に、コルマ・ラグマン kolma lagman がある。麺を油で炒めた料理である。かつてはヒツジの脂肪がもちいられたが、いまでは綿実油を使用するのが普通だという。

ブハラのチャイハナでコルマ・ラグマンを食べた。直径一メートルの大鍋に、トマトペーストで炒めた麺のつくりおきを保温してある。客の注文におうじて、麺を皿に盛り、目玉焼

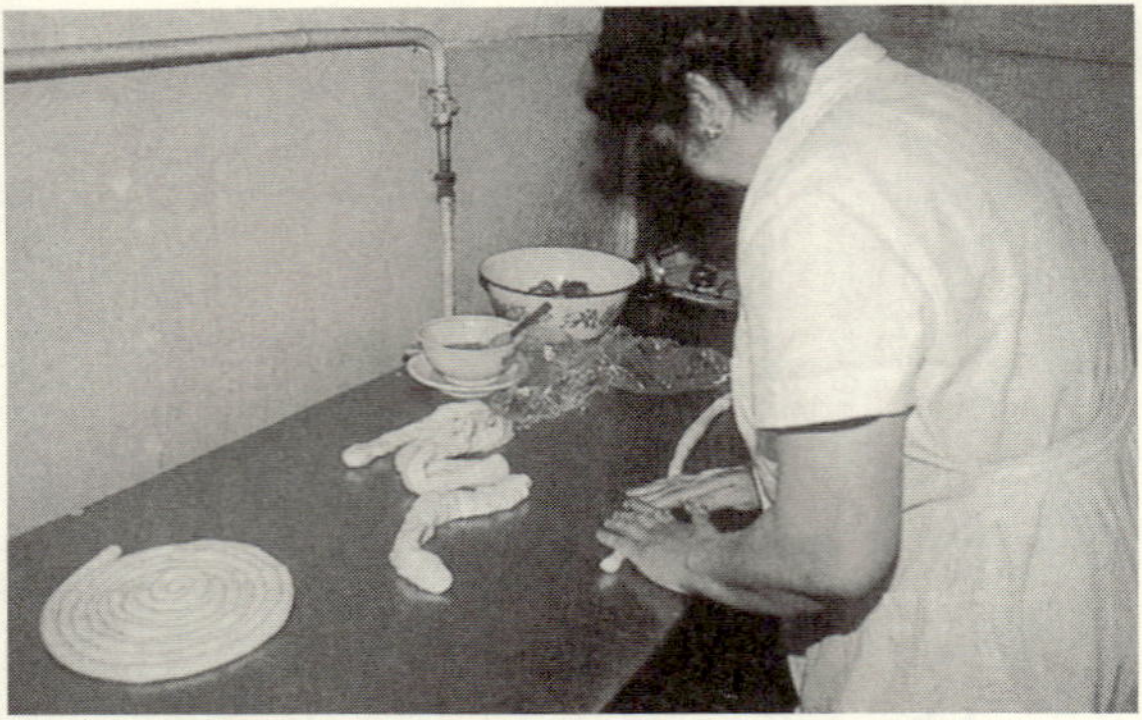

①棒状にのばした生地を渦巻き形にまとめて、しばらくねかせる＊

②油をコーティングしてひっぱる＊

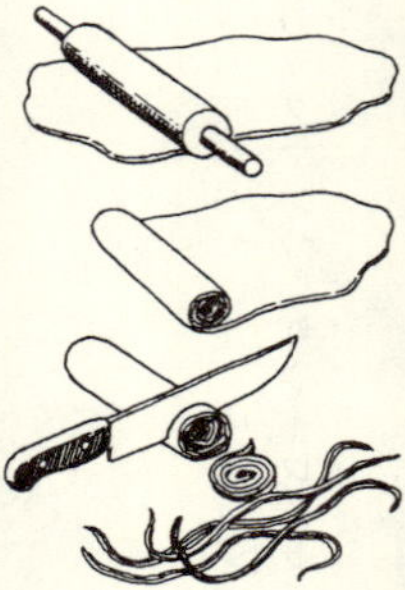

ケシュマ・ラグマンの切りかた(注３文献から引用)

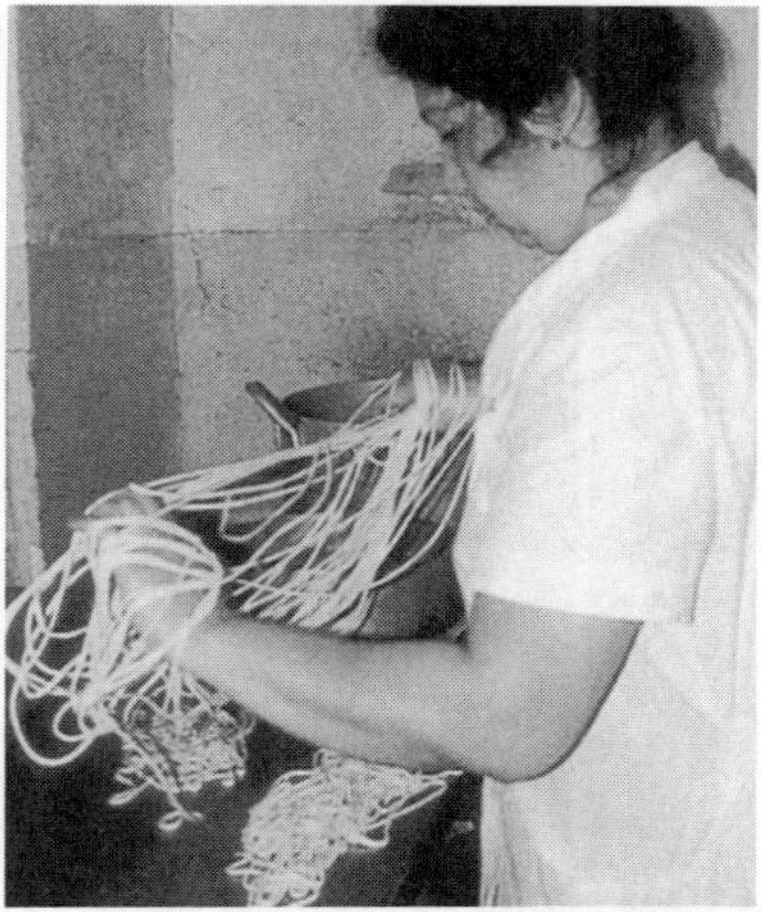

③両手のあいだに巻きつけてのばす＊

④ゆでる＊

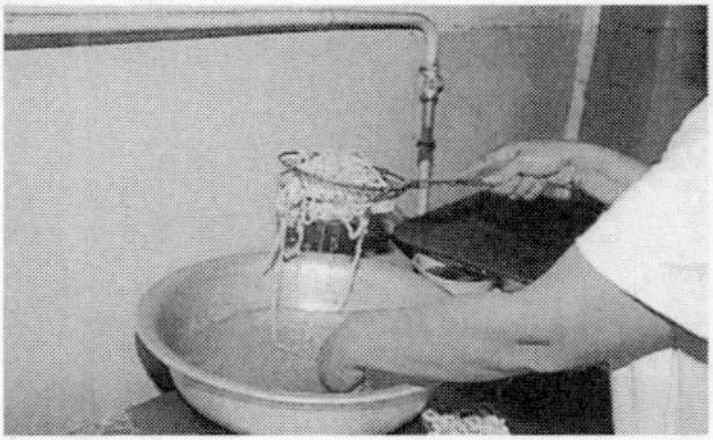

⑤汁のすくないスープ麺に料理する。ブハラ＊

きをつくって、そのうえにのせる。食べてみると、塩味のきいた牛肉をきざんだものが混ざっている。トマトで麺が色づき、中央アジア風のスパゲッティ・ナポリタンといったところだ。イタリアとちがうのは、フォークではなく、スプーンで食べさせることだ。スプーンで食べやすいように、麺を五センチほどに切って、炒めてある。それでも麺をスプーンで口にするのは難儀なことだ。

こんどは製麺法の種類をあげてみよう。

いちばん普通のラグマンは、最初の日にみた、油をぬったひもを手でのばすやりかただ。コムギ粉、塩と水でこねるが、タマゴをいれることもおおい。このときワインビネガーを少量くわえてこねる家庭もある。酢をいれると、麺の弾力がつよくなるそうだ。こうしてつくった麺を、普通はラグマンというが、ほかの製麺法と区別する必要があるときには、チョズマ・ラグマン chozma lagman という。

中国の手延べラーメンとおなじく、練り粉のひもに、コムギ粉をとり粉としてまぶしながら、二本が四本、ついで一六本、三二本……というふうに、ひもをふたつ折りにしながら両手でひっぱって、ほそい麺にしたものを、タシュラマ・ラグマン tashlama lagman という。この技術は、しろうとではむずかしく、レストランの職人でつくる者がいる程度のことで、普通にはつくられないようだ。

切り麺を、ケシュマ・ラグマン keshma lagman という。練り粉を麺棒でひろげて、包丁で切る。日本や中国では、ひろげた生地をびょうぶのように折りたたんで切るのが普通だが、ロール状に巻いて切る（二〇二ページ）。ケシュマ・ラグマンを家庭でつくることはあまりないようだ。レストランや食堂では、手回しや、電動の製麺機でつくる。

オシュで、切り麺について聞いたことを紹介しておこう。

二種類の切り麺

キルギス共和国のオシュ市は天山山脈のふもとにある。雪をいただく山脈のむこうは中国領のカシュガル地方だ。外国人には立入りが禁止されていた都市で、いままでオシュを訪問した日本人はいないだろう。〝中央アジアの主であるキューさん〟の顔はたいしたもので、知りあいのインツーリストのおえらがたと加藤さんが、なにやら話しているうちに、オシュにでかけることになってしまった。オシュの市長がトレゴノフ氏の親戚にあたることも、そこを訪問する特別許可を入手するのに役にたったようである。

キルギス共和国にありながら、一九九〇年におけるオシュ市の人口の四五パーセントがウズベク族で、キルギス族が二五パーセント、のこりがタジク族など中央アジアのさまざまな民族によって占められている。中央アジアの諸民族についての情報をあつめるにはつごうがよい場所だ。

オシュ市長みずからの歓迎をうけた。ペレストロイカのもとで、数人の立候補者がいた市長選で当選したばかりだという。身長一八〇センチ、体重一〇〇キロの堂々とした体格で、まっ黒な口ひげのよくにあう、三四歳の若手市長であった。

市内の名所を案内してもらったあと、レストラン「オシュ」でレセプションが開催された。このときレストランの厨房にいれてもらい、麺つくりを見学した。

手延べのラグマンのほかに、切り麺をつくっていた。麺棒で生地をうすくひろげる。二ミリ程度にうすくなったら、ロール状にまるめて、包丁でほそ切りにする。ほそめのラーメン状の麺で、ながさは一〇センチ程度だ。このみじかい麺をゆでずに、直接スープにいれて煮こむ。椀に盛って、うえにセロリの仲間のハーブをきざんだものをのせ、スプーンで食べさせる。スープたっぷりで、スープのなかに麺がおよいでいる状態で供するのだ。

ケシュマ・ラグマンの一種かと聞いたら、ちがうという。ウズベク語でウグラー ugra といい、タジク語でウゴロー ugoro、キルギス語ではケシマ kesima とよぶものだそうだ。ケシマとは「こまかく切ったもの」という意味だとのこと。要領を得なかった点があり、はっきり確認できたわけではないが、ウグラー、あるいはケシマとよばれるものと、ケシュマ・ラグマンは別のものと認識されているようだ。

ケシュマ・ラグマンは〇・五―一センチのふとさがある、日本のうどんに似た麺である。麺つくりのときに、練り粉をねかせてグルテンをひきだす工程がふくまれ、食べたときにシコシコした弾力を感じさせなくてはならない。ゆでてから料理をし、肉や野菜の具材をたっぷりいれ、スープの量はすくない。スープ主体ではなく、麺が主体の料理で、それだけでも腹のたしになる主食的性格がつよいものだ。

ウグラーは幅二―三ミリのほそく、みじかい切り麺である。練り粉をねかせることなく、これてからすぐ切ってよい。ゆでておく必要はなく、直接スープのなかにいれて煮る。そこで、弾力のとぼしいテクスチャーのものになる。汁気たっぷりのスープの具として使用される。料理の主体はスープであり、麺はそえものの役割りだ。このスープは、ほかの食べ物といっしょに食べられ、スープだけで腹をみたす主食的な性格はない。

つまり、料理のカテゴリーとしては、ラグマンは麺料理であるのにたいして、ウグラーはスープ料理に分類されるのだ。

のちに登場するマフムードフ師の話では、ブハラ王はイパック・ラグマン ipak lagman というものを食べたという。イパックとは絹のことである。タマゴを混ぜたコムギ粉の生地を〇・五ミリまでうすくひろげ、絹糸のように切ったものだという。これもウグラーの一種であろう。

ウズベク族もウグラーを食べるが、タジク族がいちばんよく食べる。キルギス族はあまり食べない。トルクメン族、カラカルバク族もウグラーのつくりかたを知っているが、彼らがつくるのは、ややふとめのものだという。

中央アジアの旅からかえって、手元にあるアフガニスタン料理の本を調べてみると、アゥシュ aush という名称の切り麺がのっていた。[3] 二〇二ページにあげた麺のつくりかたが図解されており、ケシュマ・ラグマンやウグラーとおなじ製麺法だ。一・五ミリ程度の非常にう

3　Helen Saberi, 1986, *Afughan Food and Cookery; Noshe Djan*, Prospect Books

すい生地をつくって、ロール状に巻いて、切った麵である。

麵をゆでている湯のなかに、タマネギ、トマトをきざんだものを炒めてつくったソースと、ヒツジあるいはウシのミンチ肉でつくった肉団子とヨーグルトをいれて煮こんだものに、つぶしたニンニクを薬味として加えて食べると書かれている。味つけは塩、コショウである。

また、肉とマメ類でつくったスープに麵をいれて、コリアンダーの実、コショウ、トウガラシ、ヨーグルト、塩で味つけする料理法ものせられている。どちらの料理法にも、麵を湯からうちあげずに、スープで煮こむべしとある。

アフガニスタンでは、風邪ひきのとき、人びとはニンニクとトウガラシをたっぷりいれたアゥシュを食べるそうだ。

アゥシュは腹をふくらませるための料理として食事のメインコースとして食べられることがおおいが、スープ料理として少量を食事のはじめに食べることもなされるようだ。となると、ケシュマ・ラグマンとウグラーのどちらにも共通する性格をもつものである。

アフガニスタンでは、麵も麵料理もアゥシュとよばれるようだ。この本の最初にのべたケンブリッジ大学の学会で麵についての発表をしたときに、イランからきた研究者が手をあげて、「テヘランではアゥシュというのはスープの名称であり、テヘランのアゥシュは麵にいれられない」というコメントをした。わたしはイランにいったことがないが、料理文献でみるかぎりにおいては、イランの伝統的麵料理にお目にかからない。

おなじペルシア系の民族でも、アフガニスタンで切り麺が食べられ、イランでは普通食べられないとすると、麺食の分布にタジク族が関係している可能性がある。ウイグル族、ウズベク族、キルギス族など中央アジアにはトルコ系の民族がおおいが、タジク族はペルシア系民族である。現在のタジク共和国の南の国境はアフガニスタンに接している。タジク族から、おなじ系統の民族の住むアフガニスタンに麺食が伝えられたのではなかろうか。しかし、おなじペルシア系の民族の国でも西方のイランは、中国からの距離が遠く、麺食が普及しなかったとかんがえるのである。

ただし、このかんがえかたにはひとつ難点がある。一〇世紀頃のペルシアには、どうやら麺が存在していたらしいのである。中世にはイランに麺があったのに、なぜ現在では麺食がなされないのか。この問題については、のちの章で、ユーラシア全体をみわたしての麺の伝播経路を考察するときに、ふたたびふれることにしよう。

ケシュマ・ラグマンとウグラーのちがいはあるにしろ、ともかく、旧ソ連領中央アジアのほぼ全域に切り麺があることを確かめられたのは、オシュでの収穫であった。

宴がおわると、市長はわたしたちをキルギス共和国とウズベク共和国の国境まで送ってくれた。国境で車をとめ、ウオッカをとりだして、これが客を送るならわしだといって、道のまんなかで飲みかわした。

帰国してから一〇日ほどすると、日本の新聞に連日のようにオシュの暴動の外電がのせられた。ウズベク族とキルギス族の民族紛争がおこり、多数の死傷者がでて、オシュは戒厳令下におかれたのである。あの人柄のよい市長はどうなったのだろう。

奇妙な麵、ナリン

タシケントで、ナリンnarynを食べた。これを麵といってよいか、どうか、首をひねらなければならない食べ物だ。

外観は麵そのものだ。幅のせまいひもかわうどんの形をしているが、ながさは五センチくらいしかない。

つくりかたを聞いてみた。コムギ粉に少量の水、タマゴ、塩を混ぜて練る。これを麵棒でのばす。うすくなった生地をそのまま、塩をいれた湯でゆであげる。うちあげて、さましてから、板状をした生地を幅五センチほどに切りそろえる。こうして短冊形にした、ゆでたコムギ粉の板を小口切りにして、麵の形状にしたてたものだ。加熱してから切るということでは、コメ粉製品の河粉《ホーフエン》とおなじようなものだ。

ナリンにはウマの肉がつきもののようだ。馬肉を塩とスパイスであるディルの実に漬けこみ、表面をウマの脂肪でおおって、冷蔵庫に一晩おき、味をしみこませる。そのあとで、四―五時間ゆでてから、さいの目に切る。

皿にナリンを盛り、タマネギのスライス（ネギでもよい）と、さいの目にした馬肉をのせ、粉トウガラシをかけて、手づかみで食べる。麵、馬肉ともに、冷えてから使用する。サラダ風の食べかただ。

ゆでてから、食べるまでに時間がかかるからだろう、麺そのものはこしがなく、ネトネトして糊のようだ。スープやソースで味つけをすることがないので、独特のにおいのする馬肉と、刺激性のある生まタマネギと、トウガラシの辛さが、それぞれ分離した味になっている。

安藤社長と加藤さんは、すこし食べただけでやめてしまった。わたしは、はじめて出会った食べ物は、あきるほどたくさん食べることによって、味を舌の記憶にとどめておくことにしている。無理をして大量に食べてはみたものの、ナリンのおいしさを発見することはできなかった。日本人の舌との相性がよくない料理であった。

ナリンはカザフ族からウズベク族に伝えられた料理だそうだ。カザフ族にとって、馬肉は貧民にはめったにありつけない最高のごちそうとされてきたという。[4]

カザフ族の代表的肉料理にベスバルマクがある。この料理は一九世紀末になってひろまったという。遊牧民のカザフ族やキルギス族はキビを栽培するくらいで、農業には熱心ではなかった。コムギ、オオムギ、コメはオアシス農耕民であるウズベク族やタジク族から買って食べるものであった。一九世紀後半に、カザフスタンでの農耕がすすんだことが、コムギ粉を使用するベスバルマクの普及に関係しているのかもしれない。

この料理はまず、ウシ、ヒツジの骨つき肉をゆでてから、うす切りにする。コムギ粉を麺

4　加藤九祚　一九八四「中央アジアの料理」『朝日百科　世界の食べもの』（合本）五（所収）朝日新聞社

棒でひろげた生地を、肉のゆで汁でゆでてからとりだし、わんたんの皮のように四角く切り、皿に盛る。このうえに、肉のうす切りと薬味のネギその他の野菜を切ってのせ、塩味をつけたゆで汁をわずかにかける。麺生地をゆでてから切ることでは、ナリンと共通する。ゆでてから切っていては、時間が経過して、こしがよわくなる。麺はゆでたてがおいしいというのが普通なのに、どうして、このような料理法をするのだろう。生地をのばしたときに切ったほうが、作業もしやすいと思うのだが。ナリンは、なんとも奇妙な麺である。

ラグマンは東から、ピラフは西から

ナリンやウグラーはいつも食べるものではないようだ。中央アジアで普通に食べられる麺はラグマンである。

トレゴノフ氏はラグマンを週に二—三回食べ、外食のほかに家でもよくつくるという。オシュの市長の弟さんは、副市長として兄を助けているが、かれはほとんど毎日のようにラグマンを食べるという。オシュ市民は週に一—二回ラグマンを食べるだろうと、かれは話していた。タシケントやフェルガナで聞いたところでは、週に二—三回はラグマンを食べるという人がけっこうおおかった。安藤社長によると、

「ひょっとしたら、日本人の麺食回数よりもおおいのかもしれないな。日本では、すべての麺をあわせて年間約一八〇億食を食べているので、平均したら三日に一回ということなのだが」

とのことだ。

ただし、中央アジアのなかでも、地域や民族の伝統的な生業形態によって、ラグマンを食べる頻度がちがっている。各地で聞いた結果でも、はやくから農耕に従事していたウズベク族やタジク族がラグマンをおおく食べ、カザフ族、キルギス族、トルクメン族のように牧畜的生業形態がつよかった民族は、農耕民ほどラグマンを食べないようである。また、中央アジアのなかでも、中国にちかい東側の地域がラグマンをよく食べて、カスピ海にちかい西側の地域ではあまり食べられないようだ。

コムギ粉の皮でつつんだ肉まんじゅうを、中央アジアの民族はマンティとよぶ。これは東のウイグル族からウズベク族に伝えられたものといわれる。マンティの語源は中国語のマントウ（饅頭）であろう。[6]ラグマンもおなじ経路で伝えられた食品なので、東高西低の現象をしめすのではなかろうか。ラグマンはウイグル族から伝えられた食べ物であるという伝承を、ウズベク共和国の各地で聞かされた。

いちど専門家の意見を聞いてみる必要がある。中央アジアの食べ物の歴史にいちばんくわしいのは、タシケントに住むカリム・マフムードフ師だという。中央アジアの民族料理をつくることが上手で、ウズベク料理やタジク料理のつくりかたを書いた著書が多数ある人物

5　注4におなじ。
6　石毛直道・加藤九祚　一九八九「めんのスクランブル地帯、中央アジア」『フーディアム』一九八九―冬号

だ。加藤さんの友人が、マフムードフ師の話を聞く機会をつくってくれた。七二歳の老人であった。かつては大学で哲学を講じたこともあるそうだ。「料理の本を書くときでも、哲学者としての視点を忘れないようにしています」といって、記念に自著を贈呈してくれた。哲学的視点のもりこまれているクッキングブックには、おおいに関心があるのだが、残念ながらウズベク語で書かれているので歯がたたない。

マフムードフ師から聞いた話のなかで、麵の歴史や伝播に関係する部分を要約してみよう。

(一)ラグマンという名称は、キタイスキー(中国人)のことばに由来する。古代中国語では、ヘビを「ラー」といい、練り粉を「マン」といった。したがって、ラグマンとは「練り粉のヘビ」という意味である。マン＝麵ということだろうが、師は漢字の知識をもっていないので、ヘビをあらわすという「ラー」にどんな文字をあてるのかわからない。

加藤さんの友人の民族学者クリュコフ博士は、ラアミエン＝拉麵がラグマンの語源であると述べている。この章のはじめに書いたように、ウイグル族の地域での漢族が拉麵系のことばを使用していることを考慮にいれたとき、わたしもクリュコフ説を支持したい。

(二)中国人からウイグル族がラグマンをならい、ついでウズベク族を経由して、中央アジアの他の民族に伝えられた。

(三)中央アジアの民族のなかで、ウイグル族、ウズベク族、タジク族がラグマンをよく食べる。カザフ族、キルギス族がそれにつぐ。カラカルバク族、トルクメン族は以前はラグマンを食べなかったが、現在食べるようになっている。ソ連領中央アジアの民族をよく知る別の人の話では、ウズベク族とタジク族は自分たちでラグマンをつくる伝統があった。カザフ族とキルギス族は、その地方に居住するウイグル族のつくるラグマンを食べた。カラカルバク族と、トルクメン族は、その地方に住むトゥンガン（中国系イスラム教徒）のつくるラグマンを食べたという。

(四)ウイグル族の宴会では最後にごちそうとしてラグマンをだす。カザフ族、キルギス族のごちそうはベスバルマクである。ウズベク族、タジク族はパロヴ（ピラフ）を最高のごちそうとする。

(五)中国では麵を長寿のしるしの食べ物とする習慣があるが、この観念はウイグル族を経由して、ウズベク族にも伝えられた。

(六)ウイグル族はラグマンを箸を使用して食べる。他の民族は、もともとは手で食べた。七〇度では手が焼けるし、五〇度ではなまぬるい。六〇度くらいがちょうどよい。手で物を食べることは、触覚でも味わうことであり、道具を使用して食べるよりもよいことだ。

いまでも田舎では手でラグマンを食べることがある。手で麵や具をつまんで食べ、碗を直接口につけて汁を飲む。ノン（ナン、三六―三七ページ参照）をちぎって、ラグマンのスープに浸して食べることもする。

オシュできいた話では、フォークやスプーンが、中央アジアで普及しはじめるのは一九三〇年代になってからのことであり、ロシア文化の影響であるという。

こうしてみると、麵食文化の確立していたウイグル族から、旧ソ連領中央アジアにラグマンが伝えられたとかんがえてよいだろう。ウイグル族と文化的にも共通性がたかいウズベク族に伝えられ、おなじくオアシス農耕民であるタジク族でもラグマンがよく食べられるようになったものであろう。しかし、遊牧民であるカザフ族、キルギス族には、なかなか麵食が普及しなかった。中央アジアの西側に分布する、カラカルバク族、トルクメン族は農耕と牧畜を生業としているが、東から伝播していった麵に出会うのがおそかった。という作業仮説が成立するだろう。

わたしは以前、カスピ海の西側のグルジア共和国、アルメニア共和国、アゼルバイジャン共和国の食べ物や料理を調べる旅行をしたことがある。これらコーカサス地方の料理の専門家たちにたずねた結果では、この地方の伝統料理に麵はなかったという答えを得ている。コーカサスにくわしい加藤さんも、伝統的な麵料理に出会ったことがないという。どうやら、中国から西に伝播した麵は、カスピ海東岸のトルクメン共和国で消えてしまうもののようだ。

シルクロードを麵と逆方向に伝播したのが、ピラフだ。西アジアに起源をもつとかんがえられるピラフは、中央アジアの諸民族のごちそうとされ、ウイグル族まで伝播した。しかし、その東側の漢族の世界にまでは、到達しなかったのである。

さて、最後に難問がひかえている。ラグマンの伝播の方向はわかったが、伝播の年代はいつごろのこととかんがえたらよいのだろう。

中央アジアの諸民族のなかで、はやくから農業民化し、中国の食生活をとりいれたのはウイグル族である。ウイグル族の故地はモンゴル高原であった。八世紀なかばにウイグル族が中心となって、ほかのトルコ系民族の連合体による遊牧国家がモンゴル高原に出現した。この国家の版図のなかには都市がつくられ、支配階層は都市での定住生活を送っていたとかんがえられている。唐との交流もあったので、もし、麵がはやい時代に中国から伝えられたとすれば、八—九世紀とかんがえてよい。

八四〇年に、内乱と西北のキルギス族の攻撃によって、遊牧ウイグル国家は壊滅し、ウイグル族たちは四散した。甘粛省に逃れたグループは、中国側の史料では甘州回鶻《かんしゅうかいこつ》とよばれる国をつくった。主力グループはさらに西に移動し、現在の新疆ウイグル自治区のタリム盆地周辺のオアシス都市を征服し、西ウイグル王国を建設した。このときから、ウイグル族はオアシスに定住して、農耕に従事するようになり、本格的に中国文明をうけいれた。

西ウイグル王国が繁栄したのは一〇世紀である。わたしは、ウイグル族が麵を食べるようになったのは、この頃のことではないかと想像する。一般に、畜群とともに移動する遊牧生活では、食生活における農産物の比重はひくい。オアシスでコムギの生産をはじめることによって、日常的にナンを焼いたり、ラグマンをつくることがなされるようになったのだろう。

ウズベク族も、もともとは遊牧民であった。北方のキプチャク汗国の草原の遊牧民であったウズベク族が南下して、サマルカンドに本拠地のあったチムール朝をほろぼしたのが一五〇七年のことだ。それからのちに、ウズベク族のオアシス定着と農耕民化が進行する。遊牧生活では本格的な麵食の開始はむずかしいという立場をとるならば、ウズベク族がラグマンを食べるようになったのは、一六世紀以後のことになる。いまでも、ラグマンはウイグル族から伝えられた食品であるという伝承が生きていることからかんがえると、それは、かなりあたらしい時代になってのことかもしれない。ふるい出来事なら、人びとの記憶からきえてしまい、起源についての説明ができなくなるのが普通だからだ。

こうしてみると、旧ソ連領中央アジアに麵が普及するようになったのは、過去四〇〇年以内のことだ、ということになる。ただし、それは現在の中央アジアの民族における麵の普及についての話である。現在の民族分布が形成される以前から、中央アジアのオアシスには農耕民が定住していた。文明の十字路にあたるこの地帯では、めまぐるしい民族の興亡がくりかえしおこった。現在の民族が麵を食べるようになるまえに、先住の麵文化があった可能性もあるのだ。

七　チベット文化圏の麺

ソバ畑をもとめて

マイクロバスにゆられて、けわしい山道をゆく。チベットとの国境まで、直線距離にして五〇キロたらず。天気がよければ、国境にそびえたつグレート・ヒマラヤの雪をいただく峰々がみえるはずだ。八月下旬、まだモンスーンがつづいていた。曇天で、ときどき霧雨が視界をさえぎる。

わたしたちはソバの押しだし麺を調べに、ヒマラヤ山麓の国、ブータンにやってきた。国立民族学博物館助教授（現在、教授）の栗田《くりた》靖之《やすゆき》さんが同行してくれている。かれは、ブータンの民族学の専門家だ。この二〇年間、かぞえきれないほど何度も、この国を訪れている。栗田という名は覚えていなくても、「ジャパニーズ・プロフェッサー」といえば、ブータンじゅうに通用する。ながいあいだ、この国の人びとが知る日本人の大学の先生は、かれだけであったのだ。ところが、鎖国にちかい状態であったブータンが外国人観光客をうけいれるようになり、ある日本の大学教授がやってきて、人びとの悪評をうけるようなことをしでかした。「ジャパニーズ・プロフェッサーがわるさをした」という評判がたち、栗田さんは、自分ではないと、その誤解をとくのにひと苦労したそうだ。

現地では、西岡京治さんにもお世話になった。西岡さんはコロンボ計画専門家として、一九六四年以来ブータンに滞在して、農業指導にあたっている。西岡さんが経営する農場は、ブータンの農業発展のセンターとしての役割をはたしてきた。西岡さんの指導でつくるようになった野菜を、ブータン全土の人びとが食べるようになった。この国唯一の空港のあるパロに西岡さんの農場がある。首都のティンプーとパロのあいだは、いたるところにリンゴの木が植えられている。リンゴも、西岡さんの指導で栽培されるようになったのだが、いまではインドに輸出し、外貨にとぼしいこの国にとっては重要な農産物となっている。

ソバで麺をつくるのは、この国の中央部のトンサ地方から、東部のジャガール地方にかけてである。しかし、モンスーンで山崩れがおこり、この地方にいくのは、むずかしそうであった。栗田さんと、西岡さんが協議した結果、トンサへいくのは断念し、ティンプー近郊に住むトンサ出身者にソバの麺をつくってもらうことにした。

そのためには、ソバ粉を用意しなければならない。ちかごろ、ブータン人はコメばかり食べるようになり、ティンプーやパロではソバ粉が手にはいりづらくなった。ティンプーから、およそ三〇キロの行程のハ地方にいけば、ソバ畑があるという。そこで、ソバの収穫や製粉を調査することが可能だろうという。わたしたちはソバ粉をもとめて、マイクロバスで片道半日の小旅行にでかけたのである。

くねくねと曲がるハ川の谷をさかのぼる。かつてはチベットとの交易物資を背にくくりつけたヤクのキャラバンがとおった道だ。車一台の幅しかないが、いまでは舗装道路になっている。ブータンの舗装道路はインドの援助でつくられている。インドにとっては、国境紛争をかかえこんだ中国と事があった場合は軍事道路として使用するもくろみもあってのことだという。モンスーンになると、地すべりで通行止めになることがおおく、道幅はせまく、舗装はうすく、重量のある戦車や装甲車などとおれそうもないように思える道なのだが。

水車小屋。右端の建物にマニ車がある

水車の動力で回転する石臼でソバを挽く。ピデカ郡＊

足で踏んでソバを脱穀する。ピデカ郡＊

左・ソバ畑。ピデカ郡＊

ほんの三〇メートルのトンネルを掘ったらよいような場所でも、忠実に谷ぞいに道がつけられ、数キロも迂回していく。「インド人の土木技師はトンネルをつくることなぞ、かんがえもしないだろう。なにしろ、インドは山がない平原の国で、トンネル工事をした経験がないのでね」と、栗田さんはいう。かれはインド文化の研究者でもある。

ブータンの国土のすべてが山である。南はアッサムの平原が丘陵にさしかかるところから国土がはじまり、北のチベットとの境界は七〇〇〇メートルの山々だ。九州とおなじくらいの面積で、国土の南北の幅がいちばんひろいところで一五〇キロくらいだ。

わたしたちはチベットの方向に北上する。車窓のしたは断崖だ。

「ここから落ちたら、まず命はないね。二重遭難がこわいから捜索もできないよ」

と、ネパール人の運転手がいう。

標高二三〇〇メートルくらいまでは、道ぞいに、ところどころに棚田があった。パロの近郊にデュゲゾンという城砦のあとがある。そのそばの標高二七〇〇メートルの谷で、水田をみたが、これは世界でいちばん標高のたかい場所での稲作だそうだ。ブータンで栽培するコメはアカゴメである。

稲作地帯をとおりすぎて、さらに標高がたかくなると、前方にピンクのじゅうたんがあらわれた。それがソバ畑であった。

ダッタンソバ

ピンク色の花のソバ畑と、白い花のソバ畑がある。よくみると、ひとつの畑のなかで、ピンクの花と白い花が混じっている場合もある。

ピンクの花をつけ、赤みがかった茎をしているのが、日本でも栽培されている普通のソバ（以下、区別のためにアマソバという）で、ブータンの国語であるゾンカ語でゲレ gare とよぶ。白い花で、黄緑色の茎をしているのが、ダッタンソバとよばれる種類で、チョウ cho というときいたが、植物学的には花や茎の色だけでは判別できないもののようだ。

植物学的には、アマソバとダッタンソバはソバ属のなかの別種として分類される。ダッタンソバは、ニガソバともいわれることからわかるように、実の皮の部分ににが味がある。実の形から、二種のソバを識別することができる。実の角ばっているのがダッタンソバで、アマソバはまるみをおびている。

アマソバとダッタンソバを混播することもおこなわれ、ピンクと白の花がいりまじった畑がそれだ。栗田さんがブータンの農民から聞いた話では、アマソバを連作すると、ダッタンソバに変わるという。植物学的には、アマソバとダッタンソバが交配することはない。ダッタンソバのほうが耐寒性がつよいために、高地の畑では連作をしているうちに、アマソバを駆逐して、ダッタンソバが優勢になるものとかんがえられる。[1]

西岡さんの話では、ブータンでは水田の裏作としてソバを栽培する地方もおおいが、標高

1　栗田靖之　一九八六「ブータン・ヒマラヤの生業形態の多様性」『国立民族学博物館研究報告』一一―二

二六〇〇―二八〇〇メートルの地帯では、ほかの作物ができず、伝統的にはソバを主食としていたそうだ。二五〇〇メートル以上になると、耐寒性のあるダッタンソバのほうが収量がおおいので、よく栽培されるとのことである。

ピデカ郡のナグー村で、ソバの収穫をしているのに出会った。キラという民族衣装をまとった娘さんが、素足で斜面をよじ登りながら、無造作にカマでソバを刈りとる。刈りあつめたソバを一ヵ所にあつめて、ヒマラヤ式脱穀法でソバの実を落とす。

ヒマラヤ地域に特徴的な脱穀法、といっても単純な技術だ。斜面に二本の支柱をたてて、上下に横木をむすびつける。したの横木と斜面のあいだに板をわたしたものが脱穀機だ。板のうえに刈りとったソバの束をおき、うえの横木につかまりながら、足のうらを器用に使い、踏みかえすと、板のすきまからソバの実がパラパラと、したの布におちるしかけだ（二二二ページの写真）。ほかに、ひとりがフォーク状の木で刈りとったソバを空中にほうりなげ、もうひとりが、それをたたきおとして脱穀する方法、カラサオをもちいて脱穀する方法もある。

ソバ粉つくりをみに、水車小屋へいった。急な流れの小川のうえに水車小屋はたてられていた。流れのなかに、水平方向に回転する水車の羽根がしかけられている。木の回転軸が小屋の床をつきぬけて、石臼を回転させる。村びとがここで製粉したら、使用料にできた粉の一部を水車小屋の持ち主に支払うのだそうだ。製粉用の小屋のそばに、もうひとつ、ちいさな小屋があり、おなじようなしかけでマニ車をまわしていた。ブータン人はラマ教という名で知られるチベット大乗仏教の信徒である。マニ車のなかにはチベット語の経文がはいっている。マニ車を一回転させると、経文一巻を読んだのとおなじ功徳があるといわれる。マニ車を水車に連結したこのしかけは、「自動ご利益さずかり機」とでもいうべき代物だ。マニ車にとりつけた腕木が鐘をたたくしかけになっていて、チン、チンという音が谷間にひびく。

水車小屋のなかでは、煎ったコムギを挽いていた。コムギで、むぎこがし（こうせん、はったい粉）をつくるのだ。標高のたかいチベット高原では、オオムギでつくったむぎこがしをツァンパといって、これをバター茶でこねたものが主食とされる。プレスした茶をちぎって煮だしたものに、バター、塩をいれて、ほそながい円筒（ドンモ）のなかで、ピストン状の道具をつかって攪拌したものがバター茶だ。ブータンでも、バター茶が飲まれる。日本人にとっては、茶というよりは、スープにちかい味を感じさせる飲み物だ。

ブータンでは、コムギでつくったむぎこがしをカプチとよぶ。おおくのブータン人は、アカゴメの飯を主食とするが、旅行のさいの携帯食や簡単な食事にカプチを利用する。バター茶でこねるだけで食べられるからだ。

水車小屋のなかで、挽きたてのむぎこがしを老婆が昼食にしていた。わたしが、ものめずらしそうな顔をしていたのであろう、手まねで、「食べてみろ」とのことだ。バター茶でこねてあるので、日本の水や湯で練ったむぎこがしよりも重厚な味で、栄養がつきそうな感じがする。

おかずはブータンで、いちばんよく食べられる料理であるエマ・ターチーである。青トウガラシ（エマ）をさっと煮て、バターと、やわらかなチーズ（ターチー）を溶かしこんだものである。このトウガラシが曲者なのだ。一見、青ピーマンのようなので、気を許して口にいれると、とんでもなく辛い。トウガラシをよく使うブータン料理は、世界の料理のなかでも、もっとも辛辣なもののひとつだ。

コムギを挽きおわると、臼をそうじして、乾燥させたダッタンソバの実を挽きはじめた。日本でソバを挽いていると、あたりにソバの香りがするものだが、ダッタンソバの製粉ではなんのにおいもしない。挽きおわると、フルイにかけて、ソバ粉ができあがる。ダッタンソバの粉は、黄緑色をしている。ソバ粉をどう料理して食べるのかをたずねると、

「むかしは毎日のようにソバを食べたが、いまは人間は食べない。わしらはコメを食べる。ソバはブタが食べる。カブラやニンジンを水炊きしたものに、ソバ粉をいれて、こねたものを、ブタに食わせるのだ」

とのことだ。なんと、ブタがそばがきを食べるのである。栗田さんによると、ブータンではブタに濃厚飼料をうんと食わせて、日本のブタの倍くらい脂肪をつけさせた肉を好むそうだ。

この一〇年間に国内道路網が整備されたことによって、ブータン人の食生活がずいぶん変化したようである。ソバ、シコクビエ、アワ、ヒユ（アマランタス）の雑穀と、コムギ、オオムギの栽培がすくなくなり、米作が不可能であった高地でもトラックで輸送されてきたア

カゴメのご飯を食べることになったのだ。

栗田さんにいわせると、ブータン人は「コメつくりをするチベット人」である。ブータン人の形成には、さまざまな種族が関与しているようだが、その主力はチベット高原をおりて南下した人びとであるとかんがえてよい。牧畜文化のにない手であったチベット系の民族が、低地のアッサム平原の稲作民と交流して、水田稲作をはじめるようになったのがブータン人の祖先である。

稲作文化をとりいれて以来、ブータン人にとって、コメが望ましい主食とされてきたのである。そこで、ブータンの近代化にともない、遠隔地との物流が可能となると、稲作ができない環境でくらしてきた人びとが、コメを常食とするようになったのだ。

プッタつくり

翌日、首都ティンプーから北へ七キロのディチェンチョリン村にでかけた。そこに金銀細工師の集落がある。政府経営の工房があり、そこで政府関係の施設や、ラマ教寺院で使用する什器をつくる。そこではたらく職人たちは、勤務時間外には工房の施設を使用して、一般の人びとや、観光客に売る細工物をつくることが許されている。

水車小屋で手にいれたソバ粉の袋をもって、職人のサンゲさんの家を訪ねた。かれはソバ地帯であるトンサ地方の出身で、六〇歳。こどもの頃からソバ料理をつくってきたという。二階トウガラシ、ヒユ、リンゴの植えられた家庭菜園のなかの、ちいさな二階屋である。二階

上右・ソバ粉をこねる。上左・押しだす
下・ゆでてから、すくう

プッタつくり
ディチェンチョリン村

スクランブル・エッグ、きざみニンニク、塩をかけて盛りつけ、手づかみで食べる。＊

は食料庫兼物置。一階は仏間、居室、台所。便所と家畜小屋は別棟である。ソバ料理の実演は仏間ではじめられた。

アルマイトの洗面器状の器に、ソバ粉と水をいれて、こねる。水加減がむずかしいらしく、大声で奥さんをよんでは、井戸から水をくんでこさせては追加する。耳たぶの固さにこねあげた、黄緑色の生地の塊ができる。いよいよプッタの出番だ。

プッタ putta というのは、ソバの麺をつくるのに使用する押しだし機の名称であり、それでつくったソバ麺の名称でもある。餄餎《ホオロウ》の写真にみるように、陝西省の餄餎床子と原理的におなじ道具だ。クルミの木を組みたててつくったがんじょうな道具で、クギ、カスガイの類の金具はいっさい使用されていない。ぶあつい横木を箱形にくりぬき、その底にちいさな孔が多数もうけられている。箱の部分におさまるピストンをとりつけたテコで押しだすのだ。中国や朝鮮半島の同様の道具とことなるのは、湯の鍋のうえにおいて、押しだすしかけがないことだ[2]。

生地のひと塊を箱形の部分にいれて、満身の力をこめてテコを押す。黄緑色の麺がニュルニュルとでてくる。湯のなかに直接押しだして、熱で凝固させることをしないし、つなぎなしのソバ粉一〇〇パーセントなので、一五センチくらいのながさになると、麺がプツプツ切れてしまう。

したにおいたザルにうけた麺を台所へもっていき、大鍋の湯でゆでる。強火で、一分から一分半でゆであがり。つよい火力が必要なので、かまどにマキをどんどんほうりこむ。煙とススで涙がでて、ファインダーがみえない、とカメラマンの北尾さんがぼやく。

中国で麺をすくうのにつかうのとおなじような、円錐形の竹籠に把手をつけたもので、大鍋から麺をすくい、冷水にさらしてから、水切りをして、食器に盛る。

いっぽう、フライパンにバターのおおきな塊をいれて熱し、溶けたところにタマゴ二個をほぐしていれて、かきまわし、油気たっぷりのスクランブル・エッグをつくっておく。麺にスクランブル・エッグをヘラでかき混ぜ、ニンニクをきざんだものと、塩をふりかけてプッタ料理ができあがった。茶そばを思わせる緑色がかった麺に、タマゴの黄色が映えて、みた目にはよろしい。

ハエを追いながら、手づかみで食べる。汁気がないので、ツルツルというわけにはいかず、モソモソと噛む。ニガソバというだけあって、にがさと、えぐさがある。製粉のさいに、石臼がすれて生じた砂が麺にふくまれて、ジャリジャリする。正直なところ、わたしたちにとっておいしいものではない。せっかくつくってもらったものを、残すのは申しわけない。おかずにそえられたエマ・ターチーのもうれつな辛味で舌をだまして食べた。

バターとタマゴで食べるのは、プッタの上等な食べかたである。ゆでたプッタに、脱脂

2　注1文献にプッタについて述べられている。ほかに、プッタについてふれているものとして、左記の二文献がある。西岡夫妻の本では、「ブータン料理百科」の章を参照されたい。
西岡京治・里子　一九七八　『神秘の王国』　学習研究社
読売新聞大阪本社・日清食品広報室（企画・制作）　一九九〇　「地球麺家族　⑦ヒマラヤの手打ちソバ」『讀賣新聞』一九九〇年一二月二八日夕刊

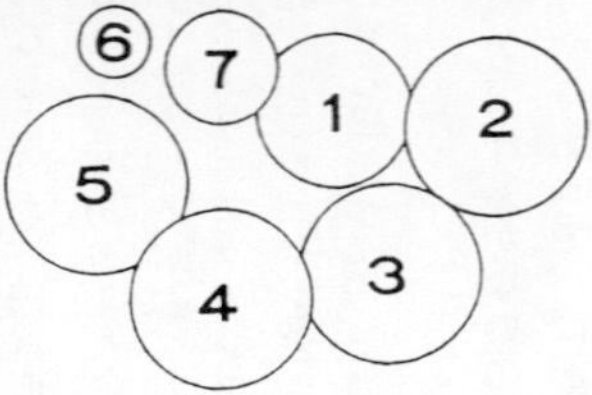

餃子とさまざまなトゥクパ
1・蒸し餃子。2・猫耳朶とおなじもの。3・テンドゥク。4・トゥクパ。5・メンチ。6・塩。7・トウガラシペースト。ティンブー*

トゥクパを食べるブータンの人たち。ティンプー＊

乳、熱したマスタード・オイル、アサツキをきざんだもの、粉トウガラシを混ぜて食べることがおおいようだ。ほかに、スープにいれてサンショウの実を薬味に食べる方法、バター・ミルクを発酵させたヨーグルト状のものをかけて、つめたいまま食べる方法があるそうだ。

いまでは、プッタをつくるのは東部ブータンにかぎられている。しかし、ティンプーやパロの旧家に押しだし機が保存されているので、かつては、中央ブータンでもプッタつくりがおこなわれていたであろう、というのが西岡さんの話である。

チベット高原で押しだし麺をつくる情報は得られていない。チベットでソバの栽培をする地方もあるが、ブータンほどソバを食べることはなさそうである。となると、プッタつくりの技術はチベット高原経由ではなくて、別のルートから伝えられたものであろうか。

サンゲさんは、ほかのソバ料理の実演もしてくれた。かまどにかけた鍋の湯のなかに、ソバ粉をいれながら、ヘラでかきまわしてつくった、そばがきをデンゴという。ソバ粉をゆるめに水溶きして、かまどのうえにしかけた熱した鉄板のうえで、ホットケーキのように焼くのが、クレという料理だ。いずれも、エマ・ターチーのようなおかずを少量そえて食べる。

ソバを常食にする東部ブータンで、いちばんよく食べられるのがデンゴで、つぎがクレ、つくるのに手間がかかるプッタは週に二―三回食べると、サンゲさんはいう。しかし、別の情報によれば、プッタを食べる頻度はもっとひくいだろうとのことだ。

ハ地方にはヘンテ、あるいはヘンドとよぶソバ粉で皮をつくった餃子のようなものを、大晦日に食べる風習がある。カブラの葉を乾燥したものを水でもどして、バター炒めにしたものと、粉トウガラシ、きざみネギ、粉サンショウ、塩、ターチーをソバ粉でつくった皮でつつみ、ゆでたものである。

プッタ以外の麵は伝統的なブータン料理にはない。コムギはすべて煎って、むぎこがしにしてしまうので、練り粉を使用した食品が発達しなかった。そこで、麵棒というものがない家庭が普通である。ヘンテの皮も手でのばしていたようだ。近頃、瓶にはいった飲料が出回るようになったので、ビールの空き瓶などを麵棒として、ヘンテの皮をつくるようになったそうだ。

チベット難民が伝えた麵

首都のあるティンブー盆地の人口は約四万といわれる。盆地の中央に、官庁と商店がある。ブータン最大の商店街といっても、端から端まで一〇〇メートル程度の道の両脇に、雑貨店、食料品店、金物屋、土産物屋、映画館、ホテルがならんでいるだけだ。その一角に、チベットの麵を食べさせる食堂がある。

一九五九年、中国の支配に反対するダライ・ラマ一四世は反乱をおこしたが、制圧されてインドに亡命した。このとき、おおくのチベット人難民がインドに移住した。故郷の地にちかい、インド北部のカリンポンやダージリンに住みついた人もおおい。この人びとのなかから、おなじチベット文化圏のブータンにやってきて、ティンブーやパロの町で、トゥクパという麵や、モモというチベット風の餃子を食べさせる食堂をひらく者があらわれた。

ながいあいだ自給自足経済にあったブータンに、食堂ができたのは、つい一五―一六年以前のことだ。町へいったらトゥクパを食べてみようという、山からでてきた、おのぼりさんで食堂はにぎわっている。

トゥクパ thukpa が、コムギ粉でつくった麵、および麵料理の総称になっているが、もともとのチベット語の意味は、具材のたくさんはいったスープや、ぞうすいのような料理をしめすことばだという（二三四ページの写真）。

フランス国立科学研究所研究員の今枝由郎さんを、ティンブーにあるブータン国立文書館に訪問した。今枝さんは、この施設に収蔵されている経典の整理、研究にあたっている。かれの話によると、かつてのチベットで麺食をしたのは中国人のコックを雇って食事をつくらせることができる上流階級の人びとか、既製品の乾麺を買ってきて、トゥクパの具材にいれることができる裕福な者にかぎられていたであろうとのことだ。

ブータンでトゥクパとよばれる麺は、普通はインドでつくった機械製の乾麺のことである。パロの町にある、西岡さんのいきつけのチベット人の食堂で聞いた話では、カリンポンにいる店主の兄弟が乾麺を製造して送ってくれるものを使用しているとのことだ。このごろ、輸入品のインスタント麺を売る店ができたが、これもトゥクパとよばれる。

ティンプーに手打ちのトゥクパをつくる店があるというので、いってみた。経営者、給仕、調理人、すべてチベット人である。

調理場にはいりこんで、麺つくりを見学させてもらった。コムギ粉に塩水、タマゴを混ぜて麺生地をこねあげる。インド製の手回しの製麺機にかけて、切り麺に加工したものが、この店のトゥクパである。そのほかに、調理人の知っているチベットの麺類をすべてつくってもらった。

麺棒で生地をひろげ、折りたたみ、やや幅ひろく、ひもかわうどん風に包丁で切りそろえた。これはメンチ menchi とよぶ麺であるという。中国の麺条《ミエンティアオ》に語源をもつ名称ではなかろうか。

「かつて禁断の神秘の地として知られた国の食物と料理に関するパイオニア的書籍」という、ものものしい副題がつけられた、インドで出版された英語で書かれたチベット料理の本がある。これには切り麺をトゥパ thupa という名称でよび、中国の手延べラーメン（拉麺）とおなじ技法でつくる麺をメンチッチ menchitchi という名称で記している。[3] メンチッチとメンチは同系のことばだろうが、この店で聞いた製麺法とはことなっている。一般的な製麺技術かどうかは別にして、ともかくも、チベットにも手延べラーメンがあることだけは確かめられた。

テンドゥク tenduk というのは、幅一・五センチに切った麺生地を、指で圧して、幅二センチほどにひろげ、ながさ四センチに裁断したものだ。

麺生地をまるめて直径一・五センチの棒状にまとめ、すこしずつちぎって、左の手のひらにおき、右手の親指の腹で圧して、クルリと巻いて、貝殻状の形にまとめる。中国でいう猫耳朶《マオアルドゥオ》である。

トゥクパもふくめて四種類がすべてである。形状はちがっても、食べかたは、すべておなじだ。ゆでてから、ゆで汁といっしょに小ぶりのドンブリにいれる。ブタ肉、キャベツ、グリンピース、赤トウガラシを炒めたものを具材としてのせ、コリアンダーの葉を薬味としてふりかける（二三四ページの写真）。

3　Indra Majupuria & Diki Lobsang, 1984 (2nd ed.), *Tibetan Cooking : A Pioneer book on the food and cookery of the well known mysterious and one time forbidden land*, Arihant Press.

スープではなく、味つけをしてない、だしぬきの、ゆで汁をかけてあるのだ。お客は、食卓におかれたトウガラシペーストと塩を適当にいれて、自分で味つけをして食べる。だしのうまさを欠いた麵つゆは、日本人にはなんともたよりないものだった。

フォークとスプーンがだされるが、どちらの手で使用するかについての、きまりはないそうだ。チベットでは木製のフォークで麵を食べることがあると、店主が説明してくれた。チベットの民衆の伝統的食事法は手づかみであった。箸を使用するのは中国料理を食べることができる裕福な階層にかぎられていた。ブータンには箸を使用して食べる習慣はない。

チベット文化圏のなかで

ティンプーで、いちばんおいしいという外国人の泊まるホテル付属のレストランにいった。メニューには西洋料理、インド料理のほかにトゥクパがあり、タルメン tallumien という麵料理がのっていた。注文してみると、ブタ肉いりのあんかけうどんだった。チベット料理の本にも、おなじ名称の麵料理がでてくる。[4] 中国では、肉をいれ、あんをかけた麵料理を打滷麵《ダアルウミエン》（大滷麵とも書く）という。チベットのタルメンは打滷麵に由来するものであろう。

こんどは、ネパールの麵について検討してみよう。

大谷探検隊として知られる、中央アジア探検を組織した西本願寺法主の大谷光瑞は、青木文教をダライ・ラマ一三世のもとに留学生として、一九一二―一六年のあいだ派遣した。イギリス・インドの官憲の目をのがれて、当時鎖国状態であったチベットに潜入するために、青木はダージリンからネパールのシェルパ族地帯をとおって、標高六〇〇〇メートル台のヒマラヤの峠をこえて、ラサにいたる大旅行をしている。

かれの紀行によると、ネパールにはいって、すぐの地点で、「村の飲食店にシャルパ人が支那ウドンを販《ひさ》いでいる」のをみている。また、チベットのシガツェで上流階級のピクニックに招待されたときに、「昼食には支那風の卵製饂飩《うどん》の饗応があった」ことを記している。[5]

青木の「シャルパ人の支那ウドン」は、シェルパ族のつくる麺にちがいない。シェルパ族の食事調査の報告によれば、麺はトゥパー tuppa、あるいはトゥクパー tukpa とよばれる。コムギ粉にタマゴと水、あるいは茶を混ぜて練り、麺棒でひろげて、切ってつくる。野菜のはいった肉のスープで煮て、塩とトウガラシで味つけをして食べる。[6]

シェルパ族はチベット系の民族であるので、チベット語の名称で麺をよぶ。国民の半数を占めるインド系の人びとの使用する国語であるネパール語では、麺をチャウ・チャウ chau chau という。チャウ・チャウも、やはりタマゴをまぜてつくった、切り麺である。[7]

4　注3におなじ。
5　左記の本の第四章「ネパール内地の山旅」、および第七章「後蔵の都シガツェ府」から引用。
　青木文教　一九九〇（復刻）『秘密の国西蔵遊記』中公文庫
6　柳本治美　一九七一「シェルパ族の食事」『季刊人類学』二―四
7　Indra MAJUPURIA 1981 (2nd ed.), *Joy of Nepalese Cooking*, Apex Printing Press.

さて、チベット高原からヒマラヤ山麓にいたるチベット文化圏に麵が伝わったのは、いつごろのことと、かんがえたらよいのだろうか。これもまた、歴史的証拠がみつからず、自信をもって語ることができない問題である。

中国の唐代にあたる七世紀前半に、チベットの最初の統一政権である吐蕃《とばん》王国が成立した。それ以来、チベットと中国のあいだの政治的、軍事的、経済的、文化的な交渉の歴史がつづいてきたので、有力な史料が発見されないかぎり、特定の時期に麵の伝来を確定することがむずかしいのである。

歴史的にモンゴル、青海省、チベットはひとつづきの地帯である。モンゴルや青海省にはラマ教徒がおおく、いまでも、この地方の信徒たちがチベットの聖地を巡礼することがおこなわれている。麵の伝播経路もおなじルートをたどった可能性がたかい。そして、さきにのべたように、モンゴルでの麵食が普及するのが、あんがい、あたらしいらしいことを考慮にいれると、チベットで麵を食べだしたのは、中国でいえば明代末から清代にあたる時期くらいのことと想定してよいかもしれない。

チベット内部でも麵が民衆の日常的な食事としてまでは浸透していなかったこと、おなじチベット文化圏でも、ブータンではトゥクパが現代になってから、ようやく食べはじめられたことも、チベットでの麵の歴史があたらしいことを物語るといえる。

いっぽう、ソバ粉の押しだし麵であるブータンのプッタとおなじものを、ほかのチベット文化圏でつくっている情報を、わたしはもたない。それは、モンゴル↓青海省↓チベットのルートではなく、もしかしたら、東の四川・雲南省方面から、東ブータンに伝えられた技術である可能性も考慮しなければならない。もしそうであるなら、西南中国のコメの押しだし麺つくりの道具が、ソバに転用されたのかもしれない。

このごろになって、インドでもインスタント麺が食べられたり、チベット難民のつくるトゥクパの店ができたりしている。それまで、伝統的なインドの食事文化には麺という食品が欠落していた。なぜ、インドには麺がはいらなかったのか。

それは麺だけではない。インド平原のヒンドゥー文明は、中国文明に起源する文化要素を、ほとんど、とりいれることをしなかったのである。ブータンやネパールの伝統的建築や美術をみたら、その分野の専門家でなくても、そこにあらわれた中国文明の影響を指摘することができよう。ヒマラヤの山麓地帯までは、伝統文化のなかに、中国の影がみえかくれするのである。ところが、インド平原に足を踏みいれると、中国はきれいさっぱり消えてしまう。インド平原の人びとにとって、ヒマラヤは文明をさえぎる壁であった。ヒンドゥー文明のなかに、ちらほら姿をあらわす異文明は、おおきな障壁なしに陸路や海路でつながる、西のペルシアやアラブの文明である。こうしてみると、アジアの麺の伝統的分布地帯は、中国文明の歴史的影響をうけてきた場所に一致するといってよいであろう。

八　東南アジアの麺

三三　種類の麵料理ぜめ

ブータンからの帰路、タイのバンコクとマレーシアのペナンに寄り道をした。東南アジアの麵について調べるためである。

わたしは東南アジアの国々へは、なんどもでかけたことがある。入国がむずかしいラオス以外の国は、首都の町だけではなく、田舎まであるきまわった経験がある。麵のすきなわたしのことだ、東南アジア各地で、さまざまな種類の麵料理を食べたことがあるのだ。

ところが、製麵技術の分類にもとづいて、東南アジアの麵の分布をかんがえようというときには、そのような経験がほとんど役にたたないのだ。フィールドノートをひっくりかえしたら、麵料理の記録はいくつもでてきたし、麵料理の写真もある。だが、かんじんの製麵法については、なんの記録もない。

手もとにある東南アジアの料理の本をながめても、いっこうに参考にならない。麵料理のつくりかたについての記事はたくさんあるが、麵そのもののつくりかたについては書かれていない。それはそうだろう。日本料理の教科書でも、冷やそうめんや、てんぷらそばの料理のしかたについて書かれていても、そうめんや、そばの製麵法についてはのべられていないのが普通だ。

現代の世界のおおくの場所で、家庭料理では、手間がかかる麵つくりはせずに、買ってきた麵を相手に料理するのが一般的である。料理のプロでも製麵法については知らない。日本の料理学校の先生でも、ひやむぎと、そうめんの伝統的製法上の区別を明快に答えられる人はすくないだろう。

そんなことで、数えきれないほど東南アジアの麺を食べたことのあるわたしも、いざ、製麺法で区別することになると、お手あげにちかい。そこで、バンコクをインドシナ半島の標本にえらび、ペナンをマレー半島からインドネシア方面に伝播した麺の代表にえらんで、調べることにしたのだ。

この十数年のあいだ、わたしはバンコクをなんども訪れた。やってくるごとに、街が変わっているのを発見する。この国の急速な経済発展に歩調をあわせて、首都バンコクは変貌をとげつつある。

屋台や露店の数がずいぶんすくなくなった。かつては、いたるところに食べ物屋の屋台や露店がたむろし、世界のなかでも、この種の店がいちばんおおい都市のひとつだったのだが。衛生基準がやかましくなったり、都市計画による区画整理などで、屋台や露店がめっきりすくなくなり、ビルが増加した。これら姿を消しつつある道ばたの食べ物屋でいちばんおおかったのが、麺類をあきなう店であった。

車輪をつけて移動する屋台の麺売りだけではない。市街のなかを縦横に運河が通じていて、モータリゼーションで車社会になる以前は、舟が交通手段であったこの都市には、舟で麺をながし売りする商売がさかんであった。いま、運河は埋めたてられて、道路に変わっている。わずかに残された水路も、工業廃水や、巨大な人口の排出する生活廃水で汚染されてしまっている。かろうじて、残っている舟での麺売りの風景を二五〇ページの写真でごらんいただきたい。

屋台や露店の食べ物屋がすくなくなったかわりに、ビルのなかに飲食店が大挙侵入した。日本のビルのなかの食堂街とはくらべものにならないほど、おおがかりな飲食施設をつくることがバンコクで流行している。

マーブンクローンビルの六階にあるMBKフードセンターもそのひとつである。巨大なビルの一フロアー全体が食堂なのである。四〇〇〇席のテーブルがあり、一〇七店のテナントの飲食店がある。客はクーポン売り場で金額の記入された食券を買い、各店舗で料理とひきかえに食券をわたすセルフサービス方式だ。食券を精算するさいに、それぞれの店舗の売りあげから、一定の歩合がテナント料として、さしひかれる。

タイ料理、中国料理、マレー＝インドネシア料理、日本料理、洋食、酒・清涼飲料、フルーツ、ケーキ、アイスクリームなど、さまざまな種類の専門店がある。オードブルからデザートにいたるまで、すきな食べ物をえらんで自分の席に運んで食べる。ここではたらく調理担当者が約四〇〇人で、サービスや清掃関係者が約三〇〇人である。平日で五〇〇〇人、休日には一万―二万人のお客がはいるという。こんな大規模な食堂街は日本にはない。

麺料理をあつかう店が二五軒ある。マネージャーにたのんで、それぞれの店の代表的麺料理を一―二種類ずつとりよせたところ、なんと三三種類におよんだ。それらを写真にとり、料理のつくりかたを聞いてメモを作成した。もちろん、試食もかかせない。酒の試飲のさい、専門家は口にせず、香りをかいだだけで品質を鑑定できるというが、料理の試食は胃袋におさめないことには話にならない。それに、うまいか、まずいかのコンテストをするわけではない。味の特徴を知ろうということなので、しっかりと食べてみなくてはならない。一口で味の判断ができるほど上等の舌をもちあわせていないので、わたしは量で勝負することになる。麺料理は腹にたまる。三三種類の麺を食べくらべたあとは、胃袋がおもたくて、うごくのもいやになった。[1]

麺料理の多様性

わたしが食べた三三種類はフードセンターで売っている麺料理の一部にすぎない。ここで注文可能な麺料理は、おそらく二〇〇種類をこえるだろう。タイの各地方の麺料理があるし、中国系の麺料理や、ベトナムの麺料理もある。このような麺料理の地方色がゆたかなことにくわえて、客が料理法にさまざまな注文をつけることができるので、それぞれの店でつくる麺料理の種類がおおくなる。

タイで麺を食べるときには、

(一)麺の種類、

(二)麺を、ゆでる、炒める、揚げるの別、

1　タイの麺食については、つぎの記事にものべられている。
読売新聞大阪本社・日清食品広報室（企画・制作）一九九一「地球麺家族　⑧タイ・めん食事情」『讀賣新聞』一九九一年一月三一日夕刊

舟で麺を行商する。バンコク

- コメ粉
  - 河粉系列 クオイ・ティオ
    - セン・ヤイ(ふとい)
    - セン・レック(ほそい)
  - 押しだし麺系列
    - カノム・チーン(バンコク)
    - カオ・プン(雲南、ラオス、東北タイ)
    - カノム・セン (北タイ)
    - セン・ミー
- コムギ粉―切り麺系列 バ・ミー
- リョクトウ粉―ウン・セン

タイの主要な麺の種類

タイの麺料理さまざま。
バンコク＊

カノム・チーンつくりの絵。
バンコク、スアン・
パッカード宮殿

(三)ゆでた麺の場合には、汁かけか、汁なしのあえ麺か、
(四)うえにのせる具材の種類、
を指定して、注文するのが普通だ。この四要素の組み合わせで、調理可能な麺料理の種類の数はずいぶんおおくなる。

(一)麺の種類についての表を二五〇ページにあげたが、街角のちいさな露店でもクオイ・ティオというコメの粉でつくった河粉《ホーフエン》系列の麺、バー・ミーというコムギ粉の切り麺、ウン・センという生まのハルサメの麺を用意している。

バンコクを中心地とする中部タイではカノム・チーンという名称で知られているコメ粉製の押しだし麺で、円形断面をしたうどんくらいのふとさの麺の玉をおいている店もおおい。

クオイ・ティオには、ひもかわうどんよりも幅ひろいリボン状のセン・ヤイという種類のものと、ほそめのセン・レックという種類があり、露店でも、この二種類はおいてある。バンコクでいちばん食べられる麺がクオイ・ティオであり、日本のそば屋、うどん屋という商売をあらわすことばとおなじように、麺類を食べさせる店を、「クオイ・ティオ屋」という意味のラーン・クオイ・ティオということばでよぶ。そば屋でうどんを商うように、クオイ・ティオ屋でバー・ミーやウン・センを食べることができる。

(二)普通、クオイ・ティオ屋ではゆでたうどん玉のような状態で、麺をおいている。河粉系列や、押しだし麺系列の麺は、その製造工程からして、製麺所で麺をつくるときに

すでに加熱されている。そこで、クオイ・ティオ屋では湯通しをしたらよいだけだ。

屋台や露店ではなくて、ちゃんとした調理場をそなえた店では、パットという炒め麺、クロープという揚げ麺の材料を注文することもできる。
(三)いちばんおおい食べかたは、モヤシといっしょに湯通しした麺を、ナムかヘーンのいずれかで注文するやりかただ。ナムはスープをいれた汁かけ麺だ。豚骨、トリガラなどのスープに塩、グルタミン酸ナトリウム、ナム・プラーなどで調味してある。ナム・プラーとは、日本の秋田のショッツル、能登半島のイシリ、ベトナムのニョク・マムと同系の小魚に塩を加えて発酵させた魚醬油だ。ナム・プラーがタイで普及するのは二〇世紀になってからのことだが、いまや国民的調味料として、日本人が醬油を使うようにタイ料理によく利用される。[2]
ヘーンは麺の水気をきって、ニンニクをみじん切りにして油で揚げてカリカリにしたものと、そのにおいのうつった油、マナオというかんきつ類のジュースなどであえた、汁気のないあえ麺のことだ。
(四)具材には、スープをとるときに一緒に煮込んだブタ肉や牛肉をスライスしたもの、

2　ナム・プラーについては、左記の本の第二部、「アジア各地における魚醬の歴史と実態」にくわしく書いてある。
石毛直道・ケネス＝ラドル（共著）一九九〇『魚醬とナレズシの研究——モンスーン・アジアの食事文化』岩波書店

魚肉や牛肉のすり身でつくった団子類が普通だ。

このような麵料理の基本原則がわかると、「クオイ・ティオ・セン・レック・ナム・ルクーチン・プラー」といった注文が可能になる。麵の種類は、ほそいクオイ・ティオで、スープかけにして、具に魚のすり身団子（ルクーチン・プラー）をのっけてくれ、という意味である。「きつね」、「たぬき」といった動物園や、人肉嗜好《しこう》をおもわせる「おかめ」を食べさせる、符丁で注文する日本の麵料理よりも論理的である。

ちいさな屋台や露店においてある麵の種類は、ふとさのちがう二種類のクオイ・ティオとコムギ粉の麵、ハルサメの合計四種類だ。具材はすくなくとも四種類くらい用意されている。それに、ナムで食べるか、ヘーンにするかの選択が可能である。そこで、四×四×二の合計三二通りの種類の麵料理のなかからえらぶことができるわけだ。

薬味にはパック・チーとよばれるコリアンダー（香菜）の葉をきざんだものがふりかけられているのが普通だ。卓上の調味料としておかれているのは、ナム・プラー、ナム・プラーに極辛のトウガラシをきざんで漬け込んだナム・プラー・プリック、あるいはトウガラシを酢に漬けたプリック・ソム、粉トウガラシ、コショウ、砂糖、ピーナツを煎《い》ってからつぶしたものなどだ。

ナム・プラーの調味成分は、塩味のほかに魚が分解して生成されたアミノ酸、とくにグルタミン酸の含有量がおおいので、うま味のもとになる。特有のにおいがあるが、塩気のつよい醬油のようなものだ。それと、トウガラシで辛味をくわえたり、こうばしいピーナツの粉をふりかけて、自分なりの好みの味にするのは、わたしもよくやることだ。しかし、麺に砂糖を混ぜて食べることだけは、日本の味覚で育ったわたしには抵抗感がおおきすぎる。

　タイ料理は辛いという定評があるが、じつはタイ人のあまさにたいする嗜好も相当なものだ。代表的タイの料理書一〇冊に記された二三一二種の料理の味つけに使用された調味料・香辛料の出現頻度の調査結果によると、ナム・プラー一二六五回、ニンニク一二六五回、タマネギ一二五三回（日本のタマネギとはちがった種類のものが普通）、トウガラシ一一六六回、砂糖一〇〇〇回、コショウ九一四回、食塩八九七回、グルタミン酸ナトリウム五六三回の順位になる。[3] タイ料理には、辛さとあまさの共存した味が案外おおいのである。

　家庭では手食がおこなわれるし、外食では右手にスプーン、左手にフォークをもって食べることがよくおこなわれる。しかし、クオイ・ティオ屋では箸とチリレンゲを使って麺を食べるのが普通だ。中国系住民が主体のシンガポールをのぞくと、東南アジアで箸をよく使用するのはタイとベトナムである。このふたつの国の食事文化には中国の影響がつよいのである。

麺の種類と歴史

カセサート大学教授のナロン博士は食品栄養学の専門家で、タイの麺の研究もおこなっている。三カ月前から面会の約束をとりつけてあったので、研究室を訪問すると、資料をとり

3　タイ味の素株式会社の調査による。

そろえてまっていてくれた。いろいろな話を聞かせてもらったが、そのなかから製麺法と、その歴史に関する事柄を要約して紹介してみよう。

（一）カノム・チーン khanom chin

コメ粉の押しだし麺である。製粉するまえに、コメを水に漬けて、かるく発酵させる工程をふくむ製造法があることがタイでの特色である。

粒形がほそながい、いわゆる外米であるインディカ種のウルチ米を原料として使用する。精白米を洗ってから三時間ほど水に漬けておく。水切りをしてから、竹籠にバナナの葉、あるいは布を敷いたうえにひろげて、すくなくとも三日間放置しておく。朝夕に、そのうえから水をそそいで、湿り気をあたえる。こうしていると、米粒が黄色、あるいはオレンジ色になり、臭気が生じる。微生物が繁殖して、乳酸発酵がおこった結果である。発酵により、コメのなかの蛋白質成分が減少する。発酵工程を経たコメでつくった麺は、そうでないものにくらべて、弾力がまし、独特のにおいがあり、ながいあいだ保存可能である（カノム・チーンの製麺所で聞いた話でも、発酵させると、麺の歯ざわりがよくなり、ながもちするという）。

発酵させたコメをよく水洗いしてから（発酵工程をもたない製法の場合は、吸水させたコメを）、回転式の石臼で製粉する。水が吸収されているコメを挽くのだから、ドロドロのシトギ状になる。これを桶のような容器にいれて、塩水をいれて、かきまわす。塩分を加えることによって、発酵を停止させるのだ。容器の底にコメの澱粉が沈殿したら、水を替えてかきまわすことを、日に二—三回おこなう。つぎの日、また塩水を加えて、澱粉を沈殿させる。三—四日間、このことをくりかえしたのち、澱粉をとりだして麵状に加工する。かつて、行事の食事にカノム・チーンを用意するさいには、その何ヵ月もまえから、澱粉をつくって、水に漬けることをしていたという。

ついで、水分をふくんだ澱粉を布袋にいれて、重石をかけて一晩おいて、水気をしぼりだす。澱粉を塊状にして、沸騰した湯のなかでゆで、表面に熱がとおり、なかは生まの状態の程度でとりだす。この熱のとおし加減で、できあがった麵の弾力が左右されるので、ゆで加減がたいせつであるという（工場生産の場合はゆでるかわりに、蒸していた）。

こんどは木の米搗き臼にいれて、杵で搗く。加熱された部分と、生まの澱粉の部分を均一にして、粘りをだすのである。臼からとりだして、八〇度くらいの湯をかけながら、こねあげる（見学した製麵工場では、ミキサーの機械でこの工程をおこなっていた）。

こねあげた澱粉を、沸騰した湯の鍋のなかに押しだす。いくつもの孔があけられた金具をとりつけた布袋が、家庭ではもちいられる。ケーキつくりの飾りつけのさいの、クリームをしぼりだす袋の大型のものみたいなものだ。東北タイでは金属製のピストンで、底に孔のあいたシリンダーにいれた澱粉を押しだすことがおこなわれるという。

いまは使用されていないようだが、かつては、バンコクでも木製の押しだし機もあったという話を、わたしは製麵業者から聞いている。カンボジアのウドンで、ノンバンチョクという麵をつくっているのを見たことがある。その工程は、発酵させないでつくるカノム・チー

カノム・チーンつくり

①コメを水に浸す

③麺を水洗いして玉にする

②機械で熱湯のなかに押しだす

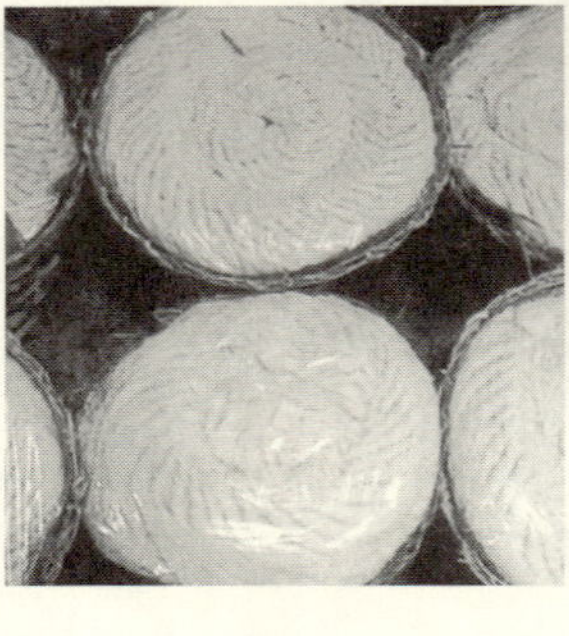

④バナナの葉を敷いた籠に包装して出荷

機械化されたセン・ミーつくり
バンコク

機械化されたクオイ・ティオつくり
シトギ状の米粉を蒸して皮膜状にする
バンコク

麵状に裁断する

ンとほぼおなじであった。大鍋のうえにしかけた木製の押しだし機を使用していたが、中国の押しだし機とおなじ原理の道具で、テコの部分がながいものであった。この押しだし機を使用した麵つくりのビデオは、国立民族学博物館のビデオテークで見ることができる。バンコクで、むかし使っていた木製の押しだし機は、いまは残っていないというが、話を聞いたかぎりではカンボジアのものとおなじらしい。

工場生産の場合は、機械で押しだしている（二五八ページの写真）。湯のなかに押しだした麵をすくいあげ、冷水で洗い、指の間で渦巻状に巻きつけて、うどん玉のようにして、竹籠に敷いたバナナの葉のうえにならべると、カノム・チーンができあがる。

カノム・チーンという名称は、現代のタイ語では、「中国の菓子」という意味であるが、ナロン教授はモン語起源のことばではないかという。モン族は主としてミャンマー（ビルマ）に分布する民族であるが、アユタヤ王朝（一三五〇—一七六七）のころ、しばしばタイを侵略した。カノム・チーンは、モン語で「加熱したもの」という意味だそうである。

バンコク市内にあるスアン・パッカード宮殿では、チュンポット王女の収集したタイの美術・工芸品を公開している。この宮殿を構成するタイの伝統的な木造建築のひとつであるラッカー・パビリオンに、一八世紀頃のアユタヤ王朝の壁画が展示されている。それには、黒いウルシ地のうえに金色で、釈迦の最後の食事をととのえるありさまが描かれている。そのなかに、ジョウロの口金のようなものをとりつけた袋を女性がしぼって、麵状のものが、沸騰している湯のなかに押しだされている光景がみとめられる。これはカノム・チーンつくりの絵だといわれる（二五一ページの写真）。

文献的には、ラーマ一世（在位一七八二―一八〇九）時代の宴会にカノム・チーンがでてくるのが最初であるという。ラーマ三世時代の文献に、「カノム・チーンは中国起源のものではない」と記されたものがあるそうだ。結婚式、家屋の新築祝い、祭りなどのさいにカノム・チーンが行事食として食べられることなどを考慮にいれると、カノム・チーンは、ふるくからタイの食事文化の伝統にくみこまれている食品である。そこで、中国からではなく、モン族から古い時代にうけとった食べ物であろうというのが、教授の意見である。

同僚である国立民族学博物館教授で、タイ文化を専攻する田辺繁治博士によると、中国の雲南省、ラオスや東北タイのタイ系の民族は、カノム・チーンとおなじものを、カオ・プン khao pun とよぶそうだ。カオはコメ、プンは「孔から押しだした」という意味だ。北タイでは、カノム・セン khanom sen というが、カノムは「菓子」で、センは「ながいひも状のもの」という意味である。こうしてみると、原理的にはおなじコメの押しだし麵が、ラオス、カンボジアにもあり、雲南にもつながっていく分布をもつことになる。雲南では米線《ミイシエン》といわれる押しだし麵があることは、すでにのべておいた。カノム・チーンも、やはり中国起源とかんがえてよいのではないか。

（二）セン・ミー sen mi

ビーフンとおなじものである。ウルチ米を原料とする押しだし麵であることにおいては、カノム・チーンと共通する。うどんとおなじくらいふといカノム・チーンにくらべたら、ずっとほそい。カノム・チーンは生ま麵だが、セン・ミーは乾麵である。また、セン・ミーは家庭で製造することはなく、すべて工場で生産される。

セン・ミーの製造のさいは、湿らせたコメを何日もおいて発酵させる工程はない。三時間ほど水に漬けたコメを湿式製粉してから、脱水して、こねて塊状にする。これを蒸して、塊の四〇―五〇パーセントに熱がとおった状態にしたものを、ふたたび、こねてから、押しだし機にかける。水圧式、あるいはスクリュー式の押しだし機で、〇・五―〇・八ミリの口径の孔から、糸のようにほそいセン・ミーを押しだす。これを裁断してから、蒸して、乾燥させ、包装して、出荷する（二五九ページの写真）。

四六年前から、セン・ミー工場を経営している中国系タイ人の年寄りに聞いた話では、タイでセン・ミーが食べられるようになったのは、ラーマ六世（在位一九一〇―二五）の頃からだそうだ。むかしは木製の押しだし機か、布袋で押しだしていたという。セン・ミー工場の経営者には、福建省の潮州出身者がおおい。マレーシアに近い南タイでは、潮州語をそのまま使って、ビーフンという名称でよばれている。近頃になってセン・ミーの需要が増大しつつあるが、クオイ・ティオやカノム・チーンほどは、食べられていないとのことだ。

㈢　クオイ・ティオ kuoi tiao

河粉系列の麵である。クオイ・ティオという名称は福建語、あるいは潮州語の粿条《グユアチヤオ》に起源をもつ。

セン・ミーつくりとおなじように湿式製粉して得られたシトギ状の米粉を、金属製のバットに、一ミリ程度の均一な厚さになるように流しこむ。これを大鍋の湯のうえに浮かべて、蓋をして加熱する。うすい皮膜状になったものをバットからとりだし、なま乾きの状態で裁断して、麺状にととのえる。乾麺の状態に加工することもあるが、普通は生ま麺で料理する。

一日に五万食のクオイ・ティオを生産する工場を見学したが、製造の原理はおなじで、オートメーション化されていて、ながれ作業のラインを機械が自動的におこなっていた（二五九ページの写真）。この工場では、セン・ヤイ sen yai というふとめに裁断したものが七割、セン・レック sen lek というほそめのものの生産が三割とのことであった。

タイにおけるクオイ・ティオの歴史を知る人には出会わなかった。

(四)　バ・ミー ba mi

コムギ粉の切り麺である。ミーは麺に由来することばだろう。塩、梘水《かんすい》のほかに、タマゴをいれて麺生地をこねることもおこなわれる。家庭で麺を打つことは普通おこなわれない。製麺工場では機械を使用して製造する。

(五)　ウン・セン un sen

ハルサメである。

工場で生産される。吸水させたリョクトウを湿式製粉したのち、水に漬けて、澱粉を沈殿させる。こうして得られた澱粉に、水を加えて加熱し、ペースト状にする。底に小孔を多数あけたシリンダーにいれて、九〇度の湯のなかに、ピストンで押しだす。これを、すくいあげて、漂白剤をいれた水に漬けてから、乾燥させて、出荷する。

ナロン教授は、一〇〇年前の文献にはウン・センがでてこないので、二〇世紀になってから、中国人が伝えた食品だろうという。はじめはタイの中国人社会の食べ物であったものが、タイ風のサラダであるヤムの材料や、タイ風のスープの具にもちいられるようになったのだろうとのことだ。麺とおなじように食べられるようになったのは、第二次世界大戦後のことで、とくに現在、麺としての食べかたがさかんになったそうだ。低カロリー食品で、健康によいということで、コメやコムギ粉の麺のかわりに食べる人がおおくなったようだ。

ここで、タイの麺の歴史を要約しておこう。現在ではタイでもコムギが生産されているが、その産額はすくない。一五―一六世紀のアユタヤには中国人町があったというから、このような中国人コミュニティでは輸入したコムギ粉で麺をつくって食べていた可能性もかんがえられる。ただし、コムギの麺を一般のタイ人が食べるようになったのは、この国に移住した中国系の人びとがひらいた食堂や、街頭の食べ物屋をつうじてのことであり、一九世紀以後のことだろう。切り麺以外のコムギ粉の麺が発達しなかったことも、コムギ粉の麺つくりの伝統がなかったことを思わせる。

コメの大生産地のこの国で、コメの麺をつくることが、いつ、どのような経路で伝えられたのであろう。

中国南西部とタイをつなぐ文化の交流のルートは、大別すると、ふたつある。ひとつは、雲南の山地から北タイにつながるルートである。現在でも雲南にはタイ系の民族が居住しているし、タイ族の主流は、一三世紀以降に、雲南からインドシナ半島に南下した人びとであるとかんがえられている。さきにのべたように、その分布からして、カノム・チーンは雲南＝北タイのルートや、雲南＝ラオス＝東北タイのルートをとおって、やってきた麵である可能性がたかい。ただし、その伝来の時期をさぐる手だてを、わたしはもっていない。なにしろ、雲南での押しだし麵の歴史が、いつまで、さかのぼれるものかも、わからないのである。タイの文献で一八世紀以前の記録がないことから推測すると、とんでもなく古い時代から存在したものではないだろう。

もうひとつは、広東省、福建省方面の海岸部から、海路でシャム湾にいたるルートである。タイには三〇〇万人以上の中国系の住民がいるが、そのおおくは、一八世紀末から一九世紀に、華僑としてやってきた人びとの子孫である。広東語の河粉ではなく、福建語、潮州語の名称である粿条に起源をもつクオイ・ティオということばが使われていることは、この食品が福建省出身、あるいは広東省でも福建省にちかい潮州出身の華僑によって、近代にもたらされたものであることを物語る。セン・ミーとウン・センもおなじことであろう。

ニョニャ料理

ここで舞台は、マレーシアのペナン島にうつる。

マラッカ海峡にうかぶこの島の面積は二八五平方キロで、沖縄の西表島とほぼおなじおおきさだ。島の人口は約四七万人。日本人にとっては、海岸の観光地として知られているが、マレーシアにとっては重要な経済拠点だ。ペナン港はマレーシア第一の貿易港の地位にある。

わたしたちは、ニョニャ料理の麵を調べにペナンにやってきた。ニョニャ料理はペナン、マラッカ、シンガポールのストレート・ボーン・チャイニーズ（海峡植民地生れの中国人）の家庭料理に起源をもつ。

マレー半島におけるチャイナ・タウンはマラッカにはじまる。一七世紀初頭のマラッカ在住の中国人たちが中国茶を飲用していたという記録がのこっている。一七八六年にペナンが、一八一九年にシンガポールが、イギリス東インド会社の植民地体制下における貿易港となる。ここでの労働者として、マラッカや中国本土から中国人が移住していった。マラッカ、ペナン、シンガポールは第二次世界大戦まで、イギリスの「海峡植民地」であった。

この海峡植民地の初期の移民の子孫たちをストレート・ボーン・チャイニーズという。これらの都市に、五—六世紀前から住みついた移民の家系の人びとである。現在の中国系住民の人口の大半を占める。比較的あたらしい時代になってからの中国移民は、シンケ（新家）とよんで区別される。

一八九〇年代初頭のシンガポールには、九人の中国人男性にたいして、中国女性はひとりしかいなかったといわれる。そこで、初期の中国移民たちは、土地のマレー人女性と結婚した。二〇世紀になって、中国本土からの移民がおおくなると、ストレート・ボーン・チャイニーズの子孫も、中国人と結婚するようになる。しかし、これらの人びとの家庭では、言語、習慣、食べ物などには、マレーと中国の混合した文化が伝承されてきた。

マレー風の服装であるサロン（腰布）をまとったストレート・ボーン・チャイニーズの主婦は、ニョニャとよばれた。マレー語で、ニョニャとは、「奥様」という意味である。ニョニャがつくる、マレー料理と中国料理が混合し、一体化したものをニョニャ料理という。[4] 国際貿易港にながく住みついたストレート・ボーン・チャイニーズには、商業活動に従事してきた家族がおおく、裕福であり、その家庭でつくるニョニャ料理は格式がたかいものとされてきた。

マレー人のおおくはイスラム教徒でブタを食用にしないが、ニョニャ料理ではブタも食べる。マレー＝インドネシアでの名物料理であるサテはヤギ肉、鶏肉の串焼きであるが、ニョニャ料理ではブタ肉を使用したサテ・バビ（バビとは、マレー語、インドネシア語でブタ）がつくられる。魚の浮き袋、干しシイタケ、醤油、タウチョ（豆豉）などの中国系の食品もよく使われる。

マレー系の要素としては、料理にココナツミルクを多用すること、ヤシ油を使用すること、酢のかわりに酸味料としてタマリンド・ジュースや柑橘《かんきつ》類を使うこと、ブラチャンというペースト状に加工した小エビの塩辛を調味料にすること、東南アジア系のスパイスやハー

4　石毛直道　一九八四「ニョニャ料理」『朝日百科　世界の食べもの』第八巻（所収）朝日新聞社

ブを多用することなどがあげられる。

　ニョニャ料理に起源をもち、マレーシアの民衆の一般的な食べ物として普及したものがいくつもある。マレーシアの菓子類のおおくがそうであるし、ラクサ laksa といわれる麺料理もその代表的なものである。

ペナン・ラクサ

ペナンの都市であるジョージタウンの人口の七〇パーセントが中国系の人びとであり、福建人がおおい。チャイナタウンの看板には「馳名檳城拉沙」と書いたものがめだつ。檳城とはペナンのことであり、拉沙はラクサの漢字表記だ。ペナン・ラクサはマレーシア全土で有名な麺料理である。[5]

　露店のラクサつくりをのぞいてみよう。スープのだしは生のアジからとる。アジをまるごと煮ている鍋のなかに、タマネギ、赤トウガラシ、ニンニク、レモングラス、ブラチャンを石製の乳鉢でつぶして、ペースト状にしたものをいれる。酸っぱいタマリンド・ジュースと塩を加えて、味つけをする。だしをとったあとのアジをとりだして、身をむしって具材とする。

　麺はタイのカノム・チーンとおなじような、コメ粉でつくった押しだし麺である。この麺の名称は、料理名とおなじラクサという。うどんくらいのふとさの生ま麺の玉をプラスチックのどんぶりにいれ、煮えたぎったスープをかける。おたまじゃくしで麺をおさえて、鍋のうえでどんぶりをかたむけて、スープを鍋にもどす。どんぶりをあたためるのと、生ま麺をゆでずに、あたためることをするのだ。三回目にスープをはったうえから、アジの身をほぐしたもの、サラダ菜、ハッカの葉と、赤トウガラシの五ミリくらいの輪切りをのせて、できあがり。

ふしぎな味である。アジのだしと、塩辛のうま味をもつブラチャンの魚臭さがほのかにする。赤だしの味噌汁を思わせる味が基調で、それに、タマリンドの酸味、たっぷりふりかけたトウガラシの辛味、ペパーミントの清涼感がくわわる。歯磨き粉の後味ののこる口のなかに、七味トウガラシを半瓶ほうりこんだ赤だしをいれたような味とでもいうべきか。最初食べたときには抵抗感があるが、やみつきになる味でもある。以前、マレーシアの首都クアラルンプルに滞在していたとき、わたしは毎日のようにペナン・ラクサを食べていた。

ペナン・ラクサのつくりかたは、店によってすこしずつことなる。だしにエビの頭やイワシを使うこともある。ヘーコー（蝦膏）というエビの殻や頭を煮つめて、澱粉を混ぜてペースト状にした、エビの味のエッセンスの調味料を使用する店もある。ブンガ・カントンというショウガ科の植物のつぼみや、パイナップルをきざんで、スープのなかにいれる店もある。具材にエビや豆腐の厚揚げをのせることもある。ハッカの葉のほかに、ダウン・クサム

5　ペナンの麵食については、つぎの記事にも述べられている。
読売新聞大阪本社・日清食品広報室（企画・制作）一九九一「地球麵家族　⑨めんの交差点・ペナン」『讀賣新聞』一九九一年二月二八日夕刊

というドクダミの臭いのするハーブを薬味にすることもよくおこなわれる。いずれにしても、ペナン・ラクサの味の特徴である酸味と辛味をだすためには、タマリンド・ジュースとトウガラシを必需品とする。

ペナン・ラクサと似た味のするものにカリー・ミー（咖喱麵）がある。ラクサとちがう点は、スープにタマリンド・ジュースをいれず、ココナツミルクをいれること、トウガラシ、ウコン、コウリョウキョウ、ニンニク、ショウガ、パンダナスの葉などのスパイスやハーブをつぶして、カレーペースト状にしたルンパを調味料として使用すること、ミーmeeというコムギ粉の切り麵を使用することである。ウコンで黄色に染まり、ココナツミルクの油気のある重厚感があり、ルンパのカレー系の香りがする、まさしく本場のカレーうどんである。

めんどうなことに、ペナンでカリー・ミーとよばれるものを、マレー半島南部ではラクサとよぶのである。ペナンでは、ラクサは同名のコメ粉の押しだし麵を使用した麵料理のことである。

使用する麵のちがいはあっても、ラクサとよばれる料理法の共通点がある。ラクサのだしは、肉ではなく、魚やエビでとるのが普通だ。イスラム教徒が食用にしてよいのは、アラーに祈りをささげながら屠った動物の肉にかぎられる。ラクサには、中国人が殺したニワトリや、イスラム教徒に禁じられた豚肉のだしが使用されていない。また、マレー料理に使用されるスパイスやハーブの強烈な香りのする麵料理でもある。ニョニャ料理の系統から出発し

アジのだしをとり、ラクサをつくる。ペナン

た麺料理のなかで、ラクサはイスラム教徒の食用にもさしつかえないので、マレーシア全土に普及したのである。

ネジ式の押しだし機

チャイナタウンの裏通りに、「莫定標娘惹糕廠」があった。莫定標とは「モートン標」というブランド名だ。娘惹は「ニョニャ」、糕は「菓子」、廠は「工場」なので、「モートン標ニョニャ菓子工場」ということになる。

ニョニャ菓子製造が専門だが、かつてはラクサ用の麺の製麺もやっていた。いまでもラクサのスープをつくり、他の製麺工場から仕入れたラクサ麺といっしょに、屋台のラクサ店に卸す。日本でいえば、屋台のラーメン屋の親方のような仕事もしているのだ。この工場には、古い製麺道具がのこっているだろうというので訪問した。

主人夫婦と、母親がニョニャ菓子をつくり、インド系の従業員一人が大釜でラクサのスープづくりをしていた。その日の菓子の出荷時間が迫っており、忙しそうだった。「外国人につきあったりする時間はないよ」と、小言をいう母親をふりきって、主人のモー・ジャン・バンさんは親切に応対してくれた。

二〇年前まで使用していたという、ふるい押しだし機を屋根裏からさがしてきて、「ペナンじゃ、もうこんな機械はどこでも使ってないけどね」といって、ラクサ麺のつくりかたを実演してくれた。

自家製麵をしていた頃は、湿式製粉をすることから作業していたというが、実演には市販品のコメ粉を使用しての麵つくりをしてくれた。使用するコメ粉の三〇パーセントをゆるく水溶きして、鍋で加熱して、ペースト状にする。これに、のこりのコメ粉と、少量のタピオカ澱粉と、水を混ぜて、よくこねる。タピオカ澱粉は粘りをだすために加えるのだという。耳たぶとおなじくらいの固さに練りあげる。

押しだし機は金属製で、シリンダー部分が雌ネジ、ピストン部分が雄ネジになっている。シリンダーの底部に小孔が多数あけられている。おおきな中華鍋のうえに押しだし機をすえつけ、練り粉をシリンダーにいれて、ピストンをはめる。ハンドルを回転させて、沸騰した湯のなかに、適当ながさに包丁で切りながら、麵を押しだす。ゆであがった麵をすくいとり、冷水で洗って、ラクサ麵ができあがる。

この押しだし機は、イタリアのヴェネト州や、ロンバルディア州で生まスパゲッティをつくるのにもちいられるビゴラーロという道具とおなじものだ。この型式の押しだし機のペナンでの歴史に関する情報は得られなかったが、しいてイタリアとの技術的交流を論じる必要もあるまい。単純な道具なので、二〇世紀の技術としては、どこでも考案しそうな種類のものだ。

ただし、近代以前の東アジア、東南アジアにはネジの運動を利用した押しだし機は存在しなかった。西欧では、古代ギリシア以来、木製のネジの回転運動によるプレス機があった。ところが、中国の伝統的科学技術はネジの原理を欠落したものであり、中国文明の影響下にあった地域はネジを知らなかったのである。一六世紀中頃、種子島に漂着したポルトガル人がもっていた小銃の尾栓にネジがもちいられていたのが、日本人がネジというものと遭遇した最初であるといわれる。

そこで、伝統的な中国系の押しだし麵つくりの道具は、テコの原理によるものか、袋からしぼりだす方式のものになっている。

ペナンで、むかし、テコ式の押しだし機があったかどうかたずねたが、ふるいことを知る人がいなくてわからなかった。袋からしぼりだす方式は、かつておこなわれていたそうだ。いまでは、電動式の機械で、ラクサ麵はつくられている。

「このごろは、ラクサ麵が流行《はや》らなくなり、輸入品のコムギ粉でつくったミーが好まれるようになった。うちのようにラクサ麵をつくるのを、廃業したところがおおく、ペナンでラクサ麵をつくる製麵所はふたつしかない」とのことだ。

インド人従業員のシーバ・ベルマさんが荷造りをはじめた。おおきな缶にラクサのスープをいれ、ざるにラクサ麵をならべ、盆にニョニャ菓子を盛り、それらを、おおきなアルミ箱につめる。バイクのうしろの荷台にアルミ箱をくくりつける。まえの荷台には炭火をいれたコンロがのっている。

かれは午前中は、屋台に卸すラクサのスープつくりの仕事をし、午後は、ラクサとニョニャ菓子の売り子としての業務にたずさわる。ヘルメットをかぶって、田舎の村にでかけていった。

ペナンの麺の種類

ほかに何軒もの製麺所を訪れた。ペナンで食べられる麺の種類を確認するためである。もちろん、麺料理もたくさん食べた。麺のすきなわたしでも、三食とも麺ばかりの日がつづくと、コメの飯がこいしくなったことであった。

「食べることも仕事のうちという研究はうらやましい」、という人がある。しかし、職業として食べることは、たのしいことばかりではない。写真を撮影したり、メモをとりながら食べなくてはならない。おいしいものだけを食べられたらよいだろうが、仕事としては、まずいものも味みしなければならない機会もおおい。食中毒にかかったことも何回もあるし、世界各地でひたすら食べているうちに、肥満＝成人病の予備軍の身のうえとなってしまった。

さて、短期間のペナン滞在で、足と胃袋で調査した結果わかった主要な麺の種類を二七六ページに図示しておいた。

タイでは麺を総称することばはなかったが、ペナンでは麺類をミー mee という。ミーは中国語の麺に由来することばだ。麺食店をカダイ・ミーという。カダイとは、マレー語で「店」ということばである。

図にみるように、ワン・トン・ミーとか、イー・フー・ミーといったように、コムギ粉を原料とする麺にはすべてミーということばがついている。いっぽう、ラクサのようにコメ粉を原料とした麺を食べさせる店も、カダイ・ミーというのである。土地の人に聞いた結果で

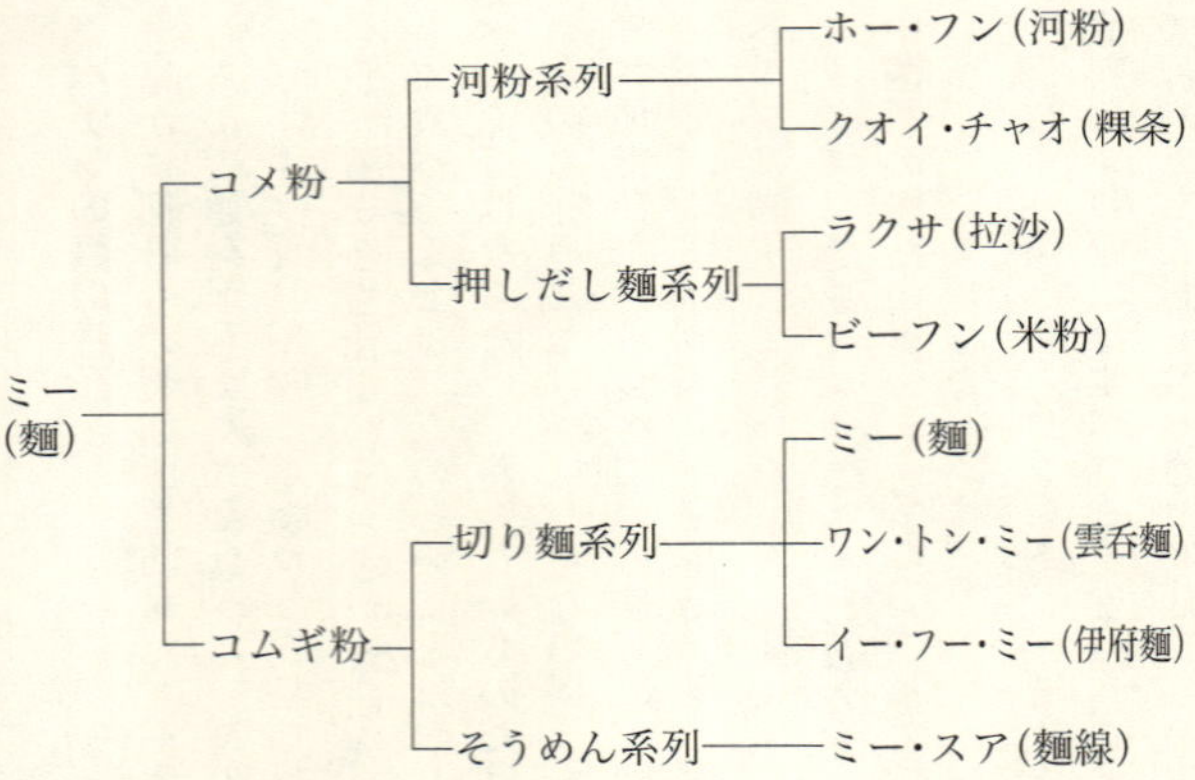

ペナンの主要な麺の種類

は、ラクサもひろい意味のミーのカテゴリーにいれられる食品であるという。

コメ粉を原料とする麺つくりの技術には、押しだし麺系列と、河粉系列の両方がある。

(一)押しだし麺系列の麺には、すでに述べたラクサのほかに、ビーフン bee hun がある。ラクサよりもほそい、乾麺が、ビーフンであり、米粉という漢字があてられる。ラクサには拉沙という文字があてられるが、その由来についてはわからない。ラクサはスープで食べるのが普通だが、ビーフンは台湾の焼きビーフンのように汁けなしの料理法で食べることがおおい。

(二)河粉系列のうち、広東省の腸粉のようにして食べる麺状に切らないシート状のものと、幅二センチ以上の帯状に切ったものをホー・フン hor fun という。広東語の河粉である。幅一センチ程度にほそく切ったものを、福建語に由来するクオイ・チャオ koay teow という。どうしてこのような区別をするようになったかは不明である。この系列の麵はスープでも、炒めても料理するが、炒めるほうが一般的だろう。

コムギ粉を原料にする麵には、切り麵系列と、そうめん系列のものがある。

(三)切り麵系列で一般にもちいられるのは、梘水《かんすい》をもちいてこねるので、黄色をしたほそい、日本のラーメンに似た形状のミーである。かつては、製麵所では一端を固定したふとい竹棒に人間が腰かけて生地をのばし、包丁で切る製法をおこなっていたという。現在では、製麵機械が導入されている。

ある製麵所で使用していた自動製麵機はマレーシア製であった。経営者の話では、日本製の製麵機を台湾がコピーしてつくったものを、マレーシアの機械メーカーが真似してつくったものだという。アジアで最初に機械製麵をはじめたのは日本であろう。日本で考案された近代的製麵機が、いまアジア各地で使用されている。

ワン・トン・ミー wan ton mee は雲呑麵《ワンタンミエン》に由来することばだ。広東料理の雲呑麵は、コムギ粉の皮にあんを包んだわんたんと、麵を一緒にスープ仕立てにした料理なのだが、ペナンではタマゴをいれて練った生地を、ひもかわうどん状の幅ひろい切り麵にしたもののことである。イー・フー・ミー ee fu mee は、大量のタマゴで練った切り麵である、伊府麵《イフウミエン》のことである。

(四)そうめん系列にはミー・スア mee sua がある。麵線の漢字をあてる。一般的な麵ではなく、ニョニャの家庭で誕生日に長寿をねがって食べる汁麵料理をつくるのにもちいられたものだという。福建人が主流を占めるペナンでは、特別なときに、福建からとりよせた線麵《シエンミエン》を食べたことに由来するものか。

現在では、ペナン製のミー・スアがあるが、その箱には、その肉を食べると二〇〇〇年の寿命が得られるというシカである玄鹿をともなった、白いヒゲの寿老人の絵があり、「福寿康寧」、「松柏長青」という長寿をねがう、めでたい文句が記されていた。

マレーシアは、マレー系、中国系、インド系の民族が混在する多民族国家である。中国系の人口のおおいペナンでは、本場にくらべると、いささか変形してはいるものの、福建風、広東風、潮州風の麵料理が食べられる。

このような中国風の麵料理は、ラードを使用していたりして、イスラム教徒のマレー人にはうけつけられないものがおおい。ラクサのほかにマレー人がよく食べる麵料理は、マレー語で「煮た麵」という意味のミー・ルブスと、「炒めた麵」であるミー・ゴレンだ。両方とも、さまざまなつくりかたがあるが、牛肉、鶏肉などブタ肉以外の肉を使用し、マレー料理に使用されるハーブやスパイスが味つけにもちいられる。インデアン・ミーというものもある。これにもおおくのつくりかたがあり、共通する特徴がなにか、わたしにはよくわからない。麵を食べる伝統のないインド人も、マレーシアにやってくると、その名のついた麵料理ができてしまった。

中国系の移民がやってくるまで、麵は国民の多数を占めるマレー人の伝統的献立にはふくまれていなかった。タイのカノム・チーンのように、インドシナ半島では、近代になって華僑がやってくる以前から、コメ製の押しだし麺があったが、マレー半島やインドネシアにはたぶん存在しなかったであろう。熱帯性の気候の東南アジアでは、コムギの耕作が困難なので、コムギ粉の麺つくりの伝統はなかった。

マレーシアの麺の普及の歴史は、一九世紀初頭頃の海峡植民地の中国人街にはじまり、二〇世紀になってから、中国人街からそとにひろまったものではないかと想像するのだが、どうであろう。いまでも、一般のマレー人の家庭では麺料理はつくらず、麺は外食のさいの食品である。

九　アジアの麺の歴史と伝播

名称の分布

ここで、いままでのべてきたアジア各地の麵について、文化史的な視点による整理をしておこう。

アジアの麵の歴史をかんがえるうえで、いちばん基本的な問題は、麵という食品が中国に起源したものであるか、どうか、ということである。まず、この問題について検討してみよう。

コメ粉、ソバ粉も麵の原料としてもちいられるが、それらはコムギ粉を原料とした麵つくりから、二次的に派生したものとしてよいであろう。リョクトウ粉を線状に加工する技術はふるく、『斉民要術』にあらわれるが、ハルサメは麵の主流にはならなかった。麵は、コムギ粉の加工法のひとつとして成立した食品であるとかんがえてよい。

コムギは西アジアで栽培化された作物である。コムギの農業と、コムギ粉をつくるための回転式の石臼は、シルクロードをとおって中国に伝えられた。このときに、コムギ粉を使用した食品のひとつとして、麵が中国に伝えられたとする仮説も検討しておく必要があろう。麵文化を発達させたのは中国であるにしろ、麵の起源はユーラシア大陸の西方にあり、コムギ農業とともに、麵の原型が中国に伝播したという可能性も考慮の対象となろう。

しかし、アジア各地の麵をみてきた結果では、その可能性はきわめてひくいということになる。中央アジアの手延べラーメン系のラグマンは、原始的な製法の麵ではあるが、ラグマンという名称が中国語由来であると思われるし、ラグマンは中国方面から伝わったものだという伝承ものこっている。中央アジアから西アジア、中近東にちかづくにつれて麵の比重がひくくなり、カスピ海東岸で麵を食べる風習は消えてしまうもののようである。

また、西アジアからコムギ栽培にともなって麵が伝播したのなら、のちにのべるように現在の西アジアで麵食の風習が希薄であることがなっとくいかない。それに、西アジアに接するインドにも麵が伝わっていてよさそうなものである。

本格的なコムギ栽培が華北平野で開始された時期の中国は、すでに文字による記録がなされている社会であった。麵が西方から伝わったものであるなら、漢代の文献あたりに、その手がかりとなるような記録があってしかるべきである。

そして、中国側の記録では餅《ビン》とよばれた古代のコムギ粉食品の一種である湯餅《タンビン》が発達して、麵になっていく経過をたどることができる。中国以外のアジアでは、日本をのぞくと、麵に関するふるい文献がのこされていないという事情を考慮にいれなくてはならないだろうが、中国とは無関係に、独自に麵という食品をつくりだした民族が存在することを推論するにたる証拠は、なにも発見されていない。こうしてみると、麵は中国に起源する食品であると断定してよいであろう。

次ページの表に、アジア各地の麵類の名称で中国語と関係があるとおもわれるものをあげておいた。たとえば、日本語で麵類の総称として使用される「メン」、麵の種類をあらわす名称である「ソウメン」、「キシメン」、「ラーメン」ということばの「メン」は、すべて中国語の麵《ミエン》という語に由来する、といったことをしめす表である。この表で麵に語源をもつと思

漢字	カナ表記名称
麵	メン　ソウメン　ラーメン（日本）、ミョン　ネンミョン（朝鮮半島）、メントール　メンティアオ　ゴエモン　ゴワメン（モンゴル）、ラグマン（ウズベク、ウイグル、タジク、キルギス、トルクメン、カルカラバク族）、メンチ　メンチッチ（チベット）、ミー（ベトナム）、バー・ミー（タイ）、ミー　ワン・トン・ミー、イー・フー・ミー　ミー・スア（マレーシア）、ミー　バーミー（インドネシア）
米粉	ビーフン（マレーシア、インドネシア）、ビーホン（フィリピン）
河粉	フォー（北ベトナム）、ホー・フン（マレーシア）
粿条	フー・ティヨウ（南ベトナム）、クオイ・ティオ（タイ）、クィチェウ（カンボジア）、クオイ・チャオ（マレーシア）

中国と関係があると思われるアジア各地の麵の名称

われることばをみると、「メン」系統、「ミョン」系統、「ミー」系統の語彙に大別される。

麵類が存在する場所でも、ベトナム、ミャンマー（ビルマ）では、中国語の麵に音韻的関係をもたないことばが使用される。麵に関係をもつ語彙のほかに、朝鮮半島の「クッス」、モンゴルの「ゴリル」のように、それぞれの言語固有の麵類をしめすことばが併存している場合もある。また、調べがつかなかった言語もいくつかある。

それにしても、アジアのひろい範囲にわたって、麵に由来することばが分布していることにおどろかされる。そのことは、とりもなおさず、麵という食品と、その名称が、中国からアジア各地にひろまっていったことをしめしている。

表にはあげなかったが、日本の「ウドン」のように、もとをたどれば中国のコムギ粉食品（餛飩）と関係をもつかもしれない語もある。また、料理名で麺がでてくる例――たとえば、チベットのタルメンが中国の打滷麺《ダアルウミエン》に由来することなど――をあげていったら、アジア各地における麺系統のことばの使用例はさらに増加するだろう。

五系列の分布

こんどは、さきに五系列に分類した製麺法のそれぞれについて、その地理的分布を検討してみよう。

(一)手延べラーメン系列

道具を使用せず、練った粉を手で線状にのばすこの方法は、麺つくりの原初的なものに位置づけられよう。

中国では『斉民要術』の水引餅《すいいんぺい》がその原型にあたるが、すでに三世紀頃から、この技術が存在していたらしいことは、すでにのべたとおりである。華北平野のコムギ作地帯で成立した技法とかんがえて、さしつかえないだろう。

道具なしで、麺をつくる方法には、ほかに、手をローラーのように使って麺生地を棒状にするやりかた、指のあいだから麺生地をもみだすようにしてつくるやりかたがある。中国でも、このような方法があったのではないかと思われるのだが、切り麺の普及とともに姿を消したのではなかろうか。いまでもモンゴルで、このような技法による麺つくりがおこなわれ、ハダカエンバクを原料とした麺つくりにも適用されている。移動生活をおくる遊牧民の家庭は家財道具をあまりもたない。道具なしにつくれる麵として、この方法がもちいられているのだろう。

中央アジアのラグマンも単純な手延べ麵つくりの方法でつくられる。棒状にした麵生地に植物油をコーティングして、生地の表面が乾燥することをふせぎながらグルテンを熟成させることによって、ほそくひっぱっても容易にちぎれることがない点に、技術的進歩がある。

中国では、『居家必用事類全集』の索麵のつくりかたに植物油を使用する技術がでてくる。手延べラーメン系列と、そうめん系列は、手でのばすか、棒のあいだに巻きつけてひっぱるかのちがいであり、技術的には近い関係にある。記録としては、そうめん系列の技法としてでてくる油を使用する麵つくりは、かつては中国で手延べ麵つくりにも適用されたものであり、それが中央アジアのラグマンに残存しているとかんがえてよいだろう。

モンゴルや中央アジアでの単純な技術にくらべると、現在の中国料理のレストランで実演される手延べラーメンのつくりかたは、専門的技術の習得を必要とするものである。麵生地の帯の両端をもって、両手でひきのばしては、二本が四本、ついで八本、一六本……というふうにして、最後はほそい麵にまでしたてあげるのは熟練が必要だ。家庭での製麵法というよりは、職人芸として発達したものであろう。

拉麵《ラアミエン》、抻麵《ツエンミエン》などとよばれる麵をつくる技術は、明代の山東半島の福山県に起源をもち、福山出身の料理人が、華北、東北（旧満州）などに伝えたものであるという。山東半島では家庭でも、この技術による手延べラーメンがつくられているそうだ。[1] 山東半島起源説が史実としてたしかか、どうかは、わたしには判断がつかないが、この高度な技術的習熟を必要とする麵つくりは、コムギ地帯の華北平野と、山東人が進出した東北においておこなわれる。

二〇世紀後半になって、どちらかといえば高級な中国レストランが世界各地に展開すると、料理人の技術のデモンストレーションにうってつけなので、東南アジアや日本などの中国料理店で、この麵つくりを実演して食べさせるようになった。

こうしてみると、手延べラーメン系列の麵つくりは、最初に華北平野のコムギ作地帯に発生し、その単純な技法のつくりかたは、モンゴル、中央アジアにまで伝播した。後代になって成立した、より高度な技術を必要とする拉麵、抻麵つくりは、現代以前には華北平野と、そこから伝播した東北に分布する麵つくり技術だったということになる。この伝播関係を二八八―二八九ページに図示しておく。

(二)そうめん系列

手延べ麵の技術がハダカエンバクの粉の製麵に応用されたり、ソバ粉の切り麵がつくられたりするが、グルテンの粘性の特性を最大限に利用して麵つくりをするこの技術は、コムギ粉を主原料にする場合しかつくれない。

起源的には、そうめん系列の麵は、手延べ麵と近縁関係にある。一本のながいひも状にのばした手延べ麵を、保存のために乾麵にしようとするときには、棒にぐるぐる巻きつけて、ぶらさげて、干すことになる。こうしたことをしているうちに、二本の棒のあいだに手延べ

1　張廉明　一九八〇「抻麵的制作技術及其物理解析」『中国烹飪』一九八〇―四

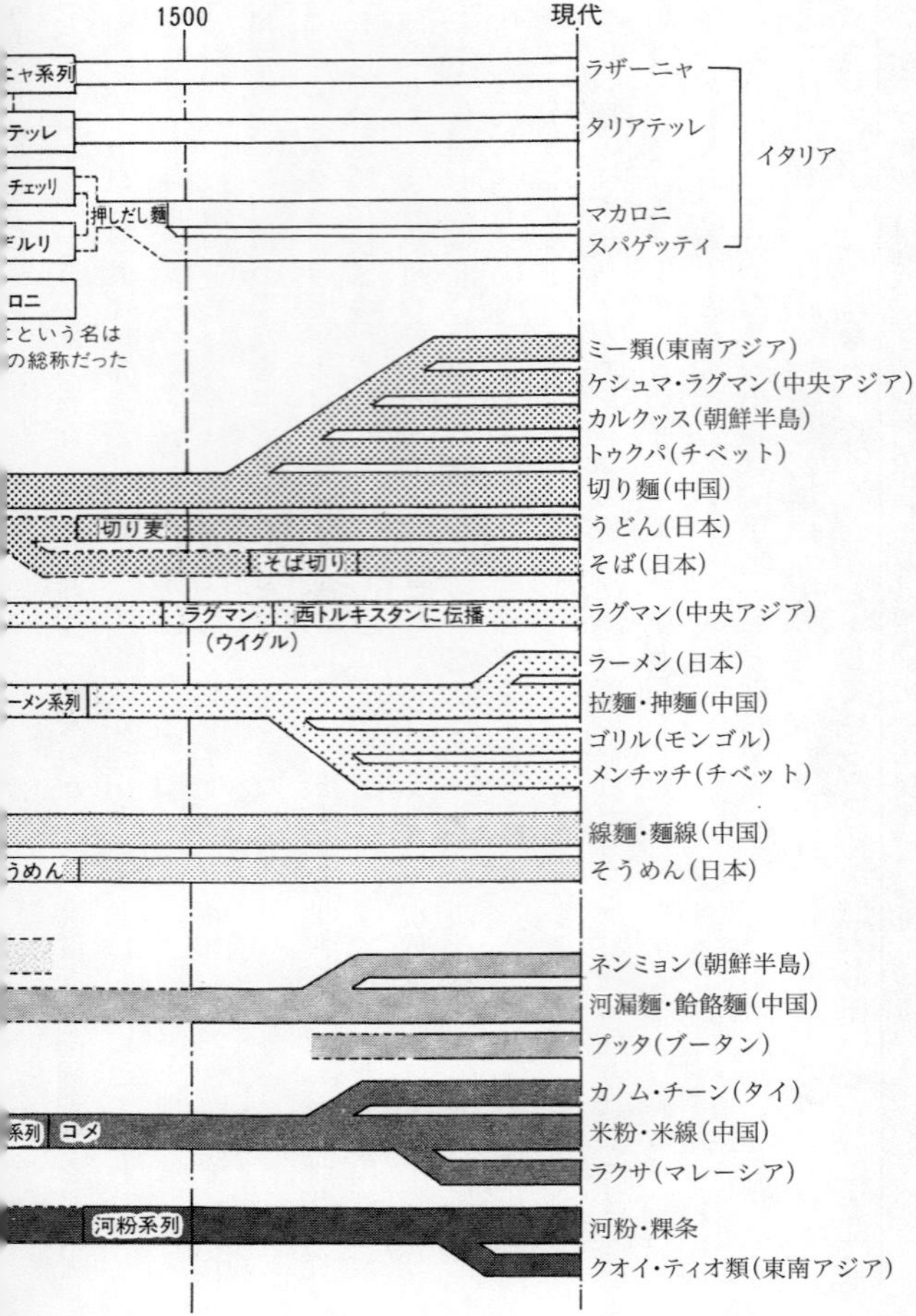

1500
現代
ャ系列
テッレ
チェッリ
押しだし麺
ルリ
ロニ
という名は
の総称だった
ラザーニャ
タリアテッレ
マカロニ
スパゲッティ
イタリア
ミー類(東南アジア)
ケシュマ・ラグマン(中央アジア)
カルクッス(朝鮮半島)
トゥクパ(チベット)
切り麺(中国)
切り麦
うどん(日本)
そば切り
そば(日本)
ラグマン
(ウイグル)
西トルキスタンに伝播
ラグマン(中央アジア)
ーメン系列
ラーメン(日本)
拉麺・抻麺(中国)
ゴリル(モンゴル)
メンチッチ(チベット)
線麺・麺線(中国)
うめん
そうめん(日本)
ネンミョン(朝鮮半島)
河漏麺・餄餎麺(中国)
プッタ(ブータン)
系列
コメ
カノム・チーン(タイ)
米粉・米線(中国)
ラクサ(マレーシア)
河粉系列
河粉・粿条
クオイ・ティオ類(東南アジア)

麺の系譜図

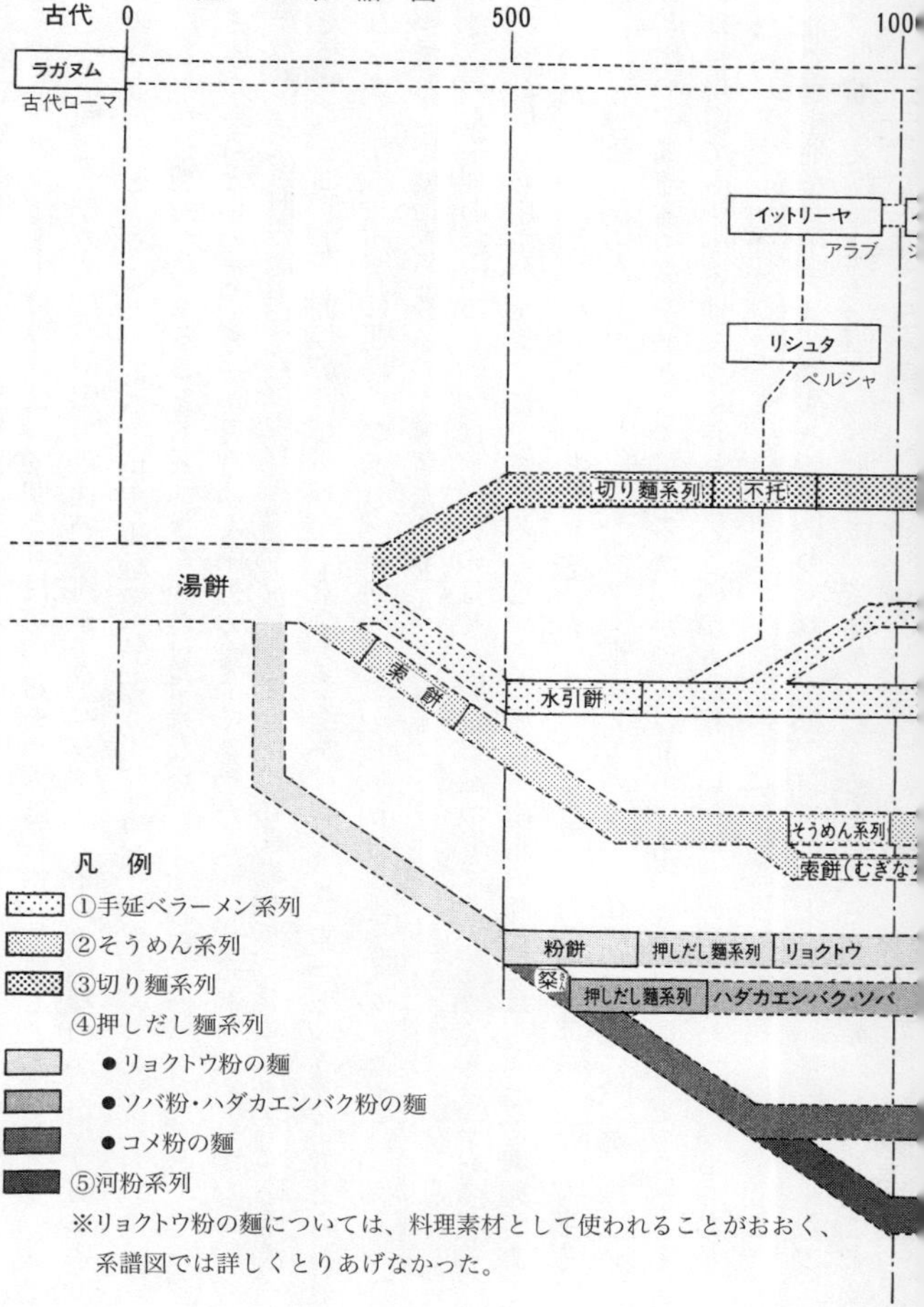

※リョクトウ粉の麺については、料理素材として使われることがおおく、系譜図では詳しくとりあげなかった。

麵を巻きつけて、上下にひっぱって、よりほそい麵をつくる技術が成立したものだろう。

そこで問題となるのは、中国の古代の索餅《さくべい》が手延べラーメン系列の麵なのか、そうめん系列の麵なのかということである。再現実験でたしかめたように、『延喜式』の索餅は、そうめんとおなじ製法でつくることも、できないわけではない。

そうだからといって、索餅がそうめん系列の食品であったと断言するわけにもいかない。『延喜式』の索餅の記事に大量の竹がでてくることから、索餅が竹棒にぶらさげて、乾燥させた麵であることにはまちがいなかろう。索餅と索麵が、おなじ「索」という文字であらわされることから、両者に連続性があり、索餅つくりの技術が発展したものが索麵である、といっておく程度にとどめるのが無難だろう。

そうめん系列の麵である索麵は、元代のはじめ頃には成立していたとかんがえられる書物である『居家必用事類全集』にでてくる。ということは、南宋の時代には、すでに索麵があったのだろう。『居家必用事類全集』の著者は不明であるが、篠田統先生は、たぶん燕京（現在の北京）の住人の書いたものであろうと推定している。[2] 現在では、線麵《シエンミエン》、麵線《ミエンシエン》という名称で、福建省の名産品となっているが、かつては北方でもつくられたのであろう。あるいは、現在でも中国各地でつくられているのかもしれないが、その情報をわたしはもちあわせない。

油で麵生地をコーティングする索麵のつくりかたは、日本に伝えられて、そうめんになった。日本の文献では、一四—一五世紀に、索麵からそうめんへの名称の転換がおこったことがわかる。朝鮮半島の伝統的製麺法には、そうめん系列の麺はなかった。そのことは、そうめんが華北から朝鮮半島を経由して日本に伝えられたのではなく、華中・華南から海路で直接日本に伝播した食品であることを物語る。ペナンのミー・スアのように、東南アジアに進出した福建人がそうめん系列の麺を行事食として食べる例もあるが、二〇世紀以前にこの系列の麺が普及していたのは、次ページの図にみるように中国と日本に限定される。

㈢切り麺系列

唐代の不托に起源する切り麺は、次ページの図にみるように、アジアの麺食をする地域のすべてに伝播した。この技術は、ソバ粉、ハダカエンバクの粉など、コムギ粉以外の原料による地方的特色をもつ麺をも生みだしている。

現在の東南アジアでは、コムギ粉の切り麺もよく食べられるが、その歴史はあたらしい。熱帯性気候の支配する東南アジアでは、コムギは伝統的な作物としての位置をもたない。コムギの麺は、一九世紀以降東南アジアに進出した華僑が、外食の食べ物として普及させたものである。現在では、輸入品のコムギ粉を使用しての製麺がおこなわれている。

同僚の大塚和義助教授の話によると、現在では、シベリアの沿海州のオロチョン族などの少数民族のあいだでも、切り麺をつくって食べることがよくおこなわれるとのことであるが、その歴史については不明である。

2　左記の本の『居家必用事類全集』の項を参照。
篠田統　一九七四　『中国食物史』　柴田書店

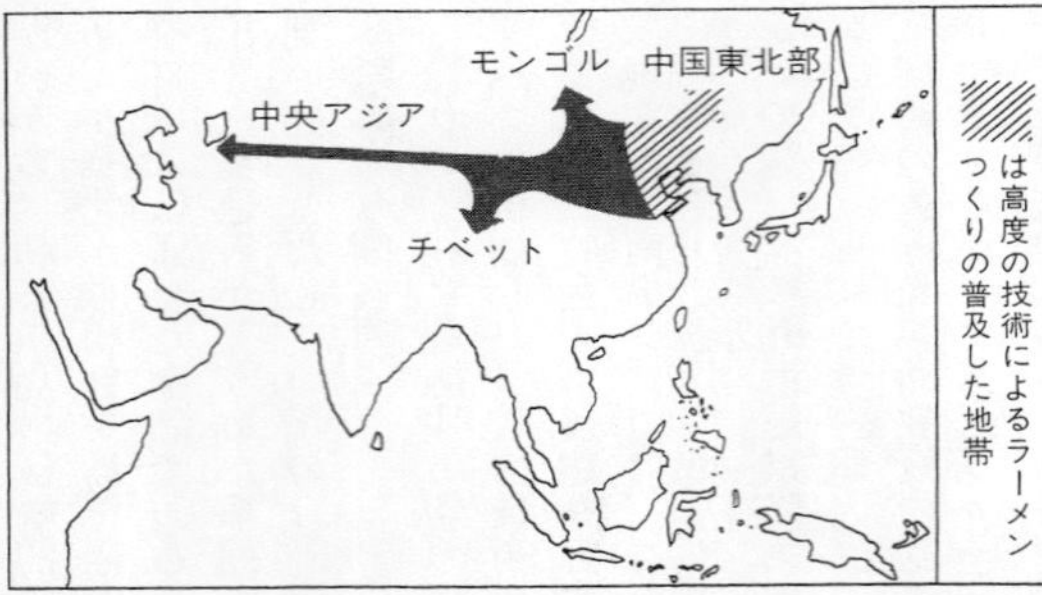

手延ベラーメン系列の伝播

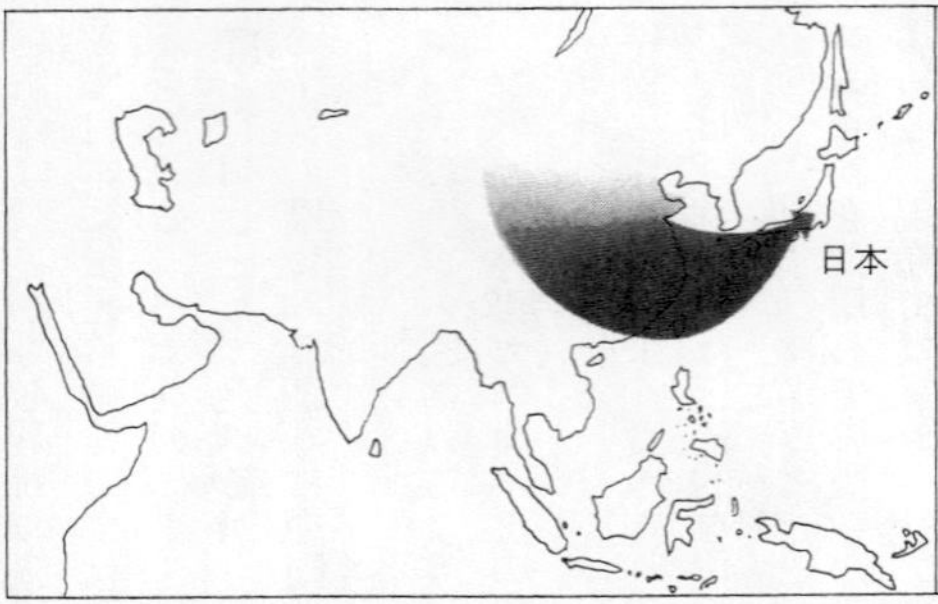

そうめん系列の伝播

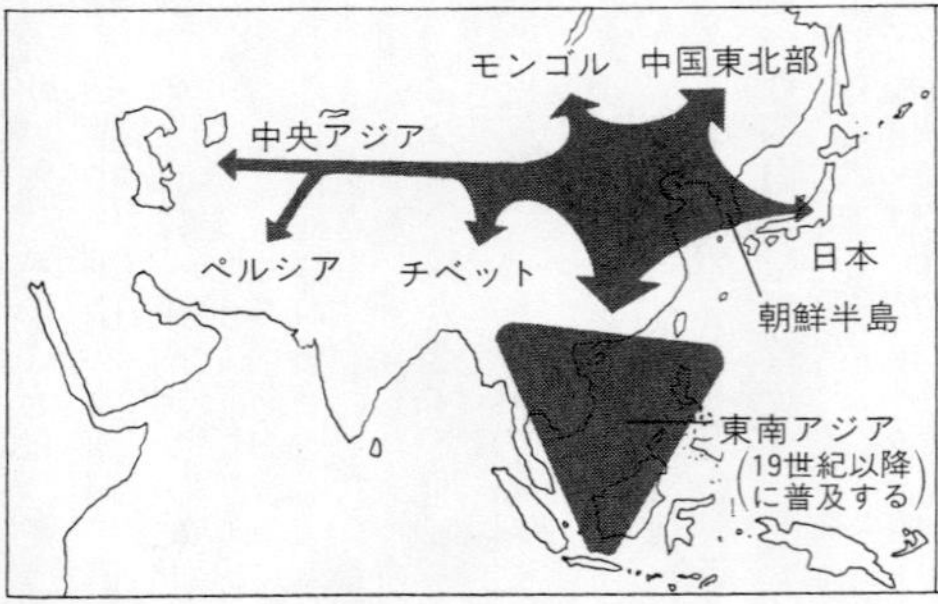

切り麵系列の伝播

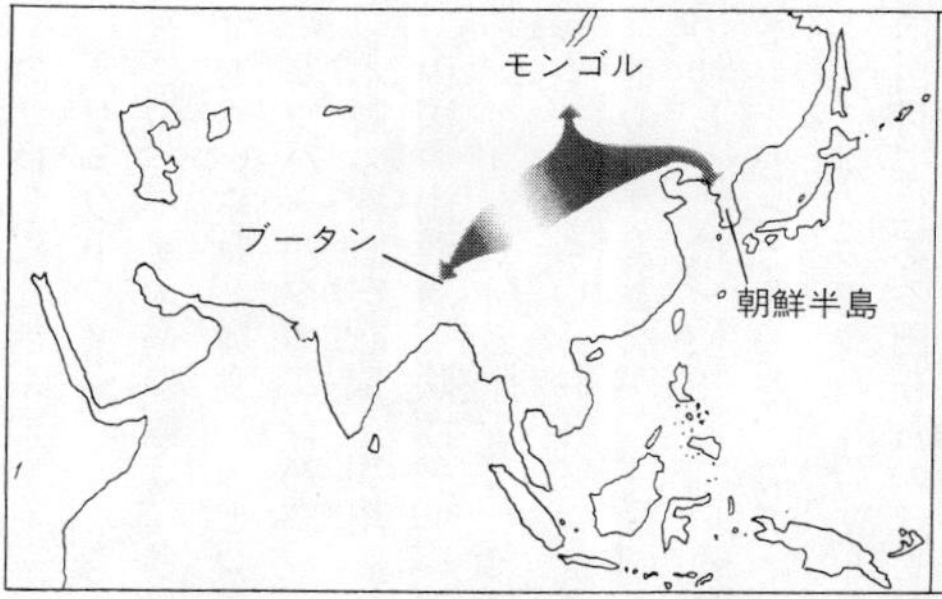

押しだし麺系列の伝播
——ソバ・ハダカエンバク

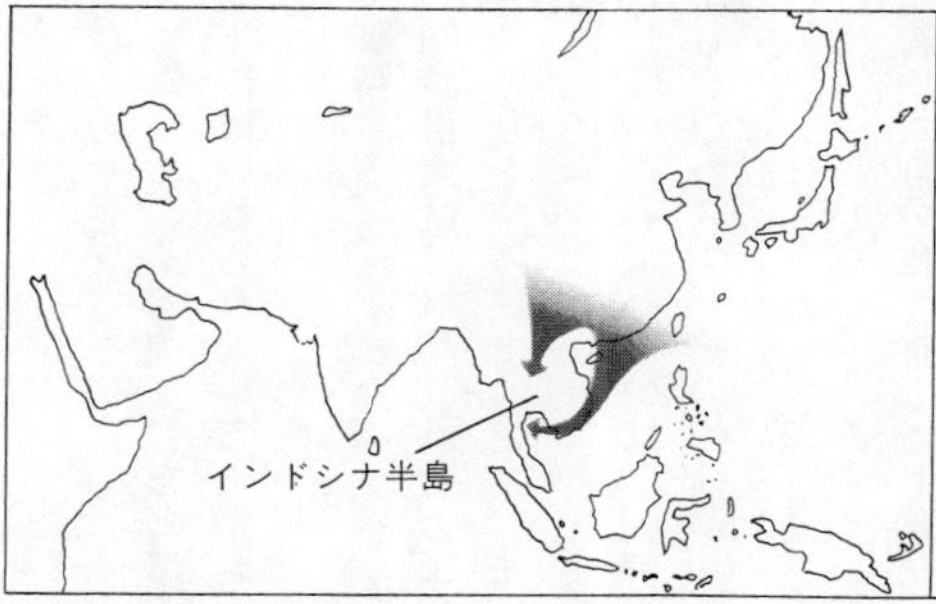

押しだし麺系列の伝播
——コメ

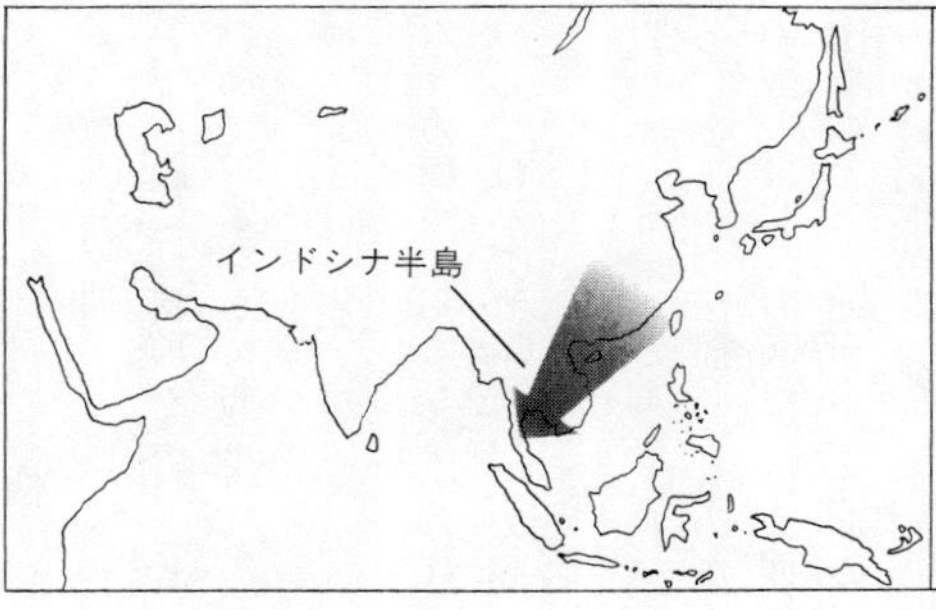

河粉系列の伝播

(四)押しだし麺系列

①リョクトウ

このハルサメ系の麺は、さきにのべたタイの例などをのぞくと、一般には料理の素材としてもちいられ、麺食のカテゴリーにはいれられないことがおおいので、省略しておこう。

②ソバ・ハダカエンバク

木製の押しだし機を利用して製麺する。

中国の山西省、陝西省、寧夏回族自治区でソバ、ハダカエンバクの麺つくりにもちいられるが、コムギ粉を押しだして麺つくりをすることもある。モンゴルではハダカエンバクの麺つくりにもちいられる。

この本を書きながら、疑問としていだいていたのは、朝鮮半島のネンミョンがおなじ型式の押しだし機を使用しているにもかかわらず、その技術が、いつ、どこから伝播したものか不明なことであった。最近になって、同僚の周達生教授が、「中国の東北（旧満州）にも押しだし麺があるよ」、と文献をみせてくれた。その本の著者の出身地である遼寧省の遼河の河口付近にある田荘台のことを書いた部分に、押しだし麺についての記事があった。[3]

かつて、この地方では白麺というコムギ粉は貴重品であり、黒麺とよばれるソバ粉で餃子の皮や、麺条をつくったという。かまどの鍋のうえにしかけた河漏床子という押しだし機に、水でこねたソバ粉を入れて押しだして麺条をつくる。河漏麺、あるいは省略して河漏とよばれるが、煮て食べるほか、夏は冷水に浸して、粉トウガラシ、ゴマ油、醤（味噌の類）、酢、あるいはニンニクの汁などのたれで食べると、さっぱりすると書かれている。

　これで、疑問がひとつ解決した。山西省、陝西省方面の押しだし麵は、東の遼寧省まで連続していたのだ。遼寧省の東の国境の鴨緑江を越えたら朝鮮半島だ。こうしてみると、朝鮮半島のネンミョンは、中国北部の押しだし麵と一連の分布のものとなる。清王朝をつくった満州族の故郷の地である東北地方は、清代には「封禁の地」とされ、漢族の入植が禁じられていた。それでも、清代の後期になると、漢族がフロンティアの地として、東北地方に進出するようになった。こういった事情を考慮にいれると、東北地方を経由して朝鮮半島に、押しだし機を使用して製麵する技術が導入されたのは、一八―一九世紀のことではないだろうか。

③コメ

　いまのところ、ブータンの押しだし麵であるプッタの起源は不明である。押しだし機は、中国のものとまったくおなじなので、中国から伝えられたものにちがいない。「七　チベット文化圏の麵」の章でのべたように、青海省方面からチベット高原を経由して、中国北方の押しだし麵が伝播したとかんがえるか、あるいは西南中国のコメの押しだし麵つくりの道具がブータンでソバの麵に転用されたものか。中国における押しだし麵の分布についての情報が増加しないことには、結論がくだせない（二九三ページの図）。

3　左記の本の、「伏天『河漏』」の章による。
丙公　一九七八　『東北風物漫憶』　上海書局

コメを原料とした場合の木製の押しだし機も、ソバやハダカエンバクの押しだし麵つくりにもちいられるものと、おなじ原理の道具である。残念ながら、これらの道具の歴史についてはわからない。東南アジアで近頃までおこなわれていた袋からしぼりだす方法は、『斉民要術』のハルサメにあたる粉餅《ふんぺい》の製法の原理をひきついだものである。

道具はともかくとして、コメの押しだし麵は、宋代あたりから中国南部の稲作地帯で食べられていたものであろう。伝播の時代ははっきりしないが、生ま麵として食べるややふとめのコメの押しだし麵は、西南中国から内陸経由で、インドシナ半島に伝えられた。ベトナムではコメの押しだし麵をブンという。ミャンマー（ビルマ）でも、この系統の麵が食べられている。しかし、マレー半島部と東南アジア島嶼《とうしょ》部には、この麵つくりの伝統はなかったようである。ペナンのラクサにしても、一九世紀になって中国移民が伝えたものとかんがえられる。

ビーフン系のコメ製の押しだし麵で、ほそく、乾燥させたものは、一九世紀になってから、海路で東南アジアに移住した華僑がもちこんだものであろう。保存がきく乾麵のことなので、最初は中国からの輸入品を食べていたのではなかろうか。よく調べていないので、自信はないが、東南アジア各地にビーフン工場ができるのは、二〇世紀になってからのことだろう。そこで、伝統的なコメの押しだし麵の分布をしめす二九三ページの図から、マレー半島部と東南アジア島嶼部が除外されている。一連の分布図は、機械を使用した工業的な麵の生産がはじまる以前である、一九世紀頃の分布を目やすにして作成したものである。

(五)河粉《ホーフエン》系列

この系列の麵の歴史は、さっぱりわからない。東南アジアには、広東省、福建省から海路で移民した華僑が伝えた食品であろう（二九三ページの図）。二八四ページの麵の名称の表でみるように、ベトナムのハノイ方面ではフォーという名でこの系列の麵を呼ぶが、それは河粉の「河」に由来することばの可能性がある。いっぽう、海路での中国移民のおおかったホーチミン市（旧サイゴン）方面では粿条《グユアチヤオ》系の名称で、フー・ティヨウとよばれる。タイ、カンボジアでは粿条系の名称でよばれ、マレーシア（ペナン）では両方の系統の名称があある。

東南アジアでも、ベトナムは一九世紀以前から、この種の麵をつくっていた可能性がある。麵状に切らずに、おおきな河粉の皮で、春巻状に食べ物を包むのはベトナム料理のスタンダード・ナンバーだ。ふるい時代に中国の植民地となったことのあるこの国は、中国との歴史的関係がふかい。中国文明の強力な影響下にありながら、支配者であった中国人に反抗するながい歴史のあるベトナムと中国は近親憎悪のあいだがらにある。

ベトナム北部の料理は、さまざまなハーブの多用による中国料理にはない香りを強調すること、醬油ではなく、魚醬油のニョク・マムを使用することなどの特徴をもちながら、おおすじとしては、中国の地方料理のひとつといってもさしつかえがないくらい中国との近縁性がある。広東省にちかいので河粉も比較的ふるくから使用していた可能性があるし、その他の麵類についても、他の東南アジア諸国よりもふるくから、うけいれていたことが想像されるのだが、ベトナム料理の歴史的研究についての情報がないので、わたしにはお手あげである。

文明論としての麵食

こんどは個別的な製麵技術にはあまりとらわれずに、麵の伝播を巨視的な文明論の立場から検討してみよう。

中国文明をささえた経済的基盤は、おおきく南北ふたつの類型にわけられる。新石器時代以来、アワ、キビなどの雑穀を栽培してきた農業に西方から導入されたコムギ耕作がつけくわわったのが、中国の北側の類型である。南側は新石器時代以来、稲作農業をおこなってきた。北側は粉食が発達し、南側はコメの粒食を主食としてきた。麵は粉食をする華北平野の農業が生みだした食品である。

ながいあいだ、麵をふくむコムギ粉食品は北での食べ物として発展してきた。首都が南の浙江省に移動した南宋代から、南でも麵食の習慣が普及するようになる。ただし、日常の主食には、北は粉食食品、南はコメの粒食といううちがいは現在でもつづいている。それはさておき、北からやってきた麵の影響をうけて、南ではコメから麵つくりをする技術が開発されたのだろう。のちに、コメの麵は、コムギの生産のできない東南アジアに伝播していく。

中国文明の知的影響力を象徴するのは漢字である。中国以外で漢字で自国語を表記した伝統をもつのは、日本、朝鮮半島、ベトナムである。はやくから日本は、独自の表記法である

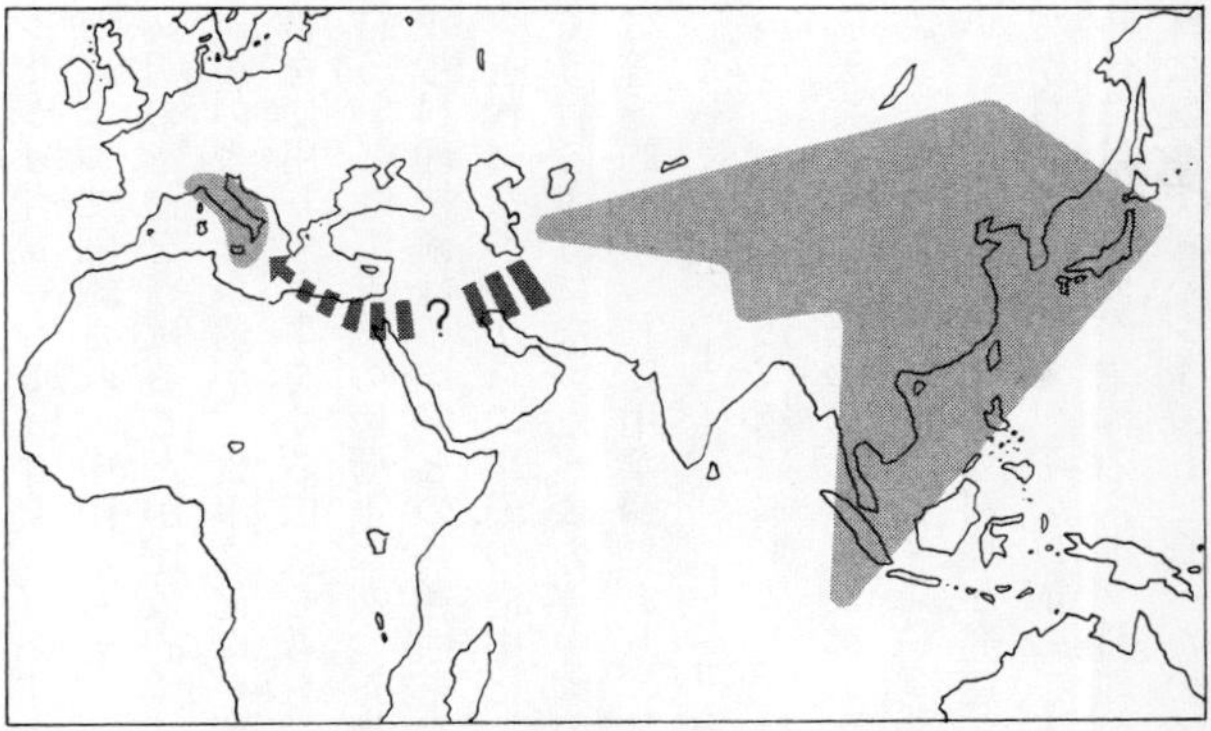

19世紀の世界における麺食文化の普及地帯

かな文字をつくって漢字と併用したが、朝鮮半島、ベトナムでは漢文で文字記録を作成することがながくつづいた。漢字とおなじように、食事において中国文明の影響をしめすものは、箸と碗である。箸と碗形の食器をもちいて食事をするのも、中国、日本、朝鮮半島、ベトナムである。手で食べるのは蛮人の風習であり、文明人は箸をもちいて食事をする、というのが中国文明の食事のイデオロギーである。もっとも、本来は、箸、匙、碗をセットとして使用するのであるが、日本では、奈良・平安時代の宮廷文化で匙をつかったくらいで、食事における匙の使用は脱落してしまった。

中国文明とインド文明のはざまにある東南アジアは、歴史的に、これらふたつの巨大文明の影響をうけてきた。古代から中国文明の影響下にあったのはベトナムで、その他のインドシナ半島、マレー半島、インドネシアは、ながいあいだインド文明の影響下にあった。海によって隔絶され、中国からも、インドからも到達しづらいフィリピンは、これらの巨大文明の影響をうけることが比較的すくなかった。

このような事情が、食事文化にも反映されている。東南アジアのなかで、ベトナムだけが箸を使用して食事をする伝統をもち、料理技術も中国料理にちかいものとなっている。いっぽう、インド文明の影響下にあった地域は、インドとおなじく手食であり、スパイスを多用する料理技術はインドとの共通性をもつ。

近代になってからの華僑の進出により、東南アジア全域は、中国の食事文化の影響をつよくうけるようになった。この、中国の食事文化の影響を象徴するものが、東南アジアの台所で普遍的にみられる中華鍋であり、外食のさいに麵を食べることである。

ふるくは、「スープ料理にしたコムギ粉食品」という意味の湯餅という名称であったことからわかるように、麵は本来スープ料理として発達してきた。麵を食べるには碗形の食器が必要である。ひとつのおおきな鉢のような食器にスープ状の麵をいれて、数人が食卓をかこんで、鉢を回しながら食べる光景を想像していただきたい。食べづらいこと、このうえない。ヨーロッパでスープ料理が発達するのは、近代になって個人別に配膳する習慣が確立してからのことである。その以前のひとつの共用の食器に、皆が手をのばして食事をしていた時代には、液体が主体のスープ料理ではなく、ごった煮のシチューのようなもので、それを鉢に盛って、パンを浸して食べたのである。

わたしが知るかぎりでは、ひとつの食器に複数の人びとが手をのばして、麺を食べる食事法はアジアにはない。東南アジアや中央アジアの、共用の食器から食べる食事法が原則である地域でも、スープ料理にした麺は碗形の個人別食器で配膳される。

中国では、古代から主食や汁物を個人別の食器である碗にいれて食べる習慣があった。碗は箸や匙の使用を前提とする。口径がちいさく、ふかい碗は手づかみでは食べづらい。一寸法師の「おわんの舟に箸の櫂《かい》」という文句のように、碗と箸はセットをなす食器である。このような食事用具を使用する文明において、汁気たっぷりの麺料理が成立したのである。

熱くて、澄んだスープの麺料理を食べるには箸が必需品となる。普通の食べ物は手食するモンゴルやチベットでも、麺を食べるときは箸をつかう。手食圏の東南アジアで、中国系住民以外にとって、麺は普通は外食の食べ物である。麺を食べさせる食堂では、箸か、フォーク、スプーンをそえてくれる。ウイグル族などの旧ソ連領中央アジアでは、かつて、手で麺を食べていたというのが例外である。この地方のラグマンは、汁気がすくなくて、具材がおおい、一見煮込み料理風である。手で食べるためには、さらさらしたスープに麺が浮かんでいる状態では食べづらいので、このような料理法に変形したものか。

箸と碗の文化圏のなかで、ベトナムの麺食史については、わたしの手のとどく範囲では情報がなくて、なんともわからない。朝鮮半島ではコムギの生産がふるわなかったということもあり、麺が普及するのは案外あたらしい。奈良時代の索餅が麺であるとするならば、中国についでふるく、麺食をとりいれたのは日本であるということになる。

歴史的文献で確かめることが困難なので、わたしの個人的感想とでもいうくらいの程度の話としてうけとってもらいたいのであるが、箸と碗の文化圏をこえて、麵食が普及するのは中国史でいえば、明代から清代になってからのことではなかろうか。とくに清帝国が成立し、モンゴル、チベット、中央アジアを勢力圏に編成したことが、これらの地域に麵食をひろげ、清末の華僑の流出が、東南アジアでの麵食の普及をもたらしたのだろう。

おなじように、中国起源の食事文化で、世界的な普及をとげたものに飲茶の風習がある。[4]ベトナムをのぞく東南アジアでは、近代以前には茶を飲む習慣は伝播しなかったし、いまでも茶を生活必需品としない地域がおおい。しかし、モンゴル、チベット、中央アジアには、麵食以前に飲茶の風習が伝播していた。それは、中国産の茶が交易物資として、これらの地域に運ばれたからである。茶は軽く、保存がきくので、容易に遠方までキャラバンで輸送することができる。

工業的に生産した乾麵をトラック輸送するようになるまでは、麵つくりは、それぞれの土地で栽培した作物を製粉し、麵に加工するところまで家庭の仕事としておこなわれてきた。手間がかかる麵食は、おなじく中国起源の食事文化要素であっても、飲茶のように容易に伝播することが困難であったのだ。

しかし、結果的には、一九世紀のアジアでは、東は朝鮮半島と日本、西はカスピ海東岸の中央アジア、北はモンゴル、南はヒマラヤ山麓と東南アジアにいたる、広大な地域で麵が食べられるようになっていた。漢字文明圏を、はるかに越えて伝播したのである。それは、茶とならんで、中国文明の生みだしたもののなかで、最大の分布域をもつようになったものである。

近世になって、茶は中国文明が直接的影響力をもつ地帯を越えて、ヨーロッパ、ロシア、中近東、西アジア、インドなど異なる文明の支配する地域にもひろまった。中国起源の麵も、茶とおなじように、異なる文明にまで伝播したものであろうか。

そこで問題となるのは、イタリアのスパゲッティやヴェルミチェッリなどの麵状のパスタの起源である。マルコ・ポーロが中国の麵つくりの技術をイタリアにもちかえったのが、マカロニの起源であるという話もあるが、ほんとうだろうか。

以下の章で、ユーラシア大陸の西側の麵状食品が、中国と関係をもつものか、どうか、検討してみよう。

4　左記の論文は、飲茶の風習の伝播を文明論的に論考したものである。石毛直道一九八一「文明の飲みものとしての茶とコーヒー」守屋毅（編著）『茶の文化――その総合的研究』第二部（所収）淡交社

一〇　イタリアのパスタ

プリモ・ビアットの料理

イタリアの旅には、同僚の野村雅一助教授に同行してもらった。野村さんは、非言語的コミュニケーション、つまり、身ぶりや、しぐさの研究の第一人者であるが、イタリアでながいあいだ研究に従事したこともある。半月ほどの旅行の前半は、日清食品社長の安藤宏基さんもいっしょだった。

ずいぶん忙しい旅だった。北はスイスとの国境の山間部、西はフランスとの国境の地中海沿岸部、南はナポリまで借り切りバスでまわり、パスタ工場を見学し、何十種類ものパスタ料理を食べ、それぞれの土地のパスタにくわしい人びとにインタビューしたのだ。

「一日の半分はバスで移動し、半分はパスタを食べている。これじゃ身体がもたないよ」、と野村さんが悲鳴をあげた。

バスの運転手のジョヴァンニは、運転しながら無線電話で、たえず長距離トラックの運転手たちと連絡をとっている。道路事情の情報を交換したりもするが、気晴らしのおしゃべりがおおい。それを聞いていた野村さんが、ふきだして、会話の内容を教えてくれた。

「おれは、ジャポネーゼの教授やカメラマンが乗ったバスを運転している」、とジョヴァンニが自己紹介すると、話し相手のトラック運転手が、

「その連中は、なにしにイタリアにきたんだ?」

「パスタを調べにきたんだ」

「連中は、毎日パスタを食べているか?」

「もちろん」。そこでトラックの運転手いわく、

「じゃあ、ジャポネーゼの連中、ずいぶんふとったことだろうな」、とのたもうたそうだ。

旅の後半になると、〝鉄の胃袋〟をほこる、わたしも食べ疲れを感じた。

イタリアじゅう、どこへいっても、土地の名物料理のパスタがある。それを試食するといっても、日本で、そば屋や、うどん屋で一杯食べて、でてくるようなわけにはいかない。レストランでのパスタ料理は、コースの一部に組みこまれている。

まず、前菜であるアンティパストを食べる。レストランでは何種類ものアンティパストのワゴン・サービスをするところもおおい。イタリアの前菜には、日本人好みの魚介類や、野菜を材料にしたものがおおいので、あとのこともかんがえずに、ついつい何種類も食べてしまう。

つぎに、プリモ・ビアット（第一の皿）の登場である。パスタはこのときに供される。ほかに、プリモ・ビアットのカテゴリーにいれられるものには、コンソメやミネストローネなどのスープ、雑炊風のコメ料理であるリゾットがある。わたしにとって、これが本命なので四種類くらいのパスタ料理を注文して、同行の人びととわけて食べる。

これで腹がふくれたところへ、メイン・ディッシュである肉や魚の料理のセコンド・ビアット（第二の皿）が運ばれてくる。なんとかたいらげると、こんどはチーズ、果物、ケーキなどのデザートの出番だ。食後のケーキは、日本の三倍程のおおきさが普通だ。もちろん、食事のあいだ土地産のワインを飲む。

パスタはフランス料理のサービスのしかたでいえば、スープの位置にある。イタリアのレストランでパスタだけ食べて帰ったら、日本の料亭で味噌汁だけを飲んで帰ることにあたる。そこで、連日、わたしは昼と晩にパスタを目当てのフルコースを食べることとなる。帰国したら、血糖値がたかくて、病院へいかねばならぬこととなった。職業病といいたいところだが、労災保険の対象にはならないだろう。

ヴィンチェンツォ・ブオナッシージ氏は演劇、音楽、映画の評論家であり、作詞家、小説家、料理研究家でもあり、イタリア国営放送のキャスターとしても有名である。イタリアには、ルネッサンス期の万能人の系譜をひく人物がよくあらわれるが、ブオナッシージさんも、そのひとりだ。かれは日本語もふくめて各国語に翻訳された『パスタ宝典』という大部の本を書き、ワシントン・ポスト紙で「ミスター・スパゲッティ」と評されたことがある。近頃、あらたに書きおろした『新パスタ宝典』には、一三四七種類のパスタ料理のつくりかたがのせられている。[1]

安藤社長とわたしは日本で、ブオナッシージさんに会ったことがある。そのとき、「イタリアにきたら、わが家特製のパスタ料理をごちそうしよう」という約束をしてくれた。

ミラノでのブオナッシージ家の晩餐会はすばらしいものであった。食器はすべて、銀器のデザイナーである奥さんが製作したものであった。プリモ・ピアットは、手打ちの切り麺であるタリアテッレをクリームソースであえたものがだされた。そのうえに、イタリアの秋の味覚の最高のものとされる白いトリュフ——イタリア語ではタルトゥフォといい、白い色をしたものが上等とされる――の生まのものを、食卓でスライスして、のせてくれた。

食事をしながら、ばかな質問をした。「イタリアには、何種類くらいのパスタ料理があると、おかんがえですか?」ブオナッシージさんは、肩をすくめて、「だれも知りませんよ！数えきれない！　たくさん！　たくさんの料理がありますよ！」、とのことだった。

わたしがパスタ料理の主要なものだけでも食べつくすためには、何年かイタリアに住まなくてはならないだろう。

パスタとは

パスタ料理の多様性は、

①料理に使用するソース（イタリア語でサルサという）の種類がおおいこと、
②料理の具材に多種類の肉、魚介類、野菜などがもちいられること、
③パスタ自体におおくの形状があること、

による。これらの三要素の組合わせで、地方ごとに特色をもつ、さまざまなパスタ料理がつくられる。なかでも、パスタそのものの種類の多様性が特徴的である。イタリア全土で形

1　ヴィンチェンツォ・ブオナッシージ（著）・西村暢夫（他訳）一九八三『パスタ宝典』読売新聞社
ヴィンチェンツォ・ブオナッシージ（著）・西村暢夫（他訳）一九八九『新パスタ宝典』読売新聞社

状のちがうパスタを数えあげたら、何百種類かになるだろう。

乾麵であるスパゲッティの仲間は、普通のスパゲッティ spaghetti よりも、ふといものがスパゲトーニ spaghettoni、ほそいものがスパゲッティーニ spaghettini といって区別するし、スープ用のさらにほそいものは、ヴェルミチェッリ vermicelli、カペッリーニ capellini、カペッリ・ダンジェロ capelli d'angelo（天使の髪という意味）の順に直径がちいさくなる。ラセン状のかたちをしたフジッリ fusilli という乾麵もある。管状の乾麵であるマカロニの仲間も、ふとさや、形状で何種類もの名称でよびわけられる。

生まの手打ち麵であるタリアテッレ tagliatelle の仲間も、幅のひろさによる区別や、ホウレンソウをいれて緑色にしたものなど、さまざまな種類にわけられる。

幅のひろい短冊状のラザーニャ lasagne もパスタの一種である。餃子のようにコムギ粉製の皮に詰めものをしたラヴィオリ ravioli の仲間にも、半月形のもの、四角いかたちをしたもの、指輪状のものなどがあり、さらに肉、魚、野菜などの詰めものの種類によって区別される。スープの浮き実につかうパスタには、蝶のかたち、貝のかたち、星形、コショウ粒のかたち、車輪のかたち、など数えあげればきりがない。

これらが、すべてパスタとよばれるのである。麵状の製品はパスタの一部にすぎない。「ながいパスタ」という意味のパスタ・ルンガ pasta lunga と、「みじかいパスタ」であるパスタ・コルタ pasta corta にわけることもある。この本の主題である麵状の製品はパスタ・ルンガにあたるが、パスタ・ルンガであるマカロニを、みじかく、ななめに裁断したペンネ

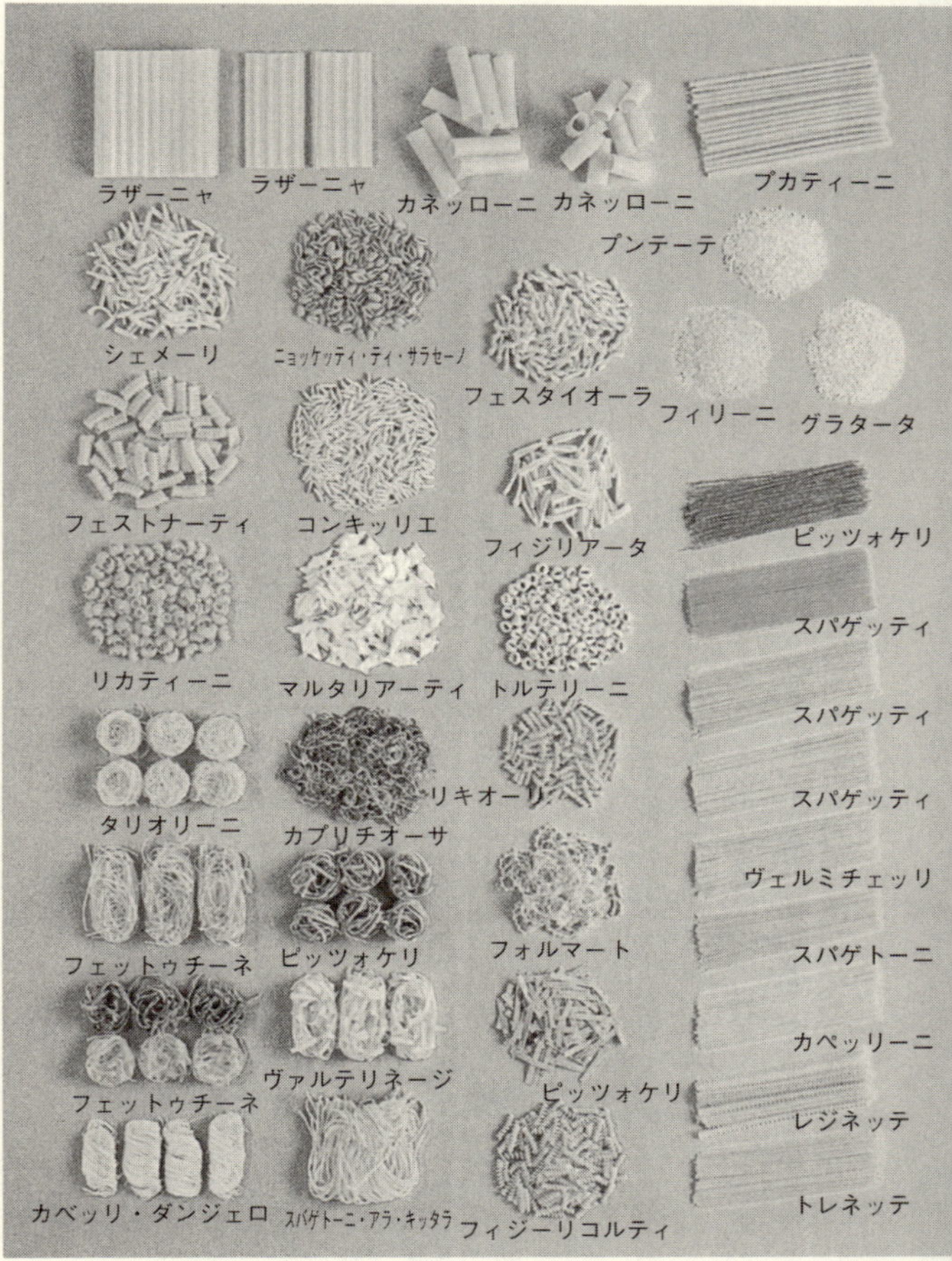
ラザーニャ
ラザーニャ
カネッローニ
カネッローニ
ブカティーニ
プンテーテ
シェメーリ
ニョッケッティ・ティ・サラセーノ
フェスタイオーラ
フィリーニ
グラタータ
フェストナーティ
コンキッリエ
フィジリアータ
ピッツォケリ
リカティーニ
マルタリアーティ
トルテリーニ
スパゲッティ
スパゲッティ
リキオーリ
スパゲッティ
タリオリーニ
カプリチオーサ
ヴェルミチェッリ
フェットゥチーネ
ピッツォケリ
フォルマート
スパゲトーニ
カペッリーニ
ヴァルテリネージ
フェットゥチーネ
ピッツォケリ
レジネッテ
トレネッテ
カペッリ・ダンジェロ
スパゲトーニ・アラ・キッタラ
フィジーリコルティ

さまざまなパスタ＊

は、パスタ・コルタの部類にいれられるといったぐあいに、細部におよぶと、話はややこしい。では、パスタとは、いったいなんなのか。

パスタは、英語ではペーストにあたることばである。食品としては、コムギ粉を練ったものが、ひろい意味でのパスタである。コムギ粉が主ではあるが、コメ、ソバ、トウモロコシなどの粉に、水、塩、タマゴなどを混ぜて、こねたものもパスタという。

この広義のパスタにたいして、さきにあげた、スパゲッティ、マカロニ、タリアテッレ、ラザーニャなどの一群の食品をよぶさいのパスタということばがある。やはり、練り粉を主原料としているのに、パン類は狭義のパスタということばのカテゴリーにはいれられない。ゆでたり、煮て料理する練り粉製の食品を、狭義のパスタというもののようだ。してみると、中国の食品概念をあてはめれば、古代の湯餅に相当し、いまでいえば、麵条と麵片の両方をふくめた概念がパスタにあたるといえる。

生まパスタをパスタ・フレスカ pasta fresca、乾燥パスタをパスタ・セッカ pasta secca という。生まパスタは、麵でいえば生ま麵にあたる。生鮮食品なので、つくったその日のうちに料理をする。もともと家庭でつくるものだったが、現在では町の生まパスタ屋のつくったものを買ってくることがおおいようだ。生まパスタ屋は小規模の工場で、簡単な機械を使用して、その日のうちに売りきってしまうパスタを、少量多品種生産する。ひもかわうどん状の切り麵であるタリアテッレや、詰めものをしたラヴィオリが生まパスタの代表格である。

もっとも、現在では乾燥パスタにしたタリアテッレも売られている。生まパスタと乾燥パスタのちがいは、保存に関しての区別である。いっぽう、個別的名称で区別されるパスタの種類は、主として形状のちがいで分類されている。そこで、パスタの産業化が進むと、もともとは手づくりの生まの製品であったものが、大工場で生産した乾燥製品でも得られるようになり、生まパスタと乾燥パスタの両方にまたがるものが増加したのだ。デザインの得意なイタリアのことである。乾燥パスタ産業の分野にデザイナーが進出し、さまざまなかたちのパスタを考案し、いまではデザイナー・ブランドのパスタも売りだされている。

乾燥パスタは、スパゲッティの仲間と、マカロニの仲間を中核としている。この二種類の麵状の形態をしたパスタは、むかしから乾麵として発達してきた。両方とも押しだし麵である。まえにのべたビゴリのように、家庭で小型の押しだし機（ビゴラーロ）を使用して手づくりの生まスパゲッティをつくる地方もある。しかし、乾燥パスタのスパゲッティは、大型の押しだし機をそなえた工場で職人が生産したものを買ってくるものであった。保存、運搬が可能な乾燥パスタは商品としての歴史をたどってきた食品である。現在では、少数の大規模パスタ企業の工場で乾燥パスタが大量生産され、イタリア全土に製品を流通させ、世界じゅうに輸出している。

生まパスタは、普通のコムギ粉と、しばしばタマゴをあわせて生地をつくる。乾燥パスタは、デューラムコムギの粉であるセモリナを使用する。デューラムコムギをマカロニコムギともいう。乾燥パスタのマカロニの原料に使用されるからだ。このコムギは普通のコムギにくらべたら、いちじるしく硬質で、グルテンの含有量がたかい。パンつくりや、ケーキつくりには適さず、もっぱらパスタ原料専用である。

イタリアの押しだし麵は、アジアのコメやソバの押しだし麵のように熱湯にいれて固めることをしない。麵をだれずに乾燥させ、煮こんでも、イタリア人の好きな、いくぶんしんが残ったような歯ごたえのアル・デンテの製品に仕上げるためには、デューラムコムギの使用が必須条件のもののようだ。ゆでるまえのスパゲッティやマカロニは、タマゴをいれたような黄色をしているが、それはセモリナの自然の色である。現在、イタリアの法令では、輸出むけの製品と生まパスタをのぞいては、セモリナ以外の粉を使用することが禁じられている。

現在では乾燥パスタがイタリア全土に出回っているが、もともとは乾燥パスタは南イタリアの食品であった。エトルリア以北は伝統的に生まパスタ地帯であり、「パスタの王国」といわれるエミリア・ロマーニャ地方では、いまでも家庭で生まパスタをつくることがおこなわれているそうだ。このような嗜好のちがいは、デューラムコムギの栽培とも関係をもつようだ。乾燥パスタ地帯である南イタリアは硬質コムギの産地である。一四世紀に、おそらく乾燥パスタを現地生産するために、トスカナ地方でデューラムコムギを栽培することが試みられたが失敗し、トスカナは普通のコムギを原料とする生まパスタを食べる地方でありつづけたという[2]。

生まパスタのマカロニを押しだす。ミラノ＊

アウディシオ社のパスタ製造ラインで、スパゲッティを押しだしている。＊

ラザーニャとマカロニ

ボローニャ大学のマッシモ・モンタナリ教授は、中世の農業史と食物史の研究の第一人者として、ヨーロッパの学界で知られている。かれはイタリアにおけるパスタの歴史に関する論文を発表している。[3] 野村さんといっしょに訪ねて、教授からさまざまなことを教わったが、「パスタの歴史について、本格的に研究した人はまだいないのです」、といっていた。

わたしが目をとおした、パスタの歴史についてふれている文献の数はすくないが、[4] いずれも古代や中世のパスタについては、明快にのべられてはおらず、おぼろげな記述ばかりだ。したがって、パスタの起源についても、はっきりしたことはわからないのが現状だ。

古代ローマの成立以前、イタリア中央部にはエトルリア人の都市国家があり、紀元前六―七世紀に繁栄したが、起元前一世紀初頭にローマに併合されてしまう。エトルリアの古墳の墓碑銘の浮き彫りにラザーニャをつくる道具が描かれている。つぎにのべるスパゲッティの博物館で、その写真をみた。粉をこねたり、のばすのに使用する作業台、麺棒、ナイフ、ラザーニャの縁を波形に切るための小形のパイ車（布地のうえに置いた型紙をなぞる道具で、洋裁用語でルレットとよばれるものとおなじかたちをしている）のレリーフである。精密な描写の彫刻ではなく、ラザーニャつくりの道具だと思ってながめれば、そう解釈できるといった程度の代物だ。

ラザーニャということばの語源は、古代ギリシア語のラガノンに由来し、古代ローマではラガヌムとよばれた。ラガヌムは、ほそながく切ったパスタで、焼いたり、油揚げにしてから、スープにいれるものであった、とかんがえられている。となると、直接、ゆでたり、煮て食べる現在のパスタや、麵とはことなる使いかたをした食品である。

古代ローマの美食家であったアピーキウスの著作に、ラガヌムを使用した料理が二例でてくる。いずれも、こまかく切りきざんだ肉や魚を、ワイン、香辛料、調味料などで煮こみ、キャセロール用鍋の底にラガヌムを敷いたうえにのせ、そのうえにラガヌムを敷いては、煮こんだ材料を置くことをくりかえして、いちばんうえをラガヌムでおおい、アシの茎を突き刺して、空気孔をあけて、焼いた料理だ。[5] これらの料理のさいには、ほそく切らないシート状のラガヌムを焼いたものが使用されたのだろう。

現在のラザーニャ料理でおおいのは、ゆでたラザーニャのシートのあいだに、ミートソース、ベシャメールソースなどを層状にはさんで、オーブンで焼いたものだ。ゆでたものと、

2　Massimo MONTANARI 1989, "Note sur l'historie des pâte en Italie", *Médiévals*, No. 16-17.

3　注2の論文。

4　日本語で読めるパスタの歴史に関する文献をあげておこう。
注1の『パスタ宝典』所収の「パスタ小論」の章と、『新パスタ宝典』の「パスタの起源」の章、および左記の文献がある。
木戸星哲・納和夫　一九八四「パスタの歴史」『朝日百科　世界の食べもの』第三巻（所収）朝日新聞社
木戸星哲　一九八四「料理にみるパスタの文化史」『味公爵――パン・麵・パスタ』（所収）講談社

5　左記の本の、「アピーキウス風キャセロール」と「惣菜風キャセロール」の項にでてくる。
ミュラ＝ヨコタ・宣子　一九八七『アピーキウス　古代ローマの料理書』三省堂

パイ皮のように焼いたもののちがいはあるが、あいだに詰め物をして、層状にして、焼くという料理技術では、古代ローマの料理に共通している。
ローマ時代のあと、一二―一三世紀頃までは、パスタについての記録がないもののようだ。一三一一年以来、フィレンツェにはラザーニャリとよばれる職人たちの組合があり、ラザーニャリに加盟している職人のところに人びとは粉をもっていって、薄皮のパスタを注文して、つくらせたことがわかる記録がある。中世のラザーニャは、家庭でつくっても、一度乾燥する必要があった。一四世紀のトスカナで成立した料理書には、つぎのようなラザーニャについての記述がある。[6]

上質の白い粉を手にいれ、ゆるくならないようにしながら、ぬるま湯で溶きなさい。それをうすくのばし、乾燥しなさい。ラザーニャは去勢したニワトリのブイヨンか、他の肉のブイヨンで煮る必要がある。つぎに、おろしチーズをかけて、好きなだけ重ねて、皿にいれなさい。

麺棒でのばした生地を切ってつくるという点では、ラザーニャと、切り麺であるタリアテッレは共通する。タリアテッレという名称は、「切る」という動詞のタリアーレから派生したことばである。両者は加工技術としてはおなじで、幅がひろいシート状であるか、幅のせまいひもかわうどん状であるかという、形態のちがいにすぎない。現在の南イタリアでは、タリアテッレをラガネラとよび、アブルッツォ地方の一部ではラナカというが、これらはラザーニャに関係をもつことばだ。[7]

焼いたり、揚げたりしてスープのなかにいれていたラザーニャの祖先が、いつごろから煮たり、ゆでて食べるようになったものか、いつごろ、タリアテッレが出現したのかはわからない。

麺状食品ではないが、中世には、ゆでて食べるパスタに似た食品であるニョッキや、マカロニが存在していた。現在のニョッキは、コムギ粉と、ジャガイモをマッシュポテト状にしたものを、こねあわせ、二―三センチの棒状に切ったものである。新大陸原産の作物であるジャガイモが導入される以前のニョッキは、コムギ粉や雑穀でつくった練り粉の棒をみじかく切ったり、団子状にしたものであったといわれる。いまでも、地方料理にはジャガイモを使用しないコムギ粉製のニョッキがあるという。めんどうなことには、中世にはニョッキとマカロニということばは、しばしば混同して使われた。現在でもヴェネト地方では、ニョッキをマカロニというそうだ。

『デカメロン』の第八日目の第三話で、バスク人の住む土地にあるというユートピアのありさまを物語るくだりに、マカロニとラヴィオリがでてくる。[8]

粉におろしたパルメザン・チーズの山があり、そのうえに人が立って、もっぱ

6　Odier REDON et Bruno LAURIOX, 1989, "La constitution d'une nouvelle curinarie?: La pates dans les liver de cuisine Italiens de la fin du Moyen Age", *Medievals*, No.16-17.

7　注1の『新パスタ宝典』の「パスタの起源」の章による。

> らマカロニとラヴィオリをつくって、カーポーニ（去勢したオンドリ）の汁で煮てから、したにそれを投げていた。したにいる者は、それをとりほうだいだ。

ここでいうマカロニは、現在のニョッキの形状をしたものだろう、というのが定説のようだ。

孔のあいたマカロニのつくりかたは、一五世紀の文献に、つぎのように書かれている。

> ラザーニャの生地よりも、厚い麵生地をつくり、心棒に巻きつける。心棒をひきぬいて、指一本のながさに切ったのが、マカロニ・ロマネッシである。マカロニ・シシリアニをつくるには、棒状の固い生地が必要である。その生地は手のひらのながさで、ワラほどのほそさでなければならない。生地よりもすこしながい、ほそい針金を生地のうえに置き、テーブルのうえで、両手で転がす。生地が針金のかたちに、ぴったりとなじんだら、針金をひきぬく。するとマカロニのまんなかに孔が通っている。[9]

この心棒に生地を巻きつけて、手で転がす方法は、近代になっても、手づくりのマカロニつくりにもちいられていた。シチリア島などの南イタリアでは、この方法でつくったパスタを、フェッロ ferro というが、それは「編み針」という意味である。編み針に生地を巻きつけることからでた名称だ。ヤナギの枝に巻きつけてつくる地方もあるという。

織機の櫛状の部品のうえで転がすと、マカロニの表面に多数の筋がつき、装飾的でもあるし、表面積がおおきくなって、ソースがよくからまるので、この方法がよくおこなわれた。

現在の乾燥パスタとして製造されるマカロニは、ノズルの孔のなかに、ピアノ線のような細い針金でピンを支持したしかけをもつ押しだし機で、大量生産をされる。ピンを通ることによって、中空になるのだ。櫛のうえを転がしてつくった手づくりのマカロニは、ながさの方向に直角に筋目がつけられたが、現在の機械で押しだしてつくる製品は、その原理からして、ながさの方向に平行な筋目しかつけられない。

マカロニがニョッキと混同されるだけではなく、技術的には切り麵であるタリアテッレの一種をさす例もある。アブルッツォ地方でキッタラというパスタが現在でもつくられている。長方形の木枠に、等間隔でピアノ線を張った道具を使用する（三三一ページの写真）。キッタラとはギターのことであり、ピアノ線をぴんと張ったこの道具が楽器を連想させることからつけられた名称だろう。麵棒でひろげた生地を木枠のうえに置き、小形の麵棒でおしつけると、ピアノ線の間隔に切れて、麵ができる。正式には、このパスタはマッケローニ・アラ・キッタラ maccaroni alla chittara という。

マカロニということばは、一一世紀の記録に初出するそうだ。現代になって、スパゲッティが主流になる以前には、マカロニがイタリアの麵状のパスタの代表格であったからであろ

8　『デカメロン』のこの箇所の邦訳をいくつかあたってみたが、いずれも意訳部分をふくんでいるので、野村雅一氏にあらためて、原文に忠実に訳してもらい、引用した。テキストとしては左記の版を使用した。
Singleton C.（校訂）1976 *Il Decameron* vol. II, Laterza.

9　注7文献から引用。

う、マルコ・ポーロがマカロニを中国からもちかえったという話が流布している。一二七九年にジェノヴァの公証人が、顧客の財産目録を作成した文書のなかに「マカロニがいっぱい詰まった箱」と書いている。それは、マルコ・ポーロが中国への旅から帰国する以前の年代にあたる。この時代のマカロニは孔あきのものではなかったであろうが、箱にいれて保存していることから、この財産目録のマカロニは乾燥パスタであったにちがいない。また、財産目録に書きのこされるくらい貴重品の食品であったもののようだ。[10]

イットリーヤ、ヴェルミチェッリ

マカロニ、タリアテッレ、ラザーニャ、ニョッキとならんで、中世からつくられていたことがわかっているパスタの主要なものに、イットリーヤ系の名称でよばれるものがある。モロッコ生まれのアラブの地理学者であるアル・イドリーシ（一一〇〇—六八）は、シチリア島のノルマン王国の国王ルッジェーロ二世に招かれて、パレルモの王宮に滞在した。当時のシチリア島は、アラブ文明との関係がふかく、かつてはアラブの支配下にあった時期もあり、イスラム教徒も多数住んでいた。

一九世紀前半にパリで刊行された、イドリーシの地理書の仏訳本がある。そのなかで、シチリア島のパレルモから約三〇キロの町であるトレビアについて、つぎのような記述をしている箇所がある。[11]

人びとが居住している広大な土地があり、そこにはいくつかの小川がながれていて、水流にはいくつかの水車製粉所がもうけられており、線状のパート（フランス語でパスタに相当することば）の一種であるイットリーヤ（ヴェルミチェッリあるいはマカロニ）を製造し、その相当な量がカラーブリア地方（シチリア島の対岸で、長靴形をしたイタリア半島のつまさきにあたる地方）、イスラム教徒の諸地域、キリスト教徒の国々に輸出される。

この訳文のうち、イットリーヤに括弧をして、（ヴェルミチェッリあるいはマカロニ）という注釈をつけたのは、仏訳本の訳者であって、わたしではない。仏訳本ではイットリーヤitriyahということばの部分は、アラビア文字で記されている。

それでは、一二世紀のシチリア島でつくられていたイットリーヤとは、どんな製法でつくられた、どのような形状をしていたものであるかということになると、さっぱりわからない。輸出にたえるのだから、乾燥させた食品であることにはちがいない、ということくらいしか、記録からはわからないのだ。

近代になると押しだし機を使用してつくるようになる、スパゲッティ、ヴェルミチェッリ、マカロニなどの、麵状をした乾燥パスタは、シチリア島のイットリーヤに起源するのではないかという論者は何人もいるが、具体的に一二世紀のイットリーヤがどんなものであったかについて言及している者はいないようだ。イットリーヤについての、わたしの意見は、

10　注7におなじ。
11　Amédée JAUBERT (tran.), 1836-40, *Géographie D'Édorisi*, Impr. royale.

つぎの章でアラブの麺類について考察するときにのべることとして、さきをいそごう。

イタリア南東部のサレント地方では、揚げたタリアテッレをいれたエジプトマメのスープをチチェリ・エ・トリーという。シチリア方言では、簡単な押しだし機でつくって、天日乾燥させた孔のあいたパスタをトリーとよぶ。トリーということばは、アラビア語のイットリーヤに語源をもつとかんがえられている。モンタナリ教授の話では、トリー trii、あるいはトリア tria ということばが、パスタの総称として使用された形跡があるそうだ。

モンタナリさんによると、中世の医学書である『健康全書』の一四世紀頃の写本に、ミニアチュールの挿絵で麺状のパスタをつくっている光景があり、それをトリーと記している。これが中世のトリーについて具体的にわかる例だそうだ。その絵の複写をみると、女性がテーブルのうえで生地をこねている。そのかたわらの女性が、木製の長方形の枠に、白く、ほそいものをひろげている。木枠はトリーを天日乾燥させる台にちがいない。女性の背たけから判断すると、一メートルはゆうにある、ながい麺である。ナイフや麺棒が描かれていないので、切り麺か、どうかは、判断できないし、押しだし機も描かれていない。こねた粉を原料として、ながくのばした麺状の乾燥パスタであることしかわからない[12]。

モンタナリさんの論文によると、一四世紀のトスカナの文献に「病人用のジェノヴァ風トリア」という料理がでてくるし、おなじく一四世紀のナポリの写本に「ジェノヴァのトリア」の調理法が記載されている。トリアと関連してジェノヴァという地名がでてくるのは偶然ではないという[13]。

すでに、一二世紀からジェノヴァの商人はシチリア島の乾燥パスタを大量に輸入し、それを地中海内外のさまざまな場所に輸出していたことが、貿易契約書などからわかるという。ついで、リグリア地方が乾燥パスタの生産地になったという。ジェノヴァを中心とするリグリア海の湾岸部がリグリア地方である。この地方での、一二八四年の労働契約書には、ある男が給料と、食物、住居を提供されることとひきかえに、ヴェルミチェッリを数ヵ月間製造し、販売する義務をおうことが記されているとのことだ。

ここにでてくるヴェルミチェッリがどのようなパスタであったかは不明である。一四世紀のヴェルミチェッリは、具体的なつくりかたはわからないが、切り麵ではない技術で製作され、ほそく糸状にして、ミミズくらいのながさに裁断され、乾燥させたものであるとのことだ。[14]

一六〇七年にフランスのリヨンで出版された本によれば、ヴェルミチェッリ（原文にはvermisseuxと表記されている）とか、マカロニ（原文ではmacarons）は、極上のコムギ粉をタマゴの白身とバラ水で溶いて、こね、指で非常にほそい、ちいさな幼虫のかたちにし

12　この絵の写真は、左記の本のイタリア・食事文化史の章に、「パスタ作り」という解説でのせられている。
13　清水廣一郎　一九八四　「中世市民の食生活」『朝日百科　世界の食べもの』第三巻（所収）　朝日新聞社
14　注2文献におなじ。
注6論文による。

て、天日でほす。イタリア人は、それを去勢したニワトリといっしょに食べる。つまり皿の底に、おおくの新鮮なバターと、好みのチーズで層をつくり、そのうえに、おおくのマカロニと去勢したニワトリをのせる。そのうえに、また、マカロニとチーズをたっぷりのせ、ナツメグやシナモンの粉をかける。[15]

こうしてみると、中世からルネッサンス期にかけての、マカロニやヴェルミチェッリは押しだし麺の技術でつくられたものではなく、手で成形をした乾燥パスタであったもののようだ。

のちに、押しだし麺のスパゲッティが普及するようになっても、リグリア地方では切り麺状の、ほそく、ひらたい乾燥パスタを食べる習慣がのこったという。スパゲッティ博物館ではフィデルリ fideluri という名称のパスタのでてくる一五七四年の文献の写真パネルを展示しているが、それが、このリグリア地方のパスタの前身だろうといわれている。現在の標準イタリア語でフィデリーニというのは、非常にほそい押しだし麺であるが、その名称はフィデルリに関係をもつとされる。リグリア地方に隣接するフランスのプロバンス地方では、一七世紀にフィディォー fidiaux という名のパスタがあったが、その形状はよくわからない。[16]スペイン語でスパゲッティの類をフィデオス fideos という。のちにのべるアラブのみじかい麺状のパスタの一種にフィダーウシュ fidaws というものがある。

ながいあいだイベリア半島はアラブの支配下にあったし、ジェノヴァがアラブ圏との交易の中心地のひとつだったという歴史的背景を考慮にいれたとき、フィデルリ、フィディォー、フィデオスなどの名称は、一連のものであるとかんがえられる。

一三世紀のこの地方のヴェルミチェッリと、フィデルリがどんな関係にあるのかわからないが、シチリア島とともに、中世以来、リグリア地方が、乾燥パスタの中心地として、各地とパスタ貿易をおこない、独自の乾燥パスタの伝統を形成したことをしめすものではあろう。

中世の乾燥パスタは、船乗りなど保存食品を必要とする人びとによって利用されたようだ。となると、それは民衆の食べ物ということになる。しかし、いっぽうではマカロニが財産目録に登場することから、貴重品あつかいされていたし、その後も、食糧難のときには食べることを禁止される、ぜいたく品とみなされていた。モンタナリ教授は、この二面性をもつ乾燥パスタの地位に関しては将来の研究にまつしかないとのべている。一四世紀までは、パスタは一般的な食品ではなかったろうという。パスタを食べることが普及するのは、一七世紀以後のことだ、というのがモンタナリさんの意見だ。

ルネッサンスの時代である一五―一六世紀になると、少数ながら料理書にパスタ料理がとりあげられるようになる。この頃のパスタ料理は、現在とはだいぶちがっていた。乾燥パスタと思われるものでいえば、マカロニ・シチリアーニは二時間、ヴェルミチェッリは一時間

15　Jean-Louis FLANDRIN 1989, "Les pâte dans la cuisine Provencale", *Médiévals*, No.16-17.
16　注15におなじ。

ゆでるとある。このことから、ヴェルミチェッリのほうが、ほそいパスタであったことがわかる。

ゆでる時間がずいぶんながい。さきの引用文のように、タマゴの白身がはいっているとなると、パスタが固くなり、ながい時間ゆでなければならないといわれるが、それにしても、アル・デンテからはほどとおい。

水か、ブイヨンでゆでたパスタには、おろしチーズ、ショウガとシナモンを主成分として調合された甘口のスパイスをふりかけて食べた。現在では、パルメザン・チーズがよくもちいられ、さきに引用した『デカメロン』にもでてきた。パルマ地方で、現在とおなじような牛乳製のチーズをつくりはじめたのは一三世紀になってからのことで、それ以前はパルマ産のチーズはヒツジの乳からつくるものだった、とモンタナリさんから聞いた。

スパゲッティ博物館

音楽祭で有名なサンレモは、フランスとの国境にある保養地で、リグリア地方の西のはずれに位置する。ここから東へ三〇キロいくとインペリア市に着く。市の郊外には、海外にも知られたスパゲッティ・メーカーであるアネージ社がある。

トリノの宮廷に嫁いりしてきたナポレオン一世の妹の侍従をしていたアネージという人物が、宮廷をやめて、パスタ企業にのりだしたのが会社のはじまりというから、その歴史はふるい。一九三九年に、最初に連続式プレス装置を導入したことで、この会社はパスタ工業の歴史にとって画期的な役割をはたした。一回分ずつ圧搾機に生地をいれて押しだすのではなく、粉と水を補給するだけで、あとは機械まかせで、連続的にパスタが生産される装置である。この機械を使うと、スパゲッティやマカロニのような、ながい押しだし麺だけではなく、部品をとりかえるだけで、あらゆるパスタがつくれる。

パスタつくりを近代産業にかえたアネージ社のオーナーは、学者に依頼してパスタの歴史資料のコレクションをおこなった。それを展示しているのが「アネージ・スパゲッティ博物館」である。[17]

インペリア市から谷間の山道をのぼると、中世のおもかげをとどめた、ふるい家屋がのこる山間の集落ポンテダッシオがある。石畳のせまい路地のおくに、二階建のふるい家があった。それが博物館であった。

一般公開をしていないので、あらかじめ参観の予約をしておいたところ、アネージ家の当

17　スパゲッティ博物館の紹介もふくむイタリア旅行の記録と、この旅行の結果をまとめた対談をあげておく。
読売新聞大阪本社・日清食品広報室（企画・制作）一九九一「地球麵家族　⑩北イタリアのパスタ」『讀賣新聞』一九九一年三月三〇日夕刊
読売新聞大阪本社・日清食品広報室（企画・制作）一九九一「地球麵家族　⑪中部イタリアのパスタ」『讀賣新聞』一九九一年四月三〇日夕刊
読売新聞大阪本社・日清食品広報室（企画・制作）一九九一「地球麵家族　⑫南イタリアのパスタ」『讀賣新聞』一九九一年五月三一日夕刊
石毛直道・野村雅一　一九九一「麵談『めん探検隊』イタリア篇、めんの東西伝播の謎にせまる!!」『フーディアム』一九九一―春号

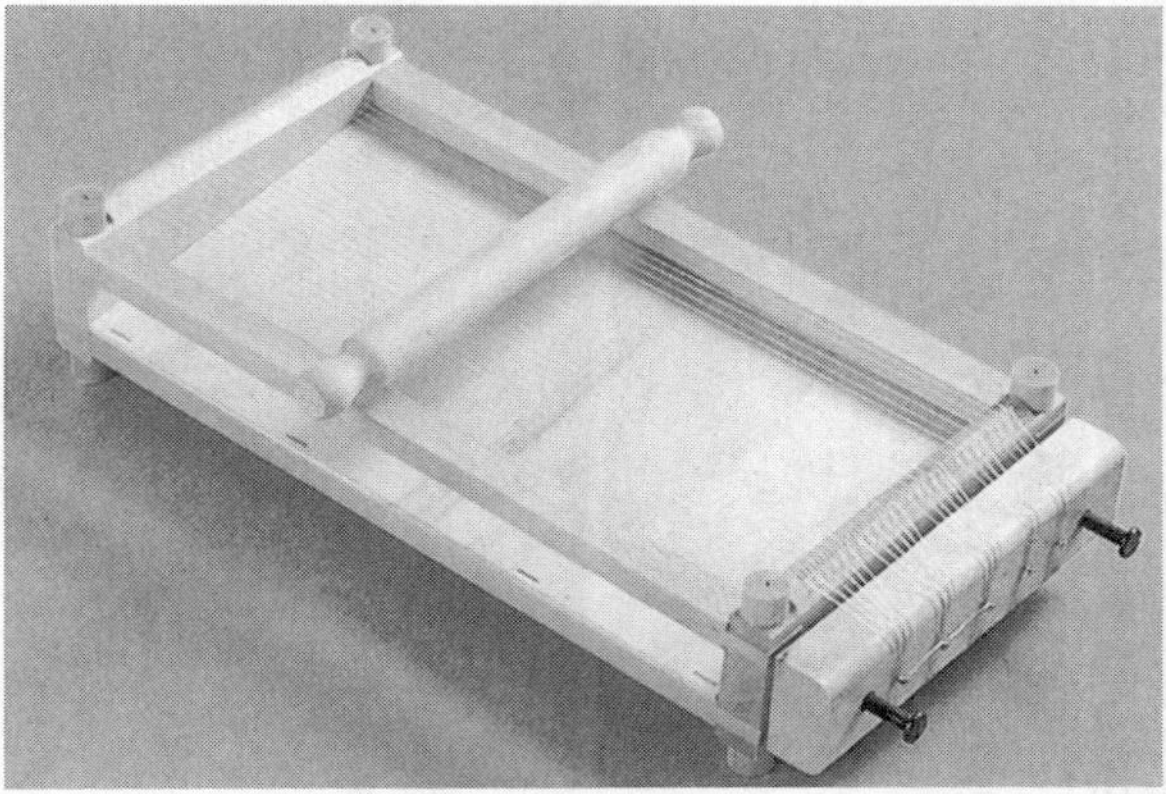

キッタラをつくる道具　スパゲッティ博物館
右・1650年作製の木製の押しだし機

1767年刊の百科事典のパスタつくりの挿絵

主である、エヴァ・アネージさんがむかえてくれた。優雅なものごしをした、聡明な中年の女性である。彼女は博物館長でもあった。「父は一九五〇年代に資料を収集し、一九五八年に、この博物館を設立しました」、ときれいな英語で説明してくれる。

地下室が、むかしのパスタつくりの大型の道具をならべた展示場、二階がパスタに関する絵画資料、文献資料の展示場になっている。二階の壁面にかかげられた油絵、銅版画には、さまざまな本に複写されて、わたしにもなじみのあるものの原画がおおい。

「これがイタリアで、パスタということばがでてくる最初の文献です」、と複写文献の写真パネルをしめしてくれた。

一二二四年、医師が患者の食養生のために、干し肉とパスタ・リッサを食べることを禁じた書類である。パスタ・リッサは、ゆでた、ひらたいヌードル状のパスタであろうと、アネージさんは説明した。

さきに引用したマカロニが記載されている一二七九年の財産目録など、パスタの歴史に関する重要な文献類の該当箇所が、写真パネルにしたてあげられて壁面をうずめている。

一六五〇年の押しだし機の実物が展示されていた。おおきな木製の道具である。材木をえぐって、円筒形の空洞部分に雌ネジをきざみ、それにはまる雄ネジをきざんだ円柱部分とで構成されている。空洞部分の底に孔を多数もうけた金属板をとりつけ、空洞部分に、これね粉の生地をいれて、円柱を回転させて、押しだすのだ。

もっと、おおがかりな押しだし機を使用している光景を複写した展示パネルがあった。一七六七年に刊行された百科事典にある、ナポリでのヴェルミチェッリ製造法を記した記事の挿絵を複写したもので、その原本も博物館に保管されている。その写真を三三一ページにあげておいた。

ながい棒に腰かけた右側の男は、棒をうごかしては、体重をかけておさえつけて、生地をこねている。さきにのべたように、中国でもおなじ方法がある。左側の男がロープを巻きとると、テコがうごいて、ネジが回転し、ヴェルミチェッリが押しだされる。モンタナリさんの話では、この生地をこねる道具は麻を打つ道具からの転用で、ネジ式の押しだし機は、ワインつくりのときブドウをしぼったり、オリーブ油をしぼる道具を手直ししたものだという。「なんでも、ありあわせのものを活用する、イタリア人の得意の即興の才能で、パスタつくりをしたんです」、という。

グラモロという大量の生地をこねる道具も、トルキオというネジ式の押しだし機も、一七世紀になってから使用されるようになったもので、それ以前のパスタつくりにはなかったと、モンタナリさんから聞いている。シチリアのイットリーヤが押しだし麵であったかもしれないという意見は、さておき、押しだし機を使用したパスタの本格的生産は一七世紀のナポリにはじまる。一七世紀のナポリには押しだしてつくるパスタ業者の組合があった。ついでながらのべると、いまでも、パスタ業者たちは、聖ステファーノを守護聖人としてあがめている。「聖ステファーノの棺桶」といわれる、おおきな木槽が博物館に陳列されている。かつては、この木槽でパスタ業者は粉を練った。聖ステファーノは、それとおなじかたちの

上、右、次ページ上・19世紀のナポリの街頭で手づかみでパスタを食べる人びと。スパゲッティ博物館

19世紀末のナポリ近郊の街路でパスタを乾燥させている写真。スパゲッティ博物館

棺桶に葬られていたので、守護聖人とされたのだそうだ。

押しだし機を使用しての大量生産という技術革新がナポリで成立したことと、この土地の気候が乾燥パスタの製造に有利であったことが、ナポリが乾燥パスタ生産の中心地になった理由とされる。晴天の日がおおく、ヴェスヴィオ火山から吹きおろす風と、海側からの風が交互に吹きぬけるナポリは、パスタの乾燥にもってこいの場所であった。博物館の展示に、道路に木枠をならべてスパゲッティを乾燥させている一八九〇年のナポリ近郊の写真（三三五ページ下）がある。

ナポリ周辺は硬質コムギの産地でもあるが、そのうちパスタの需要がふえるにつれてイタリア産の原料ではたりなくなり、一九世紀には、ジェノヴァの商人をつうじて、クリミア半島や黒海産の硬質コムギを買いつけて使用していた。ロシア革命で、これらの地方の原料が入手できなくなると、カナダ、アメリカ産のものを使用するようになった。このような原料の輸入と製品の輸出にとっても、港湾都市であるナポリが有利な立地条件をそなえていた。「ひも」を意味するスパーゴと関係をもつといわれるスパゲッティということばは、中世にはなく、二〇世紀になって、工業的に大量生産されるようになってから普及した名称であるといわれる。

名称はさておき、ナポリで押しだし麵がつくられるようになると、現在のスパゲッティに相当する食品が出現していたはずである。そして、ナポリでトマトソースとスパゲッティの幸運な出会いがあった。

一六世紀には、新大陸産のトマトがナポリにもたらされた。しかし、ながいあいだ、イタリア人にとって、トマトは流行病のもとだとされて、きらわれていた。初期のトマトはサクランボをすこしおおきくしたような実のものだった。品種改良がなされて、一七―一八世紀にナポリでトマトソースがスパゲッティにもちいられるようになる。現在、イタリアのトマトの大部分を占めるサンマルツァーノ種はナポリ付近で成立した品種である。

トマトソースを使用した料理法が、フランス料理にとりいれられると、「ナポリタン」とよばれるようになる。トマトソースの普及にナポリがはたした役割りを物語るものだ。トマトソースはパスタに結合することによってイタリア全土にひろまったもののようだ。別のいいかたをすれば、トマトソースで料理するようになって、それまでは特定の地方にかぎられた料理であったり、ふだんの食べ物ではなかったパスタが、全国的に食べられはじめ、民衆の食べ物としての地位を占めていったのであろう。それとともに、シナモンやナツメグなどを多用する中世的なパスタの料理法は消えていった。

一九世紀のナポリの風俗を描いた絵画には麵状のパスタを食べている情景が、好んで題材としてとりあげられた。彩色をした銅版画などが、博物館にいくつも陳列されているが、絵の題名にはマカロニということばが記されている。孔のあるなしにかかわらず麵状のパスタをマカロニとよんだのである。南イタリアでは、現在でもマカロニということばが麵状の乾燥パスタの総称としてもちいられる。

街頭の露店で、ながい麵を手づかみで口にいれている光景を描いたものが、ナポリ名物であったらしい。この頃には、ちゃんとした食事にはフォークを使用することが普及しており、パスタも料理のコースのなかに位置づけられていたはずであるが、ナポリでは気どらない民衆のスナックとして、マカロニやスパゲッティを道ばたで、手づかみで立ち食いすることができたのである（三三四—三三五ページの写真）。

イタリアの産業革命は一九世紀にはじまるが、パスタつくりに蒸気機関を動力源に使用したり、機械化が進行するのは一九世紀後半のナポリにおいてである。こうして近代産業化した商品となっても、スパゲッティやマカロニの乾燥パスタの需要は、おもに南イタリアにかぎられていた。モンタナリさんによると、イタリア全土でスパゲッティが食べられるようになったのは、約四〇年前からのことであるという。イタリア人が、スパゲッティ好き国民になったのは、意外にあたらしいことなのだ。

フランス語で、マカロニやスパゲッティなどを、パート・ディ・イタリー（イタリアの練り粉食品）とよぶことからわかるように、ヨーロッパのパスタはイタリアからひろまったものである。現在の西ヨーロッパ各地では、イタリア料理が流行し、地方の町でもパスタが食べられるようになり、家庭でもパスタ料理をつくるようになりはじめた。もちろん、前世紀からヨーロッパの料理書にパスタ料理が書かれたりはしているし、ヴェルミチェッリや、カペッリーニのように、極細のパスタをスープの浮き実として使用することは、ずいぶん以前からおこなわれているようだ。しかし、大局的にみたときの普及といえば、現在進行中の事柄である。むしろ、アメリカ合衆国のほうが、はやくからスパゲッティや、マカロニへのなじみがあった。

アメリカへのイタリア移民人口がおおかったのは、一八九〇年代から、二〇世紀初頭にかけての時期だ。移民の出身地で圧倒的におおかったのが、ナポリのすぐ南のカンパーニア地方と、シチリア島の人びとだった。いずれも乾燥パスタの本場である。この人びとの需要にこたえて、乾燥パスタの箱と、その料理に使うトマトソースとオリーブ油の樽が大西洋を横断する船荷として、しょっちゅう送られていたという[18]。蛇足をくわえるなら、第二次世界大戦前、日本人のアメリカ移民にたいして、太平洋を横断して送られた食料は、日本米、醤油、味噌、タクアンであった。

移民たちが、アメリカの都市でひらいたイタリア料理店は、当然ながら南イタリア料理を供し、スパゲッティとマカロニは、メニューの主役であった。そのうち、一般のアメリカ人もイタリア料理店に出入りするようになり、アメリカで最初にブームになった外国料理は、イタリア料理であるといわれる。このような背景のもとで、アメリカ人がスパゲッティを食べるようになる。肉料理などのつけあわせに、トマトソースであえたスパゲッティがもちいられたりするようになったのだ。

そこでアメリカの食品企業がトマスソースのスパゲッティの缶詰を販売するようになる。一般のアメリカ人は、本格的なイタリア料理店からではなく、缶詰からスパゲッティを覚え

18　Henry LEVENSTEIN 1985, "The American Response to Italian Food, 1880-1930", *Food & Foodways* Vol.1, No.1.

たのである。このような嗜好にあわせて、アメリカのイタリア移民たちが現地生産をはじめたスパゲッティやマカロニは、硬質コムギではなく、普通のコムギを原料とした軟質のもので、おおくのアメリカ人はその歯ざわりに慣れてしまった。アメリカでスパゲッティを注文すると、ときとして糊のように、やわらかなものを食べさせられるゆえんである。

ともかくも、ヨーロッパにさきがけて、第二次世界大戦前のアメリカで、イタリアのパスタは市民権を獲得したのである。そして、いま、スパゲッティが世界じゅうに進出しつつある。

こうしてみると、イタリアのパスタの歴史については、さまざまなパスタの名称がいりみだれて、しかも名称だけで製法のわからないものや、現在のおなじ名称の食品とはちがうものなどがあり、収拾がつかないようなところがある。本書の主題である麵状の形態をしているパスタの歴史について要約すれば、わたしにわかったのは、つぎのようなことだ。

①シチリア島のイットリーヤの実体はわからないが、乾燥パスタであり、一四世紀のトリーがその系譜をつぐものとすれば、麵状の形態をしていた。

②いつ頃からかはわからないが、切り麵であるタリアテッレも中世末までには成立していたであろう。

③一五世紀までに、手づくりの孔あきのマカロニも成立していた。

④スパゲッティなどの押しだし麵は一七世紀以降に普及したものである。

イタリアの手打ちそば

アルプス山麓に、ソバ粉の麵をつくる場所があるという。この地方で調査をしたことがある野村さんも、はじめて聞く話だという。イタリア人でも知る者がすくない食べ物のようだ。イタリアのそばは、どんなものか、見にいこうということになった。

冬のミラノは霧がおおい。もう太陽がのぼっている時間なのに、高速道路はおもい霧におおわれている。ヘッドライトをつけて、ミルクのなかをかきわけるようにして、のろのろはしる。そのうち、とつぜん霧がはれると、そこはコモ湖だった。波のない銀灰色の湖面には、雪をいただくアルプスの峰々が映っていた。コモ湖の東岸にそって北上し、バルテリーナの谷にはいる。新雪ののこる山道をのぼると、スイスとの国境の村テグリオに着く。村の中心の標高は九〇〇メートル。

まず、製粉工場へいく。かつては渓流に水車をしかけて製粉していたというが、いまでは電動の石臼を使用している。原料のソバは、中国と、ハンガリーから輸入したものだ。

「バルテリーナ地方は、コムギができなくて、むかしからソバを食べていた。この地方ほどじゃないが、ピエモンテでもソバを食べていた。ソバ粉をいれたパンをつくったり、いろいろな食べかたがあるよ。一〇年まえまでは、バルテリーナでも畑でソバをつくっていたのだが、いまじゃ、輸入品のソバを粉にする仕事ばかりだよ」、と粉挽き工場の主人は語る。

ソバを栽培しなくなっても、土地の人びとのソバ粉食品への嗜好はつづいているし、バルテリーナの郷土料理としてソバ料理が有名になり、それを食べたいという観光客もあるの

ピッツオケリつくり
イタリア・バルテリーナ＊

①ソバ粉にコムギ粉をまぜた生地を麵棒でのばす

②包丁で切る

③キャベツといっしょに
ゆでて器にいれ、
スライスしたチーズと
粉チーズをのせる

④ニンニクをいれて熱したバターをかけてできあがり

で、輸入したソバを製粉する仕事がなりたつもののようだ。この工場では、小規模の地場産業として、ソバ粉とセモリナを混ぜて、細目のスパゲッティ状に押しだした乾麺と、貝殻状（コンキリエ）のかたちをした乾燥パスタをつくって、バルテリーナの土産物として売っている。工場見学の記念にもらったソバ粉のスパゲッティを、帰国してから、ゆでて、ざるそばにして食べてみたら、ソバそのものの風味がよく、日本で売る安物の干しそばよりもうまかった。

ソバ粉をファリナ・ディ・グラノ・サラチェーノという。「サラセン麦の粉」という意味だ。フランス語、スペイン語でも、ソバをサラセン麦という意味のことばでよぶし、ポルトガル語ではムーア麦という。イベリア半島を征服したアラブ人を、ムーア人とよんだので、ムーア麦とサラセン麦は同義語だ。アラブによって、ヨーロッパのソバ耕作が伝えられたから、このような名称ができたのだろう。ただし、異論もあり、黒っぽい色をしたソバの実を、アラブ系の人びとの褐色の肌にたとえてできたことばだという説もある。

バルテリーナ地方での伝統的なソバの食べかたには、ポレンタ、シャット、ピッツオケリの三種類の料理法がある。ポレンタは、トウモロコシの粉を弱火にかけた鍋のなかにいれ、湯で練りあげたもので、かつては北イタリアの民衆の主食として、パンのかわりに食べられた。新大陸原産のトウモロコシが導入される以前は、コムギ粉や雑穀でポレンタをつくった。ソバ粉でつくるポレンタは、日本のそばがきに相当する食べ物だ。

シャットとは、この地方の方言で「カエル」という意味のことばだ。できあがったシャットが、ふぞろいで、ぶかっこうなかたちをしており、それがカエルを連想させることから名づけられたのだという。ソバ粉に重曹と塩を少量混ぜ、水でよく練り、最後にグラッパ（ワインのしぼりかすを蒸留してつくった焼酎）をすこしいれてこねて、一時間ほどおいて、なじませる。ついで、土地産のチーズをちいさな角切りにして、生地に混ぜる。これをスプーンでちぎり、鉄のフライパンに少量の油を熱したなかにいれて、焼きあげ、油をきり、あついうちに食べる。

ピッツオケリ pizzocheri は、日本のそば切りにあたる食品だ。村のホテル・コムボロで、女性の料理人が、そのつくりかたを実演してくれた。ソバ粉八、コムギ粉二の割に配合する。

「イタリアの二八そばですな」、と北尾カメラマンが感心する。もっとも、これは打ちたてで食べる場合の粉の配合であり、乾麺として保存する場合は、コムギ粉を四割混ぜるという。

おおきなテーブルのうえで、念入りにこね、麺棒でひろげ、折りたたみ、ナイフで幅六—八ミリに切る。ここまでは、日本の手打ちそばのつくりかたとおなじだ。

湯に塩をいれ、おおきく切ったキャベツの葉といっしょにゆでる。その間、フライパンに大量のバターをいれて熱し、そこにニンニクのスライスをたくさんいれて、香りをバターにうつす。深皿の底にパルメザン・チーズの粉をふりかけて、そのうえに、ゆでたそばとキャベツをのせる。こんどは、フェータという軟質チーズのスライスと、パルメザン・チーズをどっさりのせた層をつくり、そのうえに、また、そばとキャベツをのせる。こうして、そばとチーズを何層にもかさねたうえから、溶かしバターをかける。ジューという音とともに、香ばしいにおいがひろがる。

小皿にとりわけて食べる。バターの熱で、チーズが溶けて、そばにからまり、麺食というよりも、ピッザの一種を食べているような感じがする。重厚な味だ。ほかの料理なしでも、これ一皿で満腹する。

日本のそば切りとは、かけはなれた味だが、ブータンのプッタとおなじような料理だ。アルプスの山麓で、ヒマラヤ山麓のブータンでの日々を思いだして、なつかしんだのである。

二　ミッシング・リンクをさぐる

マルコ・ポーロ伝説

サマルカンドでマフムードフ師から、ラグマンについての話を聞いていたときのことである。師がつぎのような物語をした。

マルコ・ポーロがモンゴルのフビライ・ハーンの宮廷へいく途中、中央アジアのブハラにたちよった（これは史実である）。彼は、ブハラでラグマンに出会い、麵というものをはじめて食べた。その後、中国滞在中に麵になれしたしんだ。マルコ・ポーロがイタリアに帰国するとき、彼は故国に麵を伝えたいと思った。彼は麵つくりの技術を修得していなかったので、麵の実物をもちかえることにした。帰路の大旅行のさい麵が折れないよう、やわらかな打ちたての麵の、一本ずつにほそい針金をとおしておいた。無事、イタリアに帰ってから、針金をひきぬいて、このあたらしい食品を人びとにしめした。これをみて、イタリア人たちがつくりだしたのがマカロニである。

はじめて聞いた説である。

「マルコ・ポーロの『東方見聞録』にはさまざまな写本があり、写本の種類によって多少ことなる記事があるようですが、わたしが読んだ日本語訳には、その話はでてきません。どの写本に、この物語がでてくるか、教えていただきたいのですが」

とたずねたところ、マフムードフ師いわく、

「本には書いてない。わしが思いついた説じゃ。このように考えたら、マカロニに孔があい

ている理由をうまく説明できるじゃろう」

とのことだった。

イタリア人のあいだでも、マルコ・ポーロがマカロニをイタリアに伝えたという話を信じる者が多数いるそうだが、この話の脚色版をサマルカンドでも耳にするとなると、いまや世界的にひろがった起源説話といえよう。マルコ・ポーロが麵状のパスタを中国からもたらしたという説話は、ふるくからイタリアにあったのだろうが、それを世界に流布させるのに一役かったと思われるのが、『ザ・マカロニ・ジャーナル』の一九二九年一〇月号の記事である。この雑誌は、アメリカのパスタ産業の業界誌である。それに掲載された、「中国の伝説」というタイトルの記事がスパゲッティ博物館に保存されていたので、要約しておく。

これは、アジアの諸王国、とりわけジパングについての知識をもたらしたマルコ・ポーロに関連した物語である。

マルコ・ポーロが中国にちかい沿岸部を航海していたとき、部下から水を補給する必要があるとの報告をうけた。そこで数人の部下をボートで上陸させて、水をくみにいかせた。岸につくと、水夫たちは水をさがして、おもいおもいの方向に分散した。

そのなかに、ヴェネチア出身のスパゲッティという名の男がいた。水をもとめてスパゲッティが原住民の村にいくと、男女が、こね鉢で粉をこねている光景にであった。こね鉢からあふれた練り粉がひものように地面にたれさがり、あつく、乾燥した気候のもとで、たちまち乾いて、かたくなっていくのであった。このひも状の食べ物が、航海の食料として利用できそうだと、スパゲッティは思いつき、水のことはわすれて、手まねで原住民から、原料の粉や、できあがった食品をわけてもらい、興奮して船にもどった。

それから、スパゲッティは、リボン状の乾燥した練り粉の食べ物つくりに没頭し、ついに上手につくる方法を修得した。また、それを海水でゆでて食べると、いちだんと風味がますことを発見した。

マルコ・ポーロとともにイタリアに帰国したスパゲッティは、このあたらしい食品のつくりかたを人びとに教えたので、このパスタが、彼の名でよばれるようになったのである。

これは、つくり話であるとかんがえてよいだろう。『東方見聞録』に、パンの木の実からパスタをつくる記事があると紹介している文献がいくつかある。その技術をマルコ・ポーロがもちかえり、コムギ粉に応用したのだろうというわけだ。そう読みとれる記事が、『東方見聞録』の写本のひとつにあるのだろうか。その記事の内容を要約したものの孫引きをしておこう。

マルコ・ポーロは実際にこんなことをのべている。スマトラらしいが、ファンファーというところで、パンの木の実からとった粉で作ったラザーニェを食べた。そして同じ粉を〝ちょうど我われが小麦粉を使うのと同じく、他のものを作る〟のにも用いていたという。[1]
日本語訳になっている『東方見聞録』には、パンの木の実からつくる食品はでてこない。また、現在の東南アジアでパンの実を粉にして利用する慣行があることを、わたしは知らない。
いっぽう、愛宕松男氏の邦訳した『東方見聞録』をみると、スマトラのファンスール王国の項につぎのような記事がある。

もう一つとても奇妙なことがらがある。それは、樹から採れる麦粉がこの地にできることであって、その模様を以下にお伝えしよう。この地方にはとてもたけの高い一種の喬木があって、その幹の中に麦粉がぎっしりと詰まっているのである。……（中略）……
木髄部をなすこの粉は、まず水を張った桶に入れて、棒でかきまわされる。すると屑や芥は水面に浮かび、粉は桶の底に沈澱する。次いで水を放出すると、桶の底にきれいな粉だけが残る。この粉を用いて調味料を加え、菓子そのほか我々が麦粉で作る各種の食品を作成しているのであるが、その味はとても美味である。マルコ氏やその一行の人々はしばしばこのパンを食べたので、実際にその味

1　左記の本の「パスタ小論」の章から引用。
ヴィンチェンツォ・ブオナッシージ（著）・西村暢夫（他訳）一九八三『パスタ宝典』読売新聞社

をよく知っていた。なおマルコ氏はこの粉とそれで作られたパンを若干持ち帰ったが、このパンはどちらかといえば大麦のパンに似た味をしていた。[2]

この記事がサゴヤシ澱粉の製造法と、その食用についてのべていることに、うたがいをさしはさむ余地はない。そして、さきの引用文におけるパンの木の実の粉でつくるラザーニェの記事とおなじものであると推定してよいだろう。写本をつきあわせて検討することはできないが、そのような作業をせずとも、サゴヤシ澱粉に関する記述の正確さからかんがえて、もともとマルコ・ポーロがのべたのは、サゴヤシ澱粉の話であると断定してよい。

してみると、『東方見聞録』に麵状の食品の話は書かれていないという結論になる。ついでに、いっておくと、かつて、わたしはインドネシアのサゴヤシ澱粉を主食とする地域で調査をしたことがある。そのさい、サゴヤシ澱粉の利用法についても調べてみたが、サゴヤシ澱粉で麵状食品をつくる例はみつからなかった。

じっさいには無関係であるのに、麵の伝播というと、よくマルコ・ポーロの名が語られる。なぜ、マルコ・ポーロがかつぎあげられたのか。

アジアの麵と、イタリアで発達した麵状のパスタは、おなじような種類の食品である。イタリアでこのような食品が発達する以前から、アジアには麵があったらしい。すると、誰かがアジアからイタリアに伝えたものだろう。ということになると、人びとが思いうかべる人物は、中世に中国への大旅行をしたイタリアの文化的英雄であるマルコ・ポーロということになったのだろう。その心理的背景には、麵状のパスタはヨーロッパ文明が生み出した食品とは、どうやら、ちがいそうだという直感があるのだろう。

ひとりの人物の手によって、地球上のかけはなれた地域の文化が、いちどだけ伝えられ、それがあたらしい土地で定着する可能性はちいさい。もし、イタリアの麵状のパスタが外来の文化の影響によって成立したものであると仮定したとき、それは持続的交流関係をもってイタリアに隣接する地域に、麵状の食品をつくる文化があったからだと想定するのが、すなおな発想というべきものであろう。

それはミッシング・リンク（失われた鎖の輪）を発見する試みである。

いままでみてきたところでは、中国に起源し西方はカスピ海にまで連なる麵文化のチェーンと、イタリアで発達し、ヨーロッパ、アメリカに連なる麵状パスタ食品の文化のチェーンは、おたがいに無関係に発達してきたもののように思える。もし、西アジアとイタリアのあいだの、いわば麵の研究の空白地帯に、歴史的に麵つくりをする文化があったのなら、それは「失われた鎖の輪」となる可能性がある。その輪をはめることによって、東西の麵文化のチェーンが一本のものとしてつながるかもしれない。その、ミッシング・リンクの役目をする可能性がたかいものは、シチリア島でつくられたというイットリーヤだ。イットリーヤがどんなものであったかを知ることができる文献がイタリアには残されていないので、アラブの麵食文化についての記録をさぐる必要がある。

2　左記の本の「一八七　ファンスール王国」の項を参照されたい。
マルコ・ポーロ（述）・愛宕松男（訳注）一九七一『東方見聞録』二　平凡社東洋文庫

シャアリーヤとフィダーウシュ

リビア砂漠のベドウィン族の調査をしたことがある。そのとき、マカローニャという料理を、しばしば食べた。マカロニと関係をもつ名称だが、じっさいに使用する麺はイタリアから輸入したスパゲッティだ。スパゲッティをポキポキ折って、二―三センチのながさにしてしまう。鍋にラクダの脂身をいれて熱したところに、タマネギをきざんでいれて炒める。そこに、大量の粉トウガラシと、缶詰のトマトペースト、塩、少量の水をいれて煮こむ。このソースのなかに、折ったスパゲッティをゆでることなしに、直接いれて、やわらかくなったらできあがりだ。

既製品のトマトペーストを使用しないときには、自家製の乾燥トマトをもちいる。世界の砂漠のなかでも、いちばん乾燥度がたかいといわれるリビア砂漠のことだ。オアシスで栽培したトマトをもいできて、数日放置しておいたら、乾燥トマトができあがる。ちいさくしぼみ、しわだらけの梅干状になる。水分がすっかりぬけてしまい、軽く、息をふきかければ飛んでしまう。この乾燥トマトと赤トウガラシと岩塩を石の乳鉢にいれ、石製の乳棒ですりつぶしたら、自家製の調味料ができあがる。

かつて、リビアはイタリアの植民地であったので、スパゲッティをトマトソースで料理することが導入され、この砂漠流の料理法に変形したものだろう。この料理は、手づかみ、あるいはスプーンで食べられる。スパゲッティをみじかく折ってしまうのは、そのような食べかたに適応させたものであろうが、いっぽうでは、アラブの伝統的な練り粉食品であるシャアリーヤ、あるいはフィダーウシュの伝統をひくものだとも思われる。

わたしたちの博物館に外来研究者として滞在していたモロッコの大学教授に聞いてみた。現在のモロッコでは、スパゲッティ、マカロニが食べられるが、それらはイタリアとおなじ名称でよび、外来の食べ物として意識されているそうだ。麵に似た唯一の伝統食品は、シャアリーヤであるとのことだ。

普通のコムギ粉に塩と水を混ぜてこねた生地を二―三時間ねかせておく。ついで、生地を少量とり、親指と人さし指のあいだでよじるか、両手のひらのあいだで転がして、スパゲッティよりほそくする。両端がほそくとがり、中央部がややふくらんだ、ながさ一―二センチの形状にととのえる。これを天日で乾燥させたものがシャアリーヤである。[3]

普通のコムギ粉やセモリナをこねたものを、手のひらでこすって、粟粒ほどにして、蒸してから、スープやシチューをかけて食べるクスクスという料理（粒状にした練り粉もおなじ名称）が、モロッコ、アルジェリア、チュニジア、リビアに分布している。モロッコのシャアリーヤは、ゆでたり、蒸したのちにクスクスとおなじようにして食べるほか、スープにいれたり、牛乳と砂糖をかけて食べられる。

アラビア語圏の言語民族学の専門家である中部大学教授の堀内勝さんによると、シャアリーヤはオオムギをしめすことば、シャイールから派生した名称だそうだ。かつてオオムギで

3　シャアリーヤのつくりかたについては、主として左記の本を参考にした。
GUINADEOU, Z. 1969, *Fez; Traditional Moroccan Cooking*, J.E.Laurent.

つくられたからなのか、それともオオムギの穀粒に似たかたちをしていることによる名称なのか。また、ほそながい形状からの連想から、民間語源説では「髪の毛」をしめすシャールに由来するといわれるそうだ。[4]

エジプトやシリアではコメといっしょにシャアリーヤを煮たり、ながい形状をしたシャアリーヤを焼きそばのように炒めて料理するそうだ。アラブの食品のなかで、アジアの麵類にちかいかたちで、いちばん主食的なつかわれかたをしているのが、シャアリーヤである、と堀内さんはいう。現在ではスパゲッティやヴェルミチェッリのように、ながい麵状にしたシャアリーヤも売られているそうだ。

イタリアの章にでてきたフィダーウシュが、一三世紀のイベリア半島とモロッコの料理についで書いたアラビア語文献にでてくる。そのつくりかたをみると、モロッコのシャアリーヤとおなじで、できあがった製品の形状も似ている。そうしてみると、フィダーウシュとシャアリーヤはおなじもので、フィダーウシュという名称が、かつてマグレブからイベリア半島でもちいられていたのであろう。フィダーウシュの語源はあきらかにされていないが、アラビア語以外の言語に起源するものと考えられている。[5]

フィダーウシュ＝シャアリーヤは、ゆでて食べる、主食的にとりあつかわれる食品である点では麵に似ている。ふとさの点では麵の仲間にいれてよいが、いかんせん麵というにはあまりにも、みじかい。ながい線状のものができたのは、近頃のことだろう。中世のアラビア語文献にでてくるフィダーウシュは、いずれも、みじかいものだ。起源的には、麵の仲間にはいらない食品としておいてよいだろう。

クナーファ

麵のかたちをしているが、わたしの意見では、麵類から排除してよいだろうと思えるものにクナーファがある。

断食月であるラマダーンの期間に、カイロを訪れたことがある。町の辻々にクナーファを焼くかまどが設けられていた。直径一・五メートルもある、おおきなかまどをつくり、そのうえに鉄の天板がのせられている。クナーファは、ラマダーンのときの食べ物としてつくられ、この期間、クナーファ屋が道ばたにかまどをきずいて営業するが、ラマダーンがすぎると、かまどをとりこわしてしまう。

コムギ粉をゆるく水溶きし、底に小孔を多数あけた金属製のじょうごのような容器にいれ、熱した天板のうえで、手ばやく、渦巻き状にうごかす。じょうごの底から糸をひいておちた水溶きコムギ粉は、あつい天板にふれた瞬間に固まってしまう。焦げつかせずにとりあ

4　このほか、アラブの麵状食品についての堀内氏の見解が、左記の対談のなかでしめされているので、参照されたい。
石毛直道・堀内勝　一九九〇　「麵談　謎にみちたアラブのめん起源」『フーディアム』一九九〇—冬号

5　Bernard ROSENBERGER 1989, “Les pâtes dans le monde musuleman”, *Médiévals*, No.16-17.

げると、白く、糸状をした、日本のそうめんにそっくりの外観をした麵のようなものができる。これがクナーファである。

クナーファつくりは専門の職人の仕事で、家庭でつくることはない。買ってきたクナーファにバターを塗り、ナッツやクリームチーズ、生まクリームをいれて、そのうえをクナーファでおおってから天火で焼き、シロップやハチミツをかけて食べる。このような菓子としての食べかたのほかに、ニンニクと油で炒めてスープにいれたり、スパゲッティとおなじように食べることもおこなわれるという。

堀内さんによると、『千夜一夜物語』にクナーファ屋の話がでてくるので、すくなくとも一四―一五世紀にはクナーファが存在したであろうとのことだ。アラブ料理の研究家の説では、オスマン・トルコの宮廷文化に由来する食品で、祝祭のさいの食べ物としての性格をもつものであるとされる。[6]

中近東では、コナファ、カダイフという名称でよぶ地域もある。一八六八年に英語で出版されたオスマン・トルコ時代の料理書にはカダイフの名称で記載され、「あたたかく甘い菓子類」の章にさまざまな調理法が書かれているが、コムギ粉を麵状にする技術は、カイロのクナーファつくりとおなじである。[7] シリアでもさかんに食べられるというので、中近東一帯

6　クラウディア・ローデン　一九八四「イスラム文化と菓子」『朝日百科　世界の食べもの』第一四巻（所収）　朝日新聞社
7　Turabi EFENDI 1886, *Turkish Cookery Book*, London（出版社名不明）

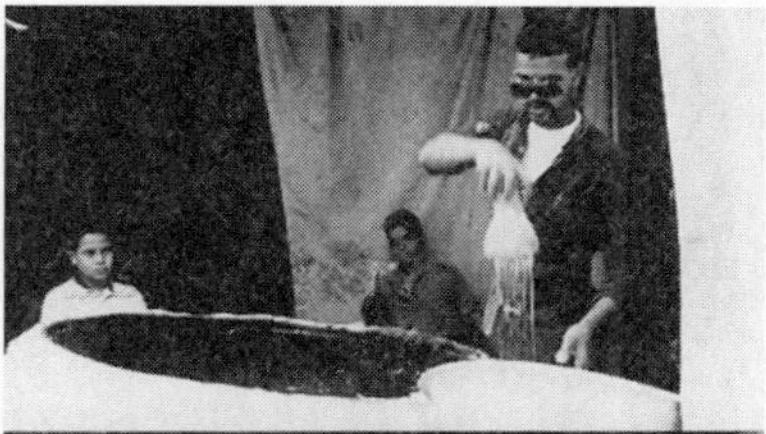

クナーファつくり
エジプト・カイロ

熱した鉄板のうえにゆるく溶いた
コムギ粉を同心円状にたらす
（撮影・奥野克己）

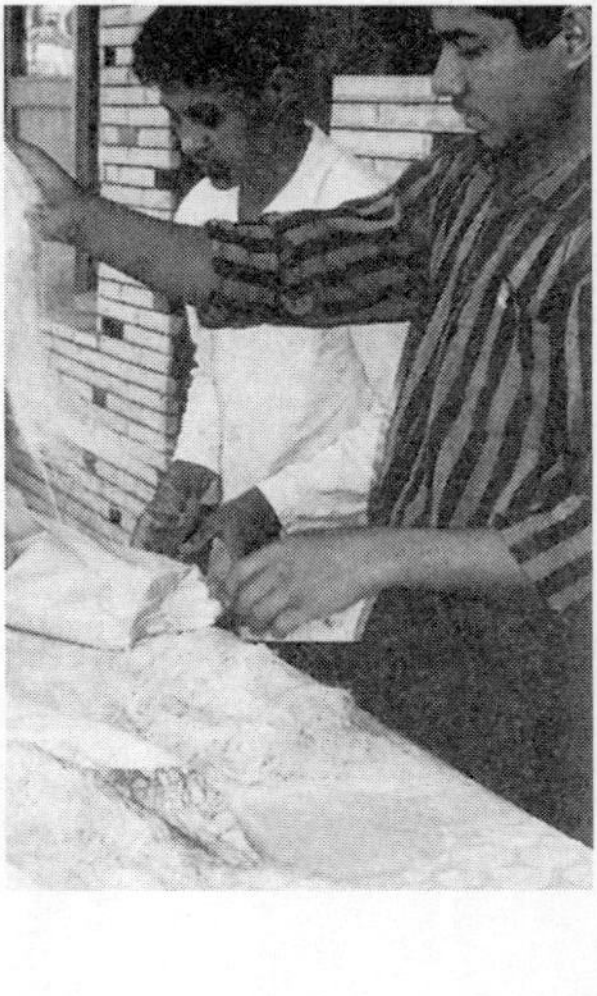

できあがったクナーファ

に分布しているもののようだ。

六二ページでのべたように、原理的にはクナーファとおなじ技術でつくる菓子が、東南アジアにまでひろがっている。西方のアラブ圏であるマグレブ地方におなじ食品が分布するかどうかについての情報はもたない。わたしの手持ちのモロッコ料理の本にクナーファという名称ででてくる食品は、春巻きの皮のように、皮膜状にごく薄く焼いた、コムギ粉を原料とする菓子のことで、麵状の形態をしていないものだ。

主食的な食べかたもあるが、基本的には菓子であるし、ゆでたり、煮て食べる調理法ではないので、クナーファは、わたしの麵の定義にはあてはまらない食品である。それにもかかわらず、クナーファの説明をしたのは、この食品が、一二世紀のシチリア島のイットリーヤとの関係をもつかもしれないからである。

堀内さんがアラブの語彙集や歴史的文献を調べたところでは、イットリーヤとクナーファは、おなじ意味だということがのべられているものがあるとのことだ。もし、一二世紀のイットリーヤが、現在のクナーファとおなじものであったなら、わたしのいう麵のカテゴリーの範囲外の食べ物だということになり、中国起源の麵食文化とは無関係の食品であるという結論にみちびかれる。

しかし、堀内さんは、わたしとの対談のなかで、「時代によって同じ名の食物も内容がどんどん変わる可能性もありますし、名称そのものも変わるかもしれない」とものべている。早急に、イットリーヤは、現在のクナーファであるという結論をだすわけにはいかないのだ。そこで、つぎに、最近の研究の成果を参照して、中世のアラブ文献にあらわれるイットリーヤがどんなものであったかを検討してみよう。

イットリーヤのせんさく

最近の研究成果を参照して、とはいってみたものの、アラビア語圏のパスタを研究した論文はひとつしかない。この本のいちばんはじめにのべた、フランソワーズ・サバン女史が編集した「パスタの比較歴史学」論集に収録されている、ベルナール・ローゼンベルグ著の「イスラム世界のパスタ」という論文である。[8]

ほかに、多少なりともアラブのパスタにふれている記事は、すべて、一九四九年にマキシム・ロンダンソンが発表した「調理法に関するアラブ文献の探索」という論文に断片的にでてくる資料を引用したものだ。[9] 欧米で利用されるアラブのパスタに関する資料は、このふたつの文献にかぎられているようだ。パスタにかぎらず、アラブの食事文化の研究は、欧米でも、まだ手うすの分野のようである。

これからのべるイットリーヤ itriyyah や、リシュタ richta に関する引用は、「イスラム世界のパスタ」の論文に、仏訳されてのせられているアラビア語文献にもとづくものである。

8　注5文献。

9　Maxime RONDANSON 1949, "Recherchés sur les documments arabs relatifs à la cuisine", *Revue des Études isramique.*

この論文には七編の中世のアラビア語文献から、パスタについてのべている箇所を引用して、資料としてあげている。しかし、フィダーウシュ＝シャアリーヤについてのべたものや、イットリーヤについて書いてあっても、その料理法だけしか記述してない資料もある。麺状のかたちをした食品で、多少なりとも製麺法にかかわる記事があるのは、つぎの三文献である。

（一）イブン・シーナ（九八〇―一〇三八）の著作が、後世のアラブ文献に引用されているものにイットリーヤがでてくる。一一世紀初頭に活躍したイブン・シーナは、イスラムの哲学者、医学者であり、西欧ではラテン名のアビセンナという名前で知られている。彼の哲学、医学の業績は西欧の学問にふかい影響をあたえた。

（イットリーヤ）は、革ひものかたちをしている。それは無発酵の生地でつくられる。そして、肉といっしょか、肉なしで料理される。われわれの国ではリシュタとよばれる。

製法はわからないが、これでみると、イットリーヤはひもかわうどんのようなかたちをしていたものらしい。切り麺だったのだろうか。注目されるのは、イットリーヤとリシュタが同義語であるとされていることだ。リシュタとは、ペルシア語で「糸」という意味だ。イブン・シーナは中央アジアのブハラ出身の人物である。「われわれの国」とは、ブハラのあたりをさしているにちがいない。

アラブ文明圏のイットリーヤが、その東のペルシア文明圏のリシュタであり、一〇―一一世紀の中央アジアにも存在した食品であるとすると、地中海からはじまった、イットリーヤについてのせんさくが、どうやら中国に近づいてきたもののようである。

（二）一三世紀のイラクで書かれた、シャムス・アルディナール・バグダーディ著の料理書。これにはイットリーヤの料理法がのべられているが、イットリーヤの製麵法や形状についてはのべられていない。ほかにリシュタのつくりかたが記載されている。

脂身のおおい肉を中くらいの塊に切り、水をはった鍋にいれる。シナモン、塩少量、皮をむいたエジプトマメひとつかみ、レンズマメ半つかみを加え、完全に火をとおす。ついで水をたして、ふたたび沸騰させる。ここにリシュタをいれる。リシュタは、粉と水をよくこねて、かるく麵棒でのばし、四本の指のながさの、ほそい糸状に切ってつくる。リシュタを加えてから、やわらかくなるまで、弱火で約一時間煮てから、火からおろす。

ここにのべられているリシュタは、みじかい切り麵のことだ。別項でイットリーヤの料理法を書いているので、この本では両者は別の食品としてとりあつかわれている。どうちがうのだろう。「ひとつかみ半のイットリーヤを鍋にいれる」としか書かれていないのでわからない。この本のリシュタは生ま麵であるので、乾麵がイットリーヤとよばれたものか。あるいは、製麵法や形状がちがっていたものなのだろうか。

（三）アブール・ハッサン著の、一三世紀のアンダルシア、モロッコ料理についての本。使用する肉の種類に応じて、イットリーヤを上記と同様にゆでて（肉の塊に、塩、油、香辛料、タマネギのみじん切りでとった、ブイヨンでゆでる。ブイヨンをとった肉は具材として使用する）、それに脂身を加える。好みによって、肉を油揚げにしたものを使用してもよい。イットリーヤが入手できない場合には、セモリナか、（コムギ）粉を水と塩少量でこねる。かなり強めにこねた練り粉を、テーブルまたはながい板のうえにおき、両手で転がして、できるだけほそくのばす。つぎに天日で乾燥させ、前述の方法で料理する。

ここに記述されているイットリーヤは、あきらかに乾麵である。このつくりかたは、麵棒、包丁、押しだし機が描かれず、テーブルのうえの麵生地と、木枠で麵を乾燥させているイタリアの一四世紀の『健康全書』の挿絵を連想させるものだ。

以上が「イスラム世界のパスタ」で紹介されている、中世のアラブの麵状食品についての形状や、製法の記されている資料のすべてである。

この論文の著者は、中世のアラブのパスタは、フィダーウシュ＝シャアリーヤ系と、イットリーヤ＝リシュタ系のふたつのグループに大別されるという。料理法では、この二グループの区別はつかない。両方とも、香辛料をいれ、脂肪分のおおい肉のブイヨンで、弱火で、ながい時間煮て料理するのが基本である。

区別点は形状にある。フィダーウシュ＝シャアリーヤ系は、穀粒のように細長いかたちか、コショウの粒のようにまるめた、手づくりの小形の乾燥パスタであるのにたいして、イットリーヤ＝リシュタ系は麵状のかたちをした乾燥パスタである。イットリーヤ＝リシュタ系には、イタリアのタリアテッレとおなじような切り麵系列のものと、麵生地をテーブルのうえで、両手で転がしてスパゲッティのように、まるい断面をした麵にする二種類があった。

フィダーウシュということばは、中世のアラビア語圏では、イベリア半島でつかわれ、中近東ではシャアリーヤという名称で知られている。おなじように、イットリーヤという名称はアラブ文明との交流があったイベリア半島でよく使用したもののようだ。一四世紀のカタロニアの料理文献にアラトリアと記されているパスタは、イットリーヤに由来することばがロマンス語にひきつがれたことをしめすものである。中近東ではイットリーヤということばはのこらず、現在では麵状の食品をリシュタとよぶという。

となると、シチリア島の一二世紀のイットリーヤや、それに関係をもつトリー、トリアという名称も、イタリアだけではなく、ひろくロマンス語圏全体の問題として再検討する必要があろう。残念ながら、わたしにはその能力はないが。

資料がすくないので、おぼろげなことしかわからないが、それでも、シチリア島のイットリーヤについての見当がついてきた。それは、イベリア半島でも食べられていた乾麵状の食品であり、切り麵、あるいは手をローラーのようにして生地をひも状にのばしてつくったものである。押しだし機を使用してイットリーヤをつくった証拠はない。押しだし機を使用して麵をつくるのは、後世になってイタリアで独自に発生した技術であろう。というくらいのことは、わかったのである。

ミッシング・リンクをつなぐ

白状しておくと、わたしは西アジアから中近東にかけての地域によわいのである。その地帯でのフィールドワークをおこなったことがないし、文献的研究もしたことがない。麵の伝播についての「失われた鎖の輪」が存在しているかもしれない、この地域についての知識がとぼしいのである。そこで、もしかしたら、あやまりをおかしはしないか、という不安をもちながら、書きすすめなくてはならない部分がある。

いちばん気になるのは、イランからアラビア半島にかけての麵食の実態を知らないことである。現在のこの地域を知る友人に聞いても、あまりよくわからない。都市ではイタリアのパスタが食べられるとのことだが、伝統的な麵食がどうなのかというと、「さあ……」といって首をかしげた。どうも麵は中近東のアラブ圏では、一般的な食品ではないらしい。トルコ文化の専門家の話では、現在のトルコでは手打ちの切り麵をつくる地方もあるが、それは近代になってのことで、もともと、トルコに麵はなかっただろうとのことだ。

現代の料理書をみると、麵料理をとりあげていないものがあるし、リシュタという名称であげている料理のつくりかたで市販のスパゲッティやヴェルミチェッリを使用してつくることが書かれている。ただし、コムギ粉にタマゴと塩を混ぜて、手打ちうどん状にするリシュタのつくりかたを書いている料理本も一冊みつけた。

いっぽう、さきにあげたロンダンソンの論文によると、リシュタはペルシア文明に起源し、アラブにとりいれられた食物であり、現在の中近東では、レンズマメとリシュタをいっしょに煮ることがおこなわれると書かれている。

リシュタとイットリーヤが、おなじような食品であるとするならば、かつては中央アジアから、ペルシアをとおって、北アフリカ、イベリア半島、シチリア島にいたるまでの一連の地帯に、広大な分布をもっていたはずだ。ところが、現在のこの地域は麵食文化がふるわず、イタリアのパスタが、おおきな顔をしてのさばっている。説明にこまる点だ。

こうかんがえてみたらどうだろう。

ペルシアからリシュタがアラブに伝えられ、アラブの西進とともに、地中海、イベリア半島にまでイットリーヤという名称の食品として伝播した。しかし、これらの麵状の食品はアラブの食生活にとっては、それほど重要な地位を占めずに、なかば忘れられた食べ物となってしまったのだと。その理由のひとつは、手づかみで食べる西アジア、アラブ圏の食習慣では、麵状の食べ物は食べづらい。セモリナやコムギ粉をこねてつくった保存食品としては、手づかみに適したシャアリーヤや、マグレブ地方のクスクスが優勢となって、麵は食べられなくなったと説明するのだ。

イブン・シーナという人物を介して、リシュタが中央アジアにまでつながるとなると、とうぜん中国との関係が問題となってくる。中央アジアの章で、わたしは民族移動の歴史などを考慮にいれたとき、ウズベク族が麵食をしはじめたのは、一六世紀以降ではないかとのべた。しかし、イブン・シーナの証言では、おそくとも一〇世紀にはブハラで麵が食べられていたことになる。となると、中央アジアでの麵食文化が中国に起源すると仮定したとき、ウイグル族から、ウズベク族に麵食の伝播がなされる以前に、よりふるい麵の伝播があったのだとかんがえざるをえない。現在の中央アジアの民族分布が形成されるまえの時代から、この地域に麵が存在していたのではなかろうか。

イラク、すなわち、かつてのペルシアでは、現在でもアゥシュという切り麵が食べられていることは、中央アジアの章で紹介しておいた。タシケントで、マフムードフ師に聞いた話では、アゥシュとおなじスープにいれるほそい切り麵を、ウズベク語でウグラー、タジク語でウゴローというが、それはペルシア語のリシュタとおなじものであるという。

さきに、おなじく切り麵でありながら、これらの名称でよばれる麵と、ケシュマ・ラグマンが別のものと認識されていることに疑問を提出しておいた。憶測をたくましくするならば、ふるくから中央アジアにあった麵がウグラー、ウゴロー、リシュタであり、それはペルシア系の文化に関係をもつものである。その後、中央アジアに分布するようになったトルコ系の民族に、あたらしく伝わった切り麵がケシュマ・ラグマンである、ということなのかもしれない。

中国で麵が発達したのは唐代からである。唐帝国は中央アジアに進出し、現在の東トルキスタンの主要なオアシスは唐の勢力下にあった。

現在の中央アジアのオアシス地帯には、ウズベク族、キルギス族、トルクメン族など、トルコ系の民族がおおいので、ペルシア語で「トルコ族の土地」という意味のトルキスタンということばでよばれる。中国領の新疆ウイグル自治区南部が東トルキスタン、旧ソ連邦中央アジアの大部分が西トルキスタンとよばれる。この地帯が「トルコ化」するのは、一〇世紀にはじまり、一六世紀頃に完了する。それ以前の中央アジアのオアシス地帯におおく居住していたのは、ペルシア系の民族であった。中世ペルシア語であるソグド語を話す人びとが、オアシス農耕と牧畜に従事するいっぽう、国際商人としてシルクロードの東西交易にしたがい、唐の長安と西のビザンチン帝国のコンスタンチノープルをむすんでいたのである。

七世紀後半に、新興のイスラムが中央アジアに進出し、八世紀になると西トルキスタンを征服し、東トルキスタンに侵入しようとして、この地帯の権益をめぐって唐との衝突をおこすことになる。七五一年に、いまのキルギス共和国タラスの北西九〇キロの地点で、唐の遠征軍と、アッバース朝のイスラム軍が戦い、唐軍が敗北した。この「タラス川の会戦」で敗れた唐軍の捕虜に紙つくりの技術を知る者がいて、サマルカンドで紙つくりをすることを命じられた。その結果、サマルカンドは紙の名産地になり、その技術がさらに西方に伝えられ、ヨーロッパでも紙を使用するようになった。

中国起源の製紙技術が西方に伝播したように、中国起源の製麵技術が中央アジアを経由して、ペルシア、アラブに伝播したとしても、ふしぎではない。「イスラム世界のパスタ」の論文のなかでも、その可能性が示唆されている。ただし、紙つくりの技術の場合のように、いちどだけおこった、中国との直接的関係で、麵が伝播したとはわたしにはかんがえづらい。

紙の場合には、少数の技術者が工房をつくれば、その製品の紙を容易に入手できるようになるし、技術者を別の場所に連れていけば、そこにも紙が普及するようになる。また、羊皮紙やパピルスなど、紙の前身にあたるものが存在していたので、それらの代替物としての紙の伝播は容易であった。

しかし、麵の普及はそのようなわけにはいかない。製麵工場がなかった時代に、家庭に、麵というあたらしい食品のつくりかたが普及するまでには、その土地の食生活に適応した料理法や、味のものに、麵料理をつくり変える過程を経る必要がある。麵が民衆の食事に定着するまでには相当な時間がかかったはずだ。製紙技術の場合は、点と線をむすびながら、製品を普及させることも可能だが、近代以前における食事文化にかかわる技術は、じわじわと面が拡大することによってひろまっていく性格をもつ。

このようなことを考えると、イスラム世界への麵の伝播は、「タラス川の会戦」のような中国とアラブの一回きりの接触で伝えられたものではないであろう。シルクロードの東西交流の歴史のなかで、オアシスからオアシスに、じょじょに伝わり、西トルキスタンのペルシア系の民族によってリシュタ系の名称でよばれるようになった麵が伝播したものだろう。それはオアシスの都市文化にむすびついた食べ物であり、当時は北方の草原で遊牧生活を営んでいたウズベク族など、中央アジアの遊牧民の食生活には採用されなかったものと思われる。

アラビア半島におこったイスラムが、西トルキスタンを勢力下におくことによって、麵が当時のイスラム世界の中心地であるバグダードにまで伝えられ、アラブの西進とともに、地中海、イベリア半島にまで麵が伝播したのだろう。

唐代には海のシルクロードも確立していた。アラビア半島から、インド洋、マラッカ海峡を経て、南シナ海にはいり、中国南東海岸にいたる貿易航路である。唐末の福建省、広東省の交易都市には、海路でやってきたイスラム教徒が数万人居住していたという。この海のシルクロードで、中国の麵がアラビア半島に直接伝えられた可能性もあろう。しかし、リシュタを介して、中央アジアから、イラン、イラクに連続した麵の分布があったと推定されることから、麵の伝播の主要なルートは陸路であったとかんがえておきたい。

こうしてみると、イットリーヤ＝リシュタ系のパスタが、中央アジアで中国起源の麵に接続するという仮説が成立するもののようだ。ユーラシアの西と東が麵によって、むすばれたのである。イタリアに麵状の食品をもたらしたのは、マルコ・ポーロではなく、民衆の台所から台所にひきつがれる、何百年かの時間をかけておこなわれた、超長距離のバトン・リレーの無名の走者たちである。

ことわっておかなければならないのは、中国起源の麵がイタリアにまで到達したからといって、そのことがイタリアのパスタ文化の独自性をいささかもそこなうものではないことである。系譜や、伝播を追究するのは、文化史の立場である。ルーツさぐりは、知的好奇心の対象ではあるが、ルーツにこだわると、物事の本質を見失うおそれがある。自分の家系のとおい先祖が高貴の人物であることを探りだしたからといって、自分がえらくなったわけではない。

ルーツよりもたいせつなのは、かすかな糸で中国とむすばれた麺状食品を、イタリアなりに工夫して、育てあげ、いま世界じゅうでスパゲッティが食べられるように仕立てあげていった過程である。その画期的な出来事としてあげられるのが、一七世紀のネジ式の押しだし機による乾燥パスタの工場生産が成立することであろう。それは、中国の押しだし麺の技術とは関係をもたずに、イタリアで独自に成立したものである。

二　あらたな展開

外食と機械製麺

幕末の風俗について記した『守貞漫稿《もりさだまんこう》』によれば、万延元（一八六〇）年に、原料のソバが値あがりしたので、その対策のために、三七六三店の江戸府内のそば屋が会合をひらいたという。当時の江戸の人口を一〇〇万人とおおまかにみつもって計算すると、二六六人に一軒の割合で、そば屋があったことになる。この会合には、夜鷹そばといわれる行商のそば屋はふくまれていないから、実際にはもっと多数のそばを食べさせる商売があったことになる。

このような外食の発展が、麺の普及にはたした役割りはおおきい。

さきにのべたように、東南アジアでの麺は外食の食べ物として、現地の民衆にうけいれられた。東南アジアでの成功物語としてよくあるのが、裸一貫で移住してきた華僑が、さしたる資本がいらない麺の屋台からはじめて、つぎつぎに商売をかえて、ついには富豪になったという話だ。わが国のラーメンの普及も、外食からはじまった麺食の例である。

台所で粉をこねることからはじめたら、麺はけっこう手間がかかる食品である。いっぽう、食事のコースのなかに編成されたイタリアのパスタ料理をのぞくと、世界各地の麺料理は、スープや、おかず料理と主食がいっしょになった手軽なスナックとなっている。麺は、家庭でつくるのはめんどうだが、外食の食べ物としては、やすくて、一品で腹をふくらませることができる庶民的なものだ。麺食は、外食むきの食べ物としての性質をもっている。

近頃、イタリアの都市でスパゲテリアという、パスタだけを食べさせる店がひらかれるようになった。いまのところ、アメリカ人や、日本人の観光客がおおいようであるが、ハンバーガーなどのファースト・フード店にイタリア人もはいるようになったのはこのごろのことだ。将来、わが国のそば屋や、うどん屋のようなものに発展しないともかぎらない。

外食とならんで、近代の麺食の普及におおきな役割りをはたしたのが、機械製麺による乾麺がでまわったことである。

日もちがする乾麺は、商品としての流通につごうがいい。奈良時代、平城京の市場で売られる商品のなかに索餅類があったことがわかっている。その後も、索餅の系譜につながる、そうめんがわが国の乾麺の主流を占めてきた。

そうめんは、製造原理からして、必然的に乾麺としての製品になる。また、そうめんは専門の製麺業者による手工業生産システムで、いちどに大量の麺をつくれたから商品化したのだ。江戸時代に、干しそば、干しうどんもつくられたが、その流通は小規模にとどまった。そば、うどんを包丁で切っていたのでは、乾麺として出荷する量をそろえるのはむずかしかろう。干しそば、干しうどんの商品化が本格的になるのは、機械製麺の出現以後のことである。

中国で、手打ちの切り麺を手切麺《ショウチエミエン》といい、切り刃のついた製麺機でつくったものを機器麺《ジイチイミエン》という。統計をみたことがないので確かなことはわからないが、わたしの中国での体験では、機器麺が普及した現在でも、乾麺はあまり食べられないようだ。切り麺はもっぱら生ま麺で食べるということらしい。

人力ではあるが、製麺用の道具を使用した麺つくりがなされてきたのは押しだし麺系列だ。ソバ、ハダカエンバクの押しだし麺は、乾麺として保存して商品としての流通にのせることはなく、生ま麺での消費が普通であった。コメの押しだし麺のなかでも、極細で、必然的に乾麺となるビーフンと、麺としての食べかたはあまりなされないが、リョクトウの押しだし麺であるハルサメが乾麺としての流通をもった。それにくわえて、福建省のそうめん系列の麺が、機械化以前から乾麺としての流通をもっていた麺類である。

イタリアでは、一七世紀のネジ式押しだし機による工場生産以降、麺状の乾燥パスタつくりの機械化や、動力化の努力がなされてきた。機械を動かす動力についていえば、人力だけではなく、馬で機械を動かすこともおこなわれるようになり、蒸気機関を経て、現在の電動化した施設へと、長年にわたる技術革新の歴史がある。

東アジアでの麺つくりの機械化の歴史は、比較的あたらしい。たぶん機械製麺は日本にはじまり、それが他の国に採用されていったものであろう。いまでも日本製の製麺機をモデルとして、台湾や東南アジアの製麺機がつくられることは二七七ページに書かれている。

佐賀の酒造家に生れた真崎照郷《てるさと》という人が、佐賀県の神崎の手延べそうめんの製法をみて、「なんとか大量生産できる方法はないものか」とかんがえ、機械による製麺法の開発に着手し、家運をかたむけて七年間苦労して、明治一六（一八八三）年に日本で最初の製麺機を発明した。さらに改良をかさね、明治二八（一八九五）年に現在の機械製麺技術の基礎が確立された。いま、オートメーションの大工場から、うどん屋の調理場におかれている小型

町工場で使用する製麺機。ペナン

の製麺機にいたるまで、真崎氏の発明のおかげをこうむっているわけだ。

　機械製麺で大量生産ができるようになり、干しそば、干しうどん、ひやむぎ、機械製のそうめんなどの乾麺が、家庭での麺料理にとりいれられたし、そば玉、うどん玉の生ま麺を売る町の製麺所が多数出現した。

即席麺革命

　麺食の歴史における革命ともいうべきものが、昭和三三（一九五八）年に発売されたチキンラーメンの出現である。これは日清食品の創業者である安藤百福氏の発明した商品である。

　チキンラーメン、チキン風味の味つけをした麺を油で揚げることにより乾燥し、保存性をたかめるとともに、湯をかけただけで食べられるようにしたものだ。その後、スープを別添えしたり、油熱乾燥法を使用せずに、熱風やマイクロウェーブで乾燥させる製品もつくられるようになった。しかし、麺を加熱してアルファ澱粉の状態に加工しておくことと、食べる者がスープやソースを用意する必要がない、味つけをした麺料理としての商品であることなど、のちに開発された数千種類にのぼる即席麺の基本は、チキンラーメンにすでに集約されている。切り麺系列の節でのべたように、伝統的な麺のなかでは、伊府麺《イフウミエン》がチキンラーメンにちかい性格のものではあるが、チキンラーメンは、あらかじめ味つけをしてある点でことなっている。世界の伝統的な麺にはなかった、あたらしい麺が登場したのである。

チキンラーメンの発売当初から、アメリカに輸出されるなど、はじめから即席麺は世界商品としての性格をもっていたが、初期に輸出がのびたり、現地生産をはやく開始したのは、韓国、香港、インドネシアなどのアジアの麺食文化地域であった。箸や碗を使用しない食事文化の地域では、袋ものの即席麺はうけいれづらい。

アメリカの日本食の調査をしたとき、サンフランシスコにある全米最大の日本食品輸入販売会社のマネージャーから、つぎのような話を聞いた。

アメリカ人にインスタント・ラーメンを売ったのは、うちの会社が最初です。……わたしが（スーパーの）売場に二日立って客の動きを見ていたら白人が買うので、これはいけそうだと力を入れて売ることにしました。そして、（輸送に時間がかかり、油が変質するおそれがあるので）メーカーに内地向けの商品とはちがった油の配合をしてもらって、長持ちのする商品を開発してもらいました。

初期においては、アメリカ人はチキンラーメンのゆで汁を捨てて、ステーキのポテト代わりのガーニッシュ（つけあわせ）に使ったりしたものです。その後、全米規模のスーパーマーケットの本部に売るようになり、インスタント・ラーメンが、アメリカのどこでも見られるようになったのです。[1]

カリフォルニアの農業地帯にある地方都市の日本料理と中国料理を供するちいさな食堂の顧客を観察していたことがある。その店で使用する麵は即席麵であった。メキシコ人の家族がはいってきて、「ナベヤキ・ヌードル・ウィズアウト・スープ」というものを注文した。店主は、即席麵のうどんをひとり前ずつの鍋にいれて熱し、タマゴ、牛肉などを煮てから、スープを捨てて、フォークをそえてだした。「スープがもったいないけど、フォークを使う連中には、汁けがないほうが食べやすいので、こんな注文がおおいんです」とのことだった。

ベトナム戦争では、アメリカ軍もベトナム解放戦線側もインスタント・ラーメンを食べながら戦ったといわれる。このときアメリカの兵士は湯を使わずに、そのままインスタント・ラーメンをかじったので、非常食のイメージがあり、一九六〇年代のアメリカでは、まだス

1　左記の本の「日本食品を供給する人びと」の章から。
石毛直道・小山修三・山口昌伴・栄久庵祥二（共著）　一九八五　『ロスアンジェルスの日本料理店――その文化人類学的研究』　ドメス出版

初期のインスタント・ラーメンの製造。昭和30年代なかばの日清食品高槻工場。＊

ーパーの片隅のオリエンタル・フード・セクションにおかれる食品であった。一九七〇年代になると、東洋人専門食品から脱して、スープの一種として、スーパーのスープ・セクションにおかれるようになる。スープ皿にいれて、スプーンで食べやすいように、麵をみじかくカットするなどの工夫がされた製品がつくられたのである。

昭和四六（一九七一）年にカップヌードルが発売された。これも安藤百福氏の考案した商品である。

パッケージが食器になり、フォークがそえられているカップ麵は、箸・碗の文化圏をこえて、世界に麵食をひろげるものである。カップ麵の出現によって、麵がアジアの食べ物から、いまや世界の食べ物になりつつある。

社団法人・日本即席食品工業協会の調査によると、平成二（一九九〇）年の即席麵の生

国別即席麺類生産数量推定(1990年 6 月現在)

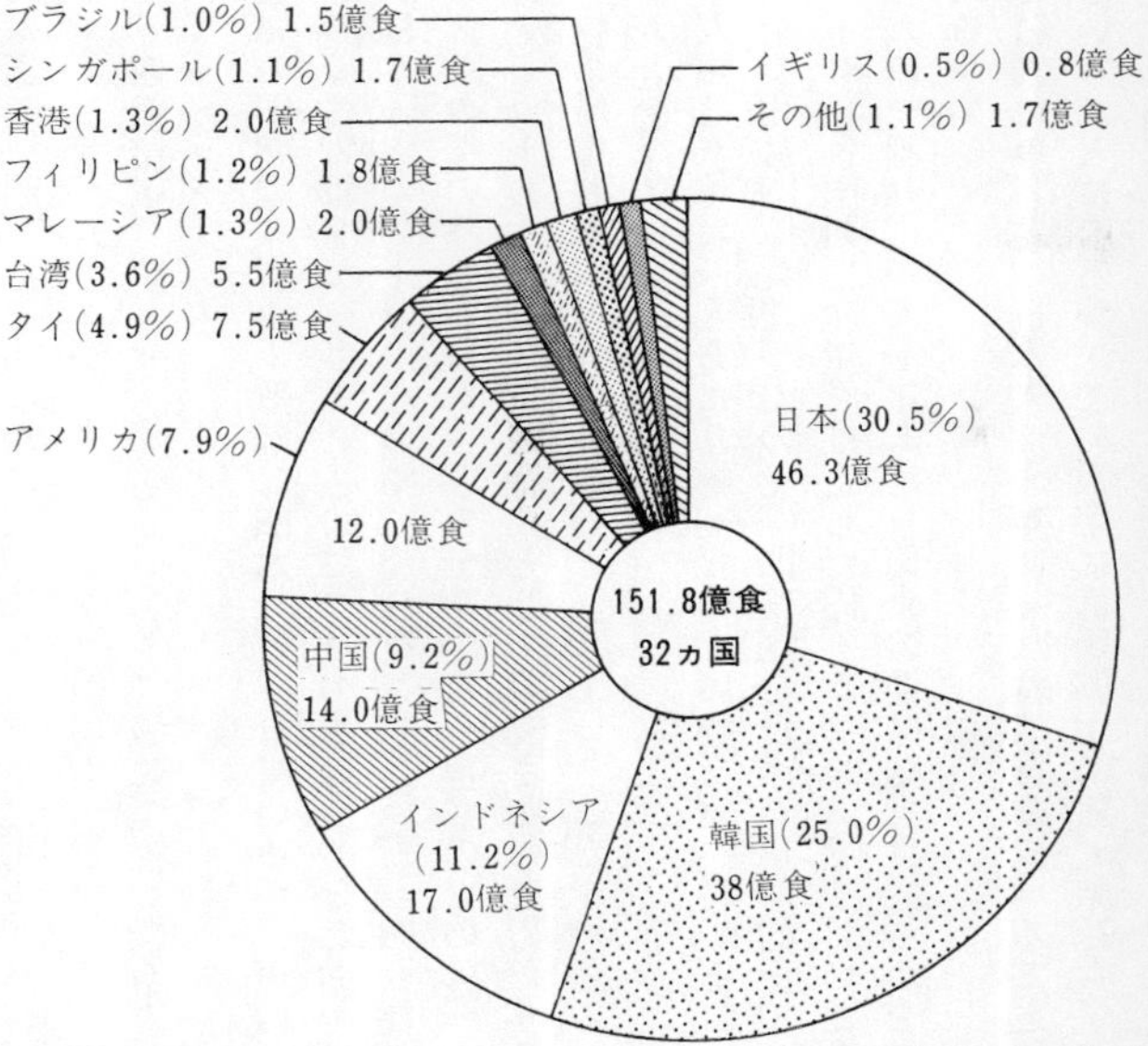

(注 2 文献をもとに作成)

国民 1 人 1 年あたりの即席麺の食数

国名	食数	国名	食数
日本	38	マレーシア	12
韓国	90	フィリピン	3
インドネシア	10	香港	35
中国	1	シンガポール	38
アメリカ	5	ブラジル	1
タイ	14	イギリス	1
台湾	28		

産国は三二ヵ国で、そのなかには、インド、ネパール、バングラデシュ、メキシコ、アルゼンチン、ブラジル、エジプト、ケニア、コンゴ、フィジー、オーストラリア、ニュージーランド、西欧諸国、アメリカ、カナダなど、麵食の伝統をもたなかった国々がふくまれている[2]。

世界の即席麵メーカー数は二四六社とされているが、東南アジアには家内工業として即席麵をつくる零細企業が多数あるので、その数はもっとおおいはずだ。二四六社のうち一〇一社が日本国内のメーカーなので、それをさしひいた一四五社が海外のメーカー数である。海外のメーカーのうち、日本企業の全額出資や合弁のものは一六社にすぎない。したがって、海外メーカーの大部分は自国企業として設立されたものだ。そのことは、即席麵が日本人の食べ物の域を脱し、世界の食べ物となっていることを物語る。

一九九〇年の世界の生産量は、約一五二億食で、それを世界人口で割る単純計算をすれば、人類は一年に一人あたり約三食の即席麵を食べていることになる。その三年前の世界の生産量が約八四億食だったので、即席麵を食べる量が約一・八倍にのびたことになる。三八一ページに各国の生産量を推定した円グラフをあげておいた。この推定生産量をそれぞれの国の人口で割り、一人一年あたり何食の即席麵を食べるかを計算したのが三八一ページの表である。

この表でみると、日本人は一年に三八食消費していることになる。韓国は世界最高で九〇食ということになるが、この数字には疑問がある。梨花女子大学教授で、韓国の即席麵業界にくわしい、韓国栄養学会会長の成楽応博士にこの数字をしめしたところ、生産量の推定に問題があるのではないかとのことである。現在の韓国では、値段のたかい高級即席麵に人気が集中しているので、おそらく金額から生産食数を推定したグラフの三八億食は、過大なみつもりである、とのことだ。それにしても韓国人が世界でいちばん即席麵を食べているという結果にかわりはないだろう。

香港とシンガポールの消費量がおおきい結果になっているが、いずれも国際貿易港で生産量のおおくが東南アジア方面に輸出されることを考慮にいれる必要がある。

中国が一食にすぎないが、これは食品工業が未発達であることと、経済上の理由で購買力がひくいことに原因をもつとかんがえられる。おなじ食事文化の台湾の二八食にまでは、潜在的需要があるはずだ。東南アジアでも、タイの一四食からフィリピンの三食にいたるまでの、ばらつきがあるが、これも食事文化のちがいによる即席麵の需要のちがいというよりは、各国の経済的な事情を反映している数字と解釈される。

アメリカでは、昭和六二（一九八七）年の生産量が六億食であったが、三年後の平成二（一九九〇）年には倍の一二億食にのびている。アジア系の人口の消費する食品ではなくなり、一般のアメリカ人がよく食べるようになり、ダイエット用のランチや、ピクニックの食べ物としてカップ麵が消費されるという話を聞いている。

2　社団法人・日本即席食品工業協会　一九九一　『世界食・インスタントラーメン・各国最新事情』社団法人・日本即席食品工業協会

多民族国家であるアメリカでは、過去にもイタリア料理、中国料理の流行があり、ちかくはスシに代表される日本料理ブーム、そのあとにはタイ料理がはやるなど、エスニック料理にたいしての抵抗感がすくない。移民のつくった国であるので、アメリカの食べ物は、民族間の交流で形成されてきたのだ。また、世界でいちばん食品工業が発達しているので、工場で生産される食べ物にたいする抵抗感もすくない。このような社会環境のもとで、即席麵は偏見なく、うけいれられつつあるのだろう。

ヨーロッパでは、イギリス、フランス、オランダ、ベルギーで生産されるが、生産量は年間九〇〇〇万食にすぎない。その消費者はアジア系の人びとで、一般の食料品店ではとりあつかわず、アジア系食品の専門店におかれる商品である。アメリカとちがって、西欧諸国は伝統的食事文化へのこだわりがつよく、自国の伝統にはなかった種類の加工食品にたいする抵抗感がつよい。この西欧諸国の一般の民衆が食べはじめたとき、即席麵は文字どおりの「世界の食」の地位をえることになるだろう。

食事文化を映す鏡

ずいぶん以前のことであるが、友人の小松左京さんが「示準料理《しじゅんりょうり》」というエッセイを書いた。示準化石をもじったネーミングだ。地質学では、分布がひろく、あちこちで発見される化石を示準化石とし、それを標準として、ことなる地域の地層を対比したり、地質年代を決定する。おなじように、日本各地の地域の味を比較するのにつごうのよい示準料理を考えてみようというのである。

麺類が示準料理に適しているというのが、小松さんの結論だ。そば屋、うどん屋、ラーメン屋は全国いたるところにあり、土地の人びとがしょっちゅう手軽に食べているので、家庭料理の味や、地域の味の特色をよく反映し、示準料理の資格をそなえているというのだ。[3]

小松さんの卓見である。この論をさらに拡張してみると、麺は、日本国内での示準料理であるばかりではなく、世界の食事文化を比較するための示準料理として使えそうだ。

示準料理の資格のひとつは、ひろく分布をしていて、どこでも食べられるものであることだが、世界じゅうで食べられる料理はきわめてすくない。

コメ、コムギ、トウモロコシ、ジャガイモなど、主食食料が世界にいちばんひろがった食べ物ではあるが、一般に主食は料理としての加工度がひくく、適用する料理の種類も限定され、地域ごとに微妙にことなる食生活を比較する材料としては適当でない。主食というものは自己主張をしない食品であることが普通だ。毎日食べる主食に、つよい味つけをしたらあきてしまう。そこで、主食には料理としての性格を強調する調理法は適用されないのが普通だ。地域差を反映するのは、主食の料理ではなく、おかず料理だ。だが、世界に共通するおかず料理というものはないだろう。

北京やモスクワにもハンバーガー・ショップができて、この種のファースト・フードは世界じゅうで食べられはじめている。しかし、世界的チェーン店の組織網で売られるハンバー

3　小松左京　一九六八　「示準料理」『甘辛春秋』一九六八―冬の巻

ガーのような食べ物は、それぞれの組織の規格にしたがって料理され、画一性がつよく、地域性をあまりもたない。示準料理としては不適当である。

どうやら、麵以外に、世界の食事文化を比較する示準料理として適当なものはなさそうだ。スパゲッティや、即席麵をふくめたとき、麵は現在の世界でいちばんひろく分布した食品のひとつとなっている。そして、料理素材としての麵の特色は、調理の自由度がたかい点にある。麵自体には特別の味はない。自己主張をしない中立の食品である。白紙のようなものので、どんな絵でも描くことができる。麵という共通の素材のうえに描かれる色や構図のちがいから、世界の料理を比較することができるだろう。

麵は主食的な料理である。主食としての性格と、おかずのもつ料理的性格があわさった食べ物だ。ひとつの食器のなかに、このふたつの性格をあわせて表現する食べ物だ。主食ないし準主食として、民衆の普段の食べ物として普及している麵料理には、それぞれの地域の料理の基本的性質が集約されている。ドンブリのなかに世界の食事文化をみることができるのだ。

たぶん、文化麵類学のいちばんおもしろいトピックは、このような視点による世界の麵料理の比較論をすることにある。そのための基礎作業となる世界の麵の伝播と歴史についてかんがえるだけで、この本の紙数がつきてしまった。おいしいところは、あとに残してある。世界の食事文化の比較に興味をもつ人には、麵料理を対象とした研究をおすすめするしだいである。

最新鋭設備の日清食品滋賀工場

ぞくぞくと生産されるカップヌードル

個々の麵料理について記述したらきりがないので、巨視的な構図だけを紹介しておこう。

イタリアを中心として発達した西方の麵料理は、スープとの結合関係ではなく、ソースでからめる方向に発展した。これは皿を基本的な食器とし、フォークを使用する食事文化に関係をもつことである。トマト、チーズ、オリーブ油、バター、地中海原産のハーブ類と麵料理とのむすびつきがつよいといえるが、それは一般論であり、また、イタリアから麵食文化をうけとった欧米諸国での麵料理でのことだ。イタリアの個々の地方料理のレベルでの麵料理となると、おどろくべき多様性をしめしている。それは統一国家ではなく、都市国家のあつまりとしての歴史がながかったイタリアの食事文化の特色を反映するものでもある。

アジアの麵はスープ料理を主流としてきた。箸と碗の食事文化を背景としてもっているからだ。そのなかで、油を使用した炒め物料理が発達した中国では、炒麵にして食べることもよくおこなわれるようになったが、朝鮮半島や日本の伝統的麵料理には炒麵にする料理法が欠落していた。朝鮮半島ではトウガラシ、ニンニク、ゴマ油、キムチなどとの結合関係によって、韓国＝朝鮮料理らしさを強調する味の麵料理が成立した。肉食を忌避した日本では、肉のスープで食べることがなく、カツオ節、コンブなどのだし汁をもちいる特色をもつ。

東アジアの麵料理の味つけに共通するのは醬油、味噌の仲間である、豆類や穀物を原料とする発酵性調味料を使用することである。東南アジアに伝播した麵料理は、ベトナムのニョク・マム、タイのナム・プラーのような魚醬油や、マレーシアのブラチャン、インドネシアのトラシのような小エビ塩辛ペーストなど、この地域の基本的調味料である魚醬類がもちいられることが特色である。

中央アジアに伝播した麺は、碗にいれて食べるスープ料理であることは東アジアとおなじでありながら、箸を欠落している。中国の麺料理でよく食べられるブタ肉は、イスラム教地帯なので禁じられ、ヒツジ肉と、この地域で多用するスパイスとの結合関係がつよい料理がなされる。

このように、それぞれの地域の伝統的な麺料理を論じるだけではなく、麺という食品が導入されていく過程について考察する視点も欠かせない。日本に中国麺がはいってきて、中国にはないラーメン料理に変形し、札幌ラーメン、喜多方ラーメン、博多ラーメン、熊本ラーメン、鹿児島ラーメンなど、あたらしい郷土料理が成立していく過程は、文化人類学でいう文化変容の研究課題でもある。とくに即席麺が世界にひろがりつつある現在、このあたらしい食品がどのように受容されつつあるのか、伝統的麺食文化のなかった地域にどのような理由で普及しはじめたのかを調べることをつうじて、世界の食事文化を比較検討することができる。

スープを音をたてて食べることが無作法とされる欧米での即席麺は、ズルズルという音がでないよう、みじかくカットした麺を使用している。豚肉を禁じるイスラム教徒と、ウシを聖なる動物とするヒンドゥー教徒がいるインドでは、材料に豚肉、牛肉をいっさい使用しないし、麺食の伝統がなかったので、スープ麺仕立てではなく、湯を少量いれて、おじやのようにして食べる即席麺が製造される。カレー味、ココナツミルクの風味、トマト味、トウガラシをきかせた味など、世界各地の嗜好にあわせた即席麵が何千種類か生産されているのである。各地の即席麵を食べたら、その地域の料理の特色や、食事文化の特徴を知ることができる。

麵は世界の食事文化を映す鏡なのである。

講談社文庫版へのあとがき

『文化麵類学ことはじめ』は一九九一年にフーディアム・コミュニケーション社から刊行された。おなじ出版社から一九九四年に『石毛直道の文化麵類学　麵談』という本が刊行されている。

一九八八年から九四年まで、日清食品株式会社の季刊誌『フーディアム』に、わたしがホスト役をつとめる、「文化麵類学　麵談」という座談の連載がなされた。これは、麵の歴史と文化、麵つくりの科学と技術に関する座談に写真とくわしい註を付して構成された記事である。この連載を編集しなおして、単行本化したのが『麵談』である。

『麵談』は麵に関する百科事典的な資料集の性格をもつ本であり、世界の麵の文化史的考察を試みた本書『ことはじめ』を執筆するにあたって、『麵談』の成果をとりいれた部分がすくなくない。また、『麵談』にゲストとして登場した加藤九祚、栗田靖之、野村雅一の諸氏にガイド役をつとめていただいて、日清食品と大阪電通の方がたが同行して、中央アジア、ブータン、バンコク、ペナンでの現地調査をおこなった。この調査旅行の成果は本書に述べられているとおりである。ほかに、日清食品提供で、讀賣新聞全国版の一頁を使用して「地球麵家族」という通しタイトルで、調査地の麵食事情を紹介する連載もなされた。

本書の姉妹編である『麵談』が刊行されたことによって、わたしは文化麵類学科専攻をいちおう卒業したことにする。

「この道一筋」と、ひとつのことをふかく探求することは、わたしにとって苦手なのである。つぎからつぎへ相手をかえてゆく、プレイボーイのような生きかたのほうが、わたしの性にあっている。細部にはこだわらずに、自分なりになっとくできる、おおすじとしての見取り図ができたら、つぎの研究対象にとりかかるというのが、わたしの学問のやりかたである。麵についても、考察の「ことはじめ」役の任務をおえたと考え、いまはべつの対象にとりくみはじめている。

もちろん、つみのこしの問題はたくさんある。しかし、それらはつぎの走者にまかせよう。誰かにバトンタッチすべき問題のいくつかを記しておこう。

中央アジアの麵類の名称であるラグマンが中国の拉麵に語源をもつであろうことは、本文で述べたとおりである。ただし、拉麵という名称は清代以前の文献にはでてこない。わたしが推定しているように、中国の麵が一一世紀初頭以前に中央アジアから西アジアに伝播していたことを実証すべき直接的な史料は発見されていないのである。それは、中国、中央アジア、西アジアの歴史的文献史料を探索できる能力のある研究者に期待すべき宿題である。

本書のフーディアム・コミュニケーション版のあとがきにも述べたことであるが、国立民族学博物館にケニアのラム島で収集された「麵を切る道具」が収蔵されている。テコの作用で押しだし麵をつくる道具であるが、中国の押しだし麵つくりの道具とはことなる形状をしている。五〇―六〇年前に使用したというものを、収集者が古道具屋で購入したものなので、くわしい情報が欠如し、なにを原料に、どんな食品をつくったのか、さだかではない。現在のラム島にいっても、情報が得られるか、どうか、うたがわしい。一〇世紀前後から、ラム島はアラブの貿易商人たちの植民地であり、インド洋交易によって、アラビア、ペルシア、インド、東アフリカとむすばれていた。もし、ほんとうに麵つくりの道具であるならば、これらの地域のどこかで中国とは無関係に押しだし麵がつくられ、それがまわりまわってイタリアに伝えられた可能性も否定できない。

わが国の麵の歴史に関するつみのこしの問題は、切り麵の出現時期を明確にできなかったことである。これについては、ほうとうとうどんの関係を歴史的文献にもとづいて再検討する作業が必要であろう。

講談社文庫版の編集にあたっては、前版のあやまりをただし、その後にみつけた資料や、撮影した写真をつけくわえる作業をおこなった。編集を担当してくれたのは堀山和子さんである。文庫版の作成をこころよく了承し、おおくの写真、図版を提供してくださったフーディアム・コミュニケーション社に謝辞をささげたい。＊印を付した写真がそれであり、おおくはカメラマンの北尾順三さんが撮影したものである。

一九九四年一一月

石毛直道

学術文庫版へのあとがき

二〇〇五年一〇月、新聞各紙に「中国で最古の麺発見」という内容の記事が掲載された。科学雑誌『ネイチャー』によると、中国青海省の四〇〇〇年前の新石器時代遺跡から、雑穀を原料とした麺が発見されたというのである。そうだとすれば、本書で述べた麺の起源に関する考えや、従来の中国の麺の歴史に関する説はすべて否定されることになる。

気になって、『ネイチャー』の論文を読んでみた。[1]

新石器時代の集落址における、洪水の堆積層のしたから問題の麺は発見された。この地層は、放射性炭素の年代測定により、四〇〇〇年前に形成されたものだとされる。鉢形の土器の底部に、直径三ミリ、長さ五〇センチ以上ある麺状の物質がこびりついていた。アワおよびキビと花粉分析で同定されるサンプルが、おなじ土器から採取されたので、これらの雑穀から麺がつくられたとされるのである。

そのサンプルが、麺そのものから採取されたかどうかについては明記されていない。麺つくりに適さない原料であるアワやキビから、細い麺を製造する高度な製麺技術が紀元前二〇〇〇年に存在したのだろうか？　麺の付着した土器が、後世の混入物である可能性はないだろうか？　もし、こんなに古い時代から麺がつくられていたとしたら、どうして漢代以前の文字記録に麺が出現しないのだろう？　など、さまざまな疑問が生じる。
考古学をかじったことがあるわたしは、一例だけの発見にもとづいて、物事を論じることの危険については承知している。中国の他の新石器時代遺跡から、別の証拠が発見されるまでは、麺はコムギ粉食品に起源をもつという、本書の記述を書きかえるつもりはない。

一九九五年初版の講談社文庫『文化麺類学ことはじめ』が、ながらく絶版になっていた。これを『麺の文化史』と改題のうえ、講談社学術文庫から刊行するのが本書である。

講談社文庫版の「あとがき」で、麺については卒業したと記したが、その後に「押しだし麺」に関する論文を書いたので、興味のある方のために、注に記しておく。[2]

講談社文庫版作成のときには、現地調査に出かけたことのなかったモンゴル、チベット、中国山西省、甘粛省を訪れる機会があった。それらの地域で本書には述べられていない麺に出会ったり、あたらしい情報を得たりしたが、いずれも本書で述べていることに矛盾するものではなかった。

二〇〇六年六月

石毛直道

1　Houyuan Lu *et al.*, 2005 "Millet noodles in Late Neolithic China" *Nature* Vol.437-13
2　石毛直道　一九九八「押しだし麺の系譜――河漏・ビーフン・スパゲッティ」田中淡（編）『中国技術史の研究』京都大学人文科学研究所

本書は、一九九五年に刊行された『文化麺類学ことはじめ』（講談社文庫）を底本とし、改題したものである。

石毛直道（いしげ　なおみち）
1937年，千葉県生まれ。京都大学文学部史学科卒業。甲南大学助教授，国立民族学博物館教授，同館館長を経て，現在同館名誉教授，総合研究大学院大学名誉教授。専攻は文化人類学。農学博士。著書に『食事の文明論』『リビア砂漠探検記』『食卓文明論』『ニッポンの食卓』などがある。

講談社学術文庫

定価はカバーに表示してあります。

麺《めん》の文化史《ぶんかし》

石毛《いしげ》直道《なおみち》

2006年8月10日　第1刷発行
2024年6月24日　第9刷発行

発行者　渡瀬昌彦
発行所　株式会社講談社
東京都文京区音羽2-12-21 〒112-8001
電話　編集（03）5395-3512
販売（03）5395-5817
業務（03）5395-3615
装　幀　蟹江征治
印　刷　TOPPAN株式会社
製　本　株式会社国宝社

ISBN4-06-159774-4

「講談社学術文庫」の刊行に当たって

これは、学術をポケットに入れることをモットーとして生まれた文庫である。学術は少年の心を養い、成年の心を満たす。その学術がポケットにはいる形で、万人のものになることは、生涯教育をうたう現代の理想である。

こうした考え方は、学術を巨大な城のように見る世間の常識に反するかもしれない。また、一部の人たちからは、学術の権威をおとすものと非難されるかもしれない。しかし、それはいずれも学術の新しい在り方を解しないものといわざるをえない。

学術は、まず魔術への挑戦から始まった。やがて、いわゆる常識をつぎつぎに改めていった。学術の権威は、幾百年、幾千年にわたる、苦しい戦いの成果である。こうしてきずきあげられた城が、一見して近づきがたいものにうつるのは、そのためである。しかし、学術の権威を、その形の上だけで判断してはならない。その生成のあとをかえりみれば、その根は常に人々の生活の中にあった。学術が大きな力たりうるのはそのためであって、生活をはなれた学術は、どこにもない。

開かれた社会といわれる現代にとって、これはまったく自明である。生活と学術との間に、もし距離があるとすれば、何をおいてもこれを埋めねばならない。もしこの距離が形の上の迷信からきているとすれば、その迷信をうち破らねばならぬ。

学術文庫は、内外の迷信を打破し、学術のために新しい天地をひらく意図をもって生まれた。文庫という小さい形と、学術という壮大な城とが、完全に両立するためには、なおいくらかの時を必要とするであろう。しかし、学術をポケットにした社会が、人間の生活にとってより豊かな社会であることは、たしかである。そうした社会の実現のために、文庫の世界に新しいジャンルを加えることができれば幸いである。

一九七六年六月　　　　野間省一

文化人類学・民俗学

124
年中行事覚書
柳田國男著（解説・田中宣一）

人々の生活と労働にリズムを与え、共同体内に連帯感を生み出す季節の行事。それらなつかしき習俗・行事の数々に民俗学の光をあて、隠れた意味や成り立ちを探る。日本農民の生活と信仰の核心に迫る名著。

135
妖怪談義
柳田國男著（解説・中島河太郎）

河童や山姥や天狗等、誰でも知っているのに、実はよく知らないこれらの妖怪たちを追究してゆくと、正史に現われない、国土にひそむ歴史の事実をかいまみることができる。日本民俗学の巨人による先駆的業績。

484
中国古代の民俗
白川　静著

未開拓の中国民俗学研究に正面から取り組んだ労作。著者独自の方法論により、従来知られなかった中国民族の生活と思惟、習俗の固有の姿を復元、日本古代の民俗的事実との比較研究にまで及ぶ画期的な書。

528
南方熊楠《みなかたくまぐす》
鶴見和子著（解説・谷川健一）

南方熊楠——この民俗学の世界的巨人は、永らく未到のままに聳え立ってきたが、本書の著者による満身の力をこめた独創的な研究により、ようやくその全体像を現わした。〈昭和54年度毎日出版文化賞受賞〉

661
魔の系譜
谷川健一著（解説・宮田　登）

正史の裏側から捉えた日本人の情念の歴史。死者の魔が生者を支配するという奇怪な歴史の底流に目を向け、呪術師や巫女の発生、呪詛や魔除けなどを通して、日本人特有の怨念を克明に描いた魔の伝承史。

677
塩の道
宮本常一著（解説・田村善次郎）

本書は生活学の先駆者として生涯を貫いた著者最晩年の貴重な話——「塩の道」「日本人と食べ物」「暮らしの形と美」の三点を収録。独自の史観が随所に読みとれ、宮本民俗学の体系を知る格好の手引書。 電 P